Das neue Angelbuch in Farbe

AMV

Alexander Spoerl

Das neue Angelbuch

in Farbe

Alles über Fische, Köder und Geräte

Albert Müller Verlag
Rüschlikon-Zürich · Stuttgart · Wien

© Copyright by Jourpart, Stuttgart 1977.

Konzeption, Redaktion und Gesamt-
herstellung: Jourpart Redaktionsbüro
und Verlagsgesellschaft mbH,
Stuttgart, Gähkopf 3.

Lizenzausgabe für den
Albert Müller Verlag, AG,
Rüschlikon-Zürich, Stuttgart, Wien.

Umschlagfoto: Shostal — ZEFA.
Redaktion: Burkhard Brehm.
Bildredaktion: Martha Dibak.
Layout und Umschlaggestaltung:
HF Ottmann, Uli Schneider.
Zeichnungen: Gregor Vogt.
Herstellung: Otto Gaub.

— ISBN 3-275-00642-8. — 1/5 — 77. —
Printed in Germany.

Fischen sei ein Volkssport geworden,
sagt man. Die Fische sind davon
wenig begeistert. Doch richten die
Angler weniger Unheil unter
den Fischen an als Abwasserrohre,
warmes Kühlwasser aus Fabriken,
Kalisalze, Phosphate und Detergentien.
Es ist gar nicht immer wahr, daß
durch Umwelt zu wenig Fische im
Wasser seien, die beißen nur weniger
an, weil sie wegen des Volkssports
so gewitzt geworden sind.

Also müssen auch Sie gewitzter sein!

Inhaltsverzeichnis

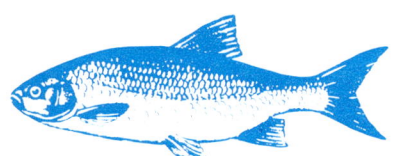

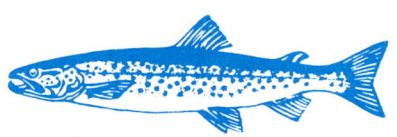

Inhaltsverzeichnis

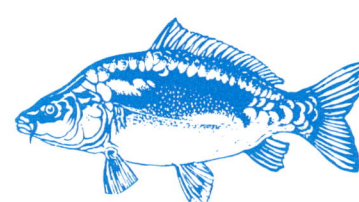

Dem Leser
zum Geleit

Bevor Sie mit dem Lesen beginnen, muß eines festgestellt werden: Fischen ist kein Hobby.

Es soll eine Leidenschaft sein!

Diese Leidenschaft kommt aus dem natürlichen Jagdtrieb des Menschen, Dabei stellt sich gleich die Frage, ob auch Frauen fischen, also gleichfalls dem Jagdtrieb ergeben sind. Ich weiß es nicht. Ich weiß nur, daß Fischerinnen

Bei »Angeln« haben die meisten Menschen ganz andere Vorstellungen.

auf mich einen besonderen Reiz ausüben – wie etwa der Blinker auf den Hecht.

Neunundneunzig Prozent der Menschen verstehen unter einem Angler einen Kerl, der stumpf am Ufer sitzt und wartet. Das ist bestimmt ein Angler, aber nicht immer ein Fischer! Der Kerl hat nichts vom Angeln, allenfalls einen Fisch oder sogar mehrere – die ihm aber meiner Meinung nach nicht schmecken können. Zum gefangenen Fisch gehört nämlich das Erlebnis.

Man erlebt weniger, wenn man nur sitzt. Sitzangler am Kai haben nicht einmal ein Hobby! Sie denken nicht an den Fisch, sie üben keine Kunst aus, sie setzen sich nicht mit der Natur auseinander, nehmen sie wahrscheinlich kaum wahr, sondern hängen den lästigen Alltagsgedanken nach und tragen ein Eimerchen heim, bestenfalls.

Beim Fischen soll man nicht sitzen, sondern man watet im Wasser oder rudert oder steht, immer parat zu Paraden. In wenigen Ausnahmefällen darf man auch liegen: Wenn man zum Beispiel für die Nacht Angeln auf den Aal ausgelegt hat. Indessen liegt man nämlich im Bett. Aufregend ist das aber nicht, und sportlich schon gar nicht.

Man kann auch neben der Angelgerte liegen. Ich habe dies einmal auf der Mole von St. Tropez gesehen. Da pennten sie, fünf Mann stark, im Schatten der Wehrmauer. Aber dann machte es ping-ping, weil jeder eine Münze auf die Angelleine gelegt hatte, und nun wurde an einer der Angelleinen gezupft – von einem Fisch, versteht sich –, und einer der Angler schreckte aus dem Schlaf hoch und kurbelte. Ich glaube, daß sein Schlaf besser war als der Fisch am Haken.

Ich wäre ein Snob, wenn ich in diesem Buch nicht über das geruhsame Angeln mit Wurm, Kartoffel oder Käse schreiben würde. In einem früheren Buch habe ich hochnäsig nur über das Spinnangeln und das Fliegenfischen geschrieben, und ganz zu Recht bezichtigten mich Angelsportvereine in ihren Vereinsblättern, dem »einfachen Mann«, dem »Sitzangler« nicht gerecht geworden zu sein. Ich zeige nun Reue!

Das Fischen auf Edelfische mit Edelgerten und Edelfliegen ist nur denen vergönnt, die auch mit Geld gesegnet sind, und das sind nicht immer nur die Tüchtigen oder Anständigen.

Ernster noch: Wenn wir in einem Gewässer nur auf Edelfische anlegen, nehmen die Ruchfische überhand, die Natur beginnt zu kippen.

Der gute Fischer mißachtet nicht das ökologische Gleichgewicht!

Das Sitzangeln vom Ufer oder vom dümpelnden Boot aus mag zwar weniger sportlich aussehen – es schafft ein dickeres Gesäß und tut nichts zum Heranreifen neuer Herzkollateralen –, aber sportlich bleibt es noch insofern, als man gewitzt sein muß!

Es mag imponierend aussehen, als Fliegenfischer im gurgelnden Gewässer zu stehen und der Forelle mit gezielter Flugleine eine künstliche Fliege richtig zu plazieren, aber es gehört viel Witz dazu, einen trägen Karpfen zum Anbiß zu bringen und danach seine wütenden Fluchten zu parieren, ohne daß die

Schnur reißt oder die Gertenspitze zersplittert.

Und damit komme ich zur Leidenschaft: Keiner von uns beiden braucht einen Fisch, denn wir sind keine Berufsfischer. Wir tun es unserem Jagdtrieb zuliebe. Wir wollen den Fisch überlisten und uns danach mit ihm auseinandersetzen, im Drill! – Beißen wird immer wieder ein Fisch. Die Kunst besteht dann darin, ihn auch aus dem Wasser zu kriegen!

Ich kenne elegante Angler. Sie beherrschen jede Technik. Sie werfen, daß es eine Freude ist; man steht fasziniert daneben. Aber nicht alle von ihnen kriegen einen Fisch!

Und ich kenne Stümper, unelegant im Umgang mit ihrer Gerte, und die fangen einen Kapitalen nach dem anderen.

Was ist denn da los?

Die einen haben die Technik, die anderen kennen die Natur.

Es sind schon zauberhafte Angelbücher geschrieben worden. Viele erinnern mich etwas an einen Herrn Kolle, der den Leuten die Liebe durch technische Tricks beizubringen versuchte.

Nun, der eine hat es in sich, der andere nicht. Und so ist es auch mit dem Fischen.

In diesem Buch schreibe ich zwar viel über die Technik, will mich aber bemühen, ebenso über Gefühle zu meditieren. Am Anfang sollten Sie wissen, daß die Technik zwar sehr wichtig ist, aber ohne Gefühl nur gute Würfe garantiert, keinen Fang.

Wie ich mir eine heutige Sportfischer-Prüfung vorstelle: »...und erklären Sie uns nun bitte die einzelnen Gräten!«

Kapitel I

Über die Berechtigung

Meist kommt der Impuls, weil jemand am Rand des Wassers steht und unter der Oberfläche etwas sich bewegen sieht. Da fährt es in den Menschen, als wenn er Hund oder Katze sei: Er muß das Etwas verfolgen.

Weil er aber weiß, wie sinnlos es wäre, vom Ufer – oder von der Mole – ins Wasser zu jumpen und nach den arglosen Fischlein zu grapschen, trabt er los und sucht einen Laden, in dem man eine Angel kaufen kann. Doch

damit ist noch nicht gesagt, daß aus diesem Menschen ein leidenschaftlicher Fischer wird. Trotzdem wollen wir ihm gönnen, daß er einen solchen Laden findet!

In Urlaubsorten am Wasser muß er

Linke Seite: Dies sind fünf sehr glückliche Menschen aus der nahegelegenen Ortschaft. Tagsüber arbeiten sie, danach gehen sie regelmäßig zum Fischen. Vier von ihnen besitzen deshalb keinen Fernseher.

Rechts: Wie soll der »Tourist« wissen, daß man zum Angeln einen Angelschein beziehungsweise ein Patent braucht? Von denen, die da stumm sitzen, sagt es ihm keiner.

Unten: Hier scheint Angeln eine sehr gemütliche Sache zu sein, ein Sport, bei dem man sitzen kann!

nicht lange laufen; schon im Schaufenster eines Obsthändlers steht aufgetakelt die ersehnte Gerte.

Was dieser Mensch da erhält, ist eine kurze Glasfibergerte mit einer windigen Stationärrolle, Nylonfaden darauf, und einen dünnen Blinker. Oder: einen rot-weißen Schwimmer und daran ein Messinghaken.

Damit bewaffnet, hastet der zukünftige »Fischer« an den Strand oder an die Mole zurück. Wenn er nichts fängt, kratzt er im Garten seines Hotels nach unschuldigen Würmern. Oder der Portier besorgt ihm Teig oder Käse.

Mit dem dünnen Blinker erwischt er wahrscheinlich nichts, allenfalls einen mageren Zufallsfang, der nicht schmeckt. Mit Würmern oder Käse fängt er sardinenkleine Fischchen, schmeißt sie in eine Dose (oder einen dazugekauften kleinen Plastikeimer) und weiß hinterher auch nichts damit anzufangen. Vielleicht schenkt er – frustriert – hinterher das Angelzeug seinem kleinen Buben; der kann es zwar etwas besser, aber es bleibt bei den Fischbabys, die keiner zubereiten und keiner essen will.

Geschieht solches an der Mole eines Hafens oder eines großen Sees, passiert meist nichts weiter. Gefährlicher ist es indessen an einem lauschigen Bach: Aus dem Gebüsch tritt plötzlich ein ernst dreinschauender Mann, meist in Grün, und verlangt die Fischkarte. Weil diese nicht vorhanden ist, konfisziert er das neue Angelzeug und nimmt Sie mit. Jetzt sind Sie nämlich ein Dieb, ein Fischdieb! Das Gesetz über Diebstahl greift in diesem Falle statt, auch bei Generaldirektoren! Es ist zum Weinen, ich weiß es.

Zwei Bescheinigungen nämlich müssen Sie mit sich führen: den Fischereischein* und die Berechtigung für dieses Gewässer (»Angelkarte«).

Der Fischereischein ist eine Art Führerschein zum Fischen; diesen erwirkt man – mehr und mehr auch in anderen Ländern – durch einen Kurs und eine bestandene Prüfung.

Der Berechtigungsschein kostet abermals Geld: denn aus diesem Wasser fischen Sie ja lebendige Tiere, die ihren Wert haben.

In der Welt gibt es nur noch wenige Dinge, die dem gehören, der sie findet: zum Beispiel Fallholz, Pilze und sogenanntes »aufgegebenes Gut« (das ist offensichtlich Weggeworfenes).

Auch wenn Ihnen das Gewässer zum Befischen gehört oder der Besitzer des Wassers Ihnen das Fischen darin erlaubt: um den Fischereischein kommen Sie nie herum.

Allein auf den weiten Weltmeeren darf jeder fischen, der das Fanggerät dazu hat. Aber da fischen Sie ja nicht! (Außerhalb der Soundsoviel-Meilen-Zone.)

Zur Erlangung dieses Scheins können Sie sich zu einem Kurs anmelden. Ich finde das sehr gut, denn sonst würden alle möglichen Menschen und Unmenschen sich beim Gemüsehändler eine Angel kaufen und wehr- und arglose Fische damit verletzen. Zugegeben:

_____

* Nicht in allen Ländern erforderlich.

Manche Fischerei-Aufseher sehen hinterlistig so lange zu, bis Sie einen Fisch an der Angel haben. Dann fällt die Strafe höher aus (»Fisch-Diebstahl«)!

Wer einen solchen Kurs absolviert und die Prüfung bestanden hat, ist darum noch kein besserer Mensch, nicht garantiert schon einer, der waidgerecht fischt, fair zur Kreatur ist; aber es kommen durch diese Prozedur einfach weniger Menschen zum Fischen. Und das ist schon ein Gewinn! Nicht wegen meiner Angelkonkurrenz, sondern wegen der wehrlosen Fische. Die da den Kurs absolvieren, werden vielleicht auch aufgeklärt, tun dem Fisch, der

Natur unter Wasser, weniger weh. Denn so grausam der Mensch auch ist, es gibt kaum einen, der nicht Mitleid empfindet, Fairneß übt, wenn es ihm nur einmal gesagt wird! – Das ist das Gute an den Fischerkursen für Sportangler.

Sie lernen in verräuchertem Raum dabei wirklich Nützliches, aber auch einiges Unnütze. Zum Beispiel: wieviel Eier ein Barsch legt. Damit können Sie gar nichts anfangen, nur eben die

abschließende Prüfung bestehen. (»3000, 30 000 oder 90 000?« – Schreiben Sie im Zweifelsfall 90 000, und bemerken Sie dazu, daß Sie einen Barsch kennengelernt hätten, der über eine Million Eier ablegte; kein Prüfer kann Ihnen das Gegenteil beweisen. Wir kommen noch auf all das Unerforschte zu sprechen!)

Besser als städtische Kurse im Bierkeller ist die Anmeldung bei einem netten Sportanglerverein auf dem Lan-

de. Denn da lernen Sie die Praxis kennen: wie man wirft, wo welche Fische stehen, wie man den Fisch landet, wie man bestimmte Knoten macht.

Seien Sie kein Snob, auch wenn Ihr Sessel in der Chefetage steht. Im Anglerverein mögen viele einfache Leute sein, die keine Austern kennen und sich nie von einer Geisha in Osaka verwöhnen lassen konnten. Aber wie man mit dem Fisch umgeht, wie man die Natur schnuppert, das wissen die besser! Und über einen solchen Verein können Sie auch zur Prüfung kommen.

Die freiheitliche Schweiz gehört noch zu den wenigen Ländern rundum, die keinen Jahres-Fischereischein, auch keine Prüfung verlangen. Die sogenannte Angelkarte (Tageskarte, Wochenkarte, Jahreskarte) heißt dort »Patent« und genügt! Allerdings — das Fischereirecht ist in jedem Kanton anders, und anders sind von Jahr zu Jahr die Adressen, bei denen man das Patent lösen kann. Und das Kleingedruckte auf der Patentkarte sollten Sie sorgsam studieren (an welchen Wochentagen zum Beispiel trotz Patent nicht gefischt werden darf, welche Freiwasser für den Fremdling verboten sind, wie es ums Fischen an Bachmündungen steht, wo die Wasserkugel verboten ist und was Sie eventuell mit dem Widerhaken Ihres Hakens anstellen müssen, um nicht »verzeigt« zu werden). Aktuellste Auskunft gibt der jährliche »Schweizer Fischer-Kalender«, Verlag Schweizer Fischer-Kalender, Bächtoldstraße 4, 8044 Zürich.

Lassen Sie sich nie von teurem Gerät imponieren! — Natürlich geht es damit besser. Wichtiger aber ist das Know-how!

Mit dem Fischereischein hat man noch längst nicht das Know-how erworben. Und auch die Kameraden im Anglerverein können es nur andeutungsweise vermitteln.

Das letzte Know-how des Fischens muß man sich selbst erwerben. Es gehören dazu sehr viel Geduld, Ausdauer und Leidenschaft, aber auch die Kraft, Enttäuschungen zu ertragen.

Verstehen Sie nun, daß ich gleich anfangs sagte: Angeln ist kein Hobby?

Der Unterschied zwischen einem Hobby und der wahren Leidenschaft besteht nämlich darin: Ein Hobby gibt man auf, wenn es einem keinen Spaß macht. Eine Leidenschaft kann man aber nie wieder ablegen. Man macht immer weiter. Und weiter. Und weiter.

Kapitel II

Fischen auf was?

Nun sind Sie ein »diplomierter« Sportfischer und wollen sich vernünftiges Gerät anschaffen. Das bekommen Sie in kleinen Orten beim Büchsenmacher; Großstädte haben Angelsportgeschäfte mit verwirrender Auswahl.

»Was soll's sein, der Herr?« (Und manchmal kann es auch eine Dame sein!)

Also, eine Gerte!

In diesem Augenblick fällt die wichtigste Entscheidung: Auf was wollen Sie angeln? Auf Hechte, auf Karpfen, auf Barben, Barsche oder Forellen, Äschen?

Gehen Sie nun nicht danach, was Ihnen am besten schmeckt, sondern danach, was in den Gewässern Ihrer Umgebung zu fischen ist. Und wieviel Geld es kosten darf!

Ich sagte »in Ihrer Umgebung«, weil ich meine, daß man – um ein trainierter und auch gewitzter Angler zu werden – oft fischen muß und dazu nicht erst eine Reise antreten soll.

Wohnen Sie am Alpenrand? Und welche Gewässer sind da für Sie frei? Oder wohnen Sie in der Nähe eines Tümpels? Oder eines weiten Flachland-Sees? Oder an einem gemächlichen Fluß? Oder am trägen Brackwasser, nahe der Küste?

Nun darf keiner sagen: Auf Hechte fischt man allein mit der Spinnangel, denn es gibt Hechte, die auch auf eine (große) Fliege gehen (oder einen »Streamer«), auch Döbel gehen an die Fliege, und Äschen wiederum gehen manchmal an den Spinner. Und fast alle gehen sie auf den Wurm. Und die meisten gehen auf Teigkügelchen oder Kirschen, auf Maden, Kartoffeln, Mais. Der Döbel zum Beispiel beißt

in alles – wenn er gerade in Laune ist.

Nein, es geht darum, *wie* Sie fischen wollen.

Denn nur danach können Sie Ihr erstes Gerät aussuchen!

Lange oder kurze Grundangel, starke oder zarte Spinnangel, gar Fliegengerte?

Weil Sie bisher mit dem Lesen so geduldig waren, sind Sie beinahe schon mein Freund. Und darum ins Ohr geflüstert: Mit der »Touristengerte«, die Sie irgendwann früher einmal schnell kauften, brauchen Sie sich gar nicht zu genieren, denn mit geübter Hand kann man fast alles damit anstellen. Ich habe in äußerster Not damit auch schon fliegengefischt (die kostbare Flugschnur um eine Stationärrolle gewickelt und mich mit kurzen Würfen begnügt).

Sie wollen aber keine Notlösung, sondern das Richtige. Damit Sie keinen Ärger haben. Denn Ärger wäre das Gegenteil vom Fischen!

Am preiswertesten ist das Angeln vom Ufer aus, mit ins Wasser geworfenem Naturköder: Teig, Kartoffel, Wurm. Tages- oder Wochenkarten kosten da wenig. Als Gerte reicht tatsächlich Ihre Touristenangel, auch wenn sie zu kurz ist. – Wie es auch damit geht, bekommen Sie später zu lesen.

Eine Gerte von 2,50 Meter wäre allerdings besser. Es darf sogar eine Vollglasgerte sein. – Mehr darüber, wenn vom »Sitzangeln« die Rede sein wird: Das ist die Art, etwas auf den Haken zu spießen, was den Fisch zum Biß verleiten soll, das ins Wasser zu werfen, am dümpelnden Schwimmer zu erkennen, ob ein Fisch gebissen hat, mit der Gerte den Anhieb zu setzen

und den Fisch heranzukurbeln, aus dem Wasser zu heben.

Zum Spinnen mit an den Haken gehängten lebenden Fischchen genügt auch irgendein Stecken – falls der gehakte Fisch nicht zu groß, zu kräftig ist. – Diese Fischerei kommt aber schon teurer, wegen des Erlaubnisscheines.

Vom Ufer aus kann man auch blinkern: mit einem patentgebogenen Metall (Löffel, Spinner) Raubfische reizen. Die beißen dann in den Spinner und verhaken sich. – Diese Art hält auch den Fischer lebendiger: Er muß immer wieder auswerfen und den Spinner (oder Wobbler) herankurbeln, damit der unter Wasser taumelnde Bewegungen vollführt. – Blinkern ist aber auch teurer, denn es werden damit größere und zuweilen edlere Raubfische aus dem Wasser gezogen!

Auch das Gerät zur Spinnfischerei wird teurer: Für Hechte muß die Gerte besonders steif und bruchfest sein. Für Forellen (die man nur in Notsituationen mit dem Blinker fängt!) muß die Gerte ebenfalls steif, aber besonders leicht sein. Und auch ein Blinker ist teurer als zum Beispiel ein Wurm. (Allerdings: Der Wurm geht immer wieder verloren, der Blinker seltener.)

Sündhaft teuer ist das Fliegenfischen (Flugangeln): Eine gute Gerte ist unter 150 DM kaum zu kaufen, und die ganz guten kosten von 300 DM bis 1000 DM (und noch darüber). Eine gute Fliegenrolle kostet auch erstaunlich viel. Die Flugschnur kommt an die hundert Mark und muß eigentlich jedes Jahr neu gekauft werden. Und die Fliegen kosten. Und am meisten kostet die Erlaubnis! Denn hier geht es um Edelfische.

Und es kostet auch Schweiß, und oft bringt es Ischias mit sich, denn Sie müssen im Wasser waten, über Fels-brocken klettern, sich gegen die Strö-mung stemmen und unentwegt die Flugleine in der Luft wedeln. Dazu kommt das Watzeug. Allerdings wird man bei dieser – beinahe versnobten – Angelei gesund und verrückt, und manche haben dabei schon vergessen, ihren längst fälligen Konkurs an-zumelden. Und ich weiß von Fällen, wo solche Fischer vor Freude oder Aufregung mit einem Herzinfarkt ins kristallene Wasser sanken. (In Freu-denhäusern allerdings, erzählte mir

Die Jagdlust treibt auch manchen un-sportlichen Typus über Gestein, schritt-weise, unmerklich, und bis ins Wasser!

mein Großvater, kam das ebenso vor, aber im Wasser finde ich es schöner!)

»Was soll's sein, der Herr?«
Glauben Sie nicht, daß der Verkäufer

immer ein exzellenter Fischer sei, ganz darauf aus, Sie zu beraten. Zum Fi-schen hat der nicht genügend Zeit. Und schließlich ist er ja auch Kauf-mann.

Doch soviel weiß er: welche Gerten-gattung zu welcher Art Fischerei.

So unanständig ist keiner im Angel-sportgeschäft (oder im Laden des Büchsenmachers), daß er Ihnen eine Huchengerte verkauft, wenn Sie nur Elritzen fangen wollen. Oder eine Fo-rellengerte *super-legère,* wenn Sie es auf Barsche abgesehen haben.

Es geht nicht anders: Wir müssen über die Gerten reden!

Kapitel III

Gerte kaufen

Unsere Väter rauften sich noch mit viel zu langen Gerten. Und die Anfänger unserer Jahre – zuweilen haben sie einem Großvater beim Fischen zugesehen – meinen auch, daß eine lange Gerte tüchtiger sei. Man kann damit besser in der Luft herumfuhrwerken.

Aber eine lange Gerte ist nicht zielgenau. Mit der Gerte schubsen wir nicht den Köder ins Wasser, sondern wir gehen mehr und mehr dazu über, die Gerte als Wurfinstrument elegant einzusetzen. (Einzige, mir parate Ausnahme: das Tippfischen, aber das ist ein Sonderfall!)

Eine Spinngerte von 2,50 Meter empfinde ich schon als eine lange Gerte. – Fluggerten waren einstmals drei Meter lang, aber die modernen Fluggerten sind unter zwei Meter, wiegen weniger als 100 Gramm, und damit wirft man weiter als früher mit den langen Stangen.

Eine Gerte für Hechte braucht nicht länger zu sein als 2,25 Meter. Damit läßt sich der Blinker weit genauer plazieren als mit einem Ungetüm.

Die »lange Stange« ist auch keineswegs elastischer als die kurze, sportliche Gerte, denn sie ist ja entsprechend dicker. (Wäre sie es nicht, würde ihre Spitze ins seitliche Ausschlagen geraten!)

Bei der Grundangelei (ohne Schwimmer) genügt ebenfalls die kurze Gerte, denn das durchlochte Blei läßt sich weit über das Wasser schnellen.

Und das Angeln mit dem Schwimmer benötigt ebenfalls keinen »Baukran« als Gerte, denn den Schwimmer kann man gleitend an der Schnur anbringen, so daß man ihn fast wie einen Spinner weit hinauswerfen kann.

Im Zweifelsfall lieber eine etwas zu kurze, eine etwas zu leichte Gerte! Ein achatgefütterter Spitzenring schont beim Spinnfischen die Schnur – solange er durch hartes Anschlagen keine Bruchstelle bekommt. Es gibt keinen Stahl, der von der Nylonschnur im Laufe weniger Jahre nicht etwas angesägt wird, und dann hobelt er an der Schnur. Sie wird rauh und bricht unversehens.

Die langen Gerten stammen noch aus einer Zeit, als es die Stationärrolle nicht gab, unsere Großväter also nur so weit auswerfen konnten, wie Schnur von der Gertenspitze herunterhing, das Garn beim Werfen nicht ausschießen konnte.

Wenn Ihr Herr Verkäufer dennoch für Sie eine längere Gerte möchte: also, auf 2,80 Meter dürfen Sie sich hinaufreden lassen.

Wie lang oder wie schwer die Ihnen angepriesene Gerte aber auch immer sein mag, aus welchem Material, zweiteilig, dreiteilig, gar teleskopisch – nehmen Sie die Gerte in die Hand, halten Sie sie waagerecht, lassen Sie sie einmal nach unten schnucken und achten Sie dabei auf ihre Spitze:

Die Spitze darf einmal nachwippen, aber kaum mehr. Ansonsten wird sie sich verhalten wie ein Auto mit zu schwachen Stoßdämpfern!

Die Spitze darf beim Zurückschnucken nicht seitlich ausweichen, gar einen Kreisbogen wippen. Eine solche Gerte wäre ungenau im Zielen. Das mag hingehen, wenn man einen Schwimmer hinaus in die große Wasserfläche wirft oder ein Grundblei hinausschleudert. Aber auch dann können Sie sich eines Tages über diese Gerte ärgern, weil Sie nicht in eine Bucht eines Krautbeetes oder dicht neben die Einfahrt einer Bootshütte zielen können.

Ablehnen!

Dann prüfen Sie die »Aktion«! – Sie befestigen ein Gewicht von 500 bis 1000 Gramm mit einem 50 Zentimeter langen Schnurstück an der Gertenspitze. (Noch besser: Sie lassen eine Rolle aufsetzen, führen die Schnur durch alle Schnurlaufringe, hängen daran das Gewicht!) – Dann biegt

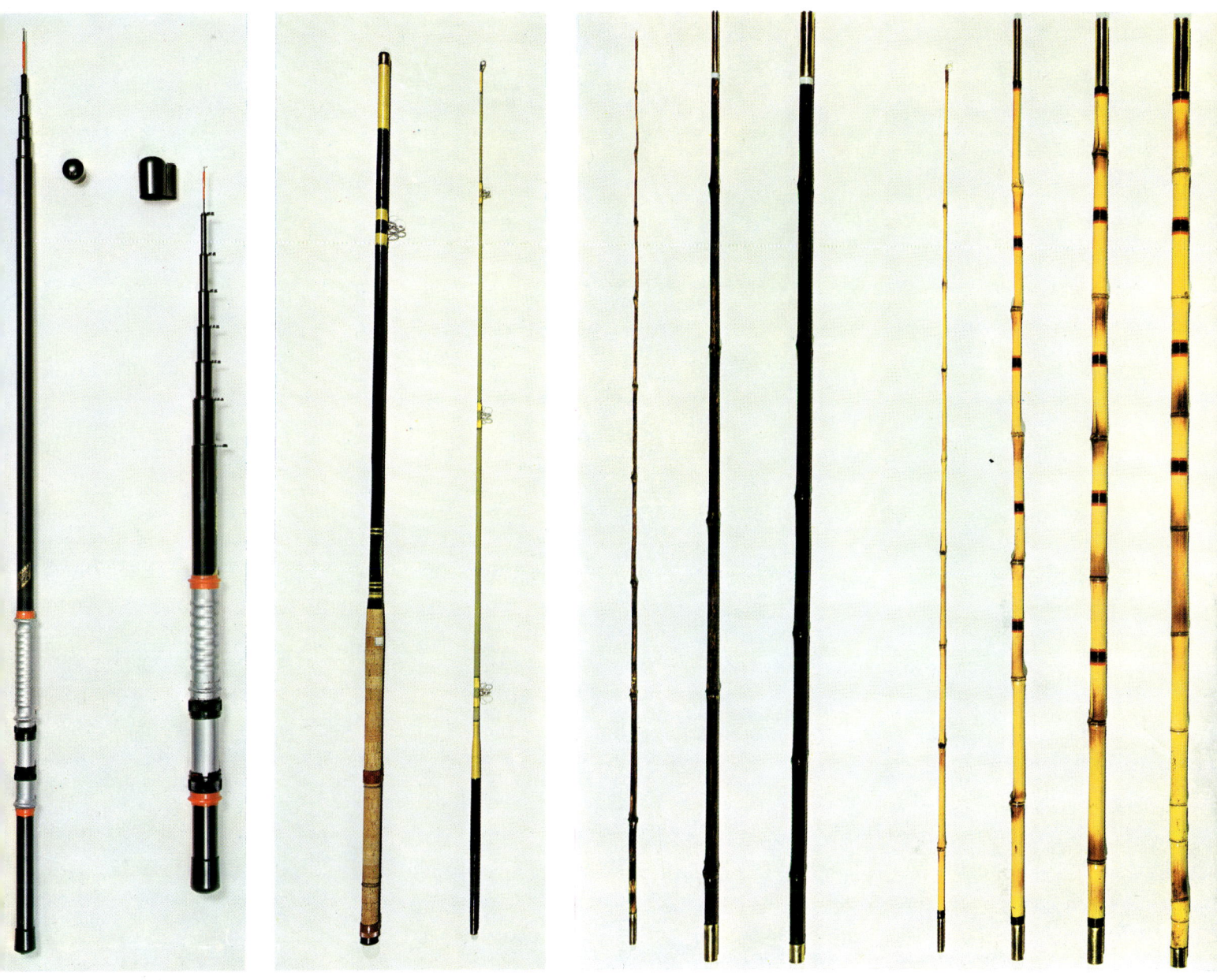

sich die Gerte entweder zu einem Halbkreis oder zu einer Parabel (»*Parabolic action*«).

Mit der *Parabolic Action* können Sie weiter werfen. Mit der Halbkreis-Verbiegung aber den Fisch besser heranholen (»landen«).

Ein »gehakter« Fisch (einer, der angebissen hat) ist noch kein »gelandeter« (erbeuteter) Fisch. Mit weiten Würfen (*parabolic*) kommen Sie auch an entferntere Fische heran. Mit kurzen Würfen haben Sie den Fisch sicherer in der Pfanne, und mit einer Gerte, die sich schon nahe dem Handgriff (»Handteil«) krümmt, bringen Sie den kämpfenden Fisch leichter in das Fangnetz (»Kescher«).

Gerten für Weitwürfe (Flugangeln,

So vor uns im Laden hingelegt sagt uns keine Gerte etwas über ihre Eigenschaften! – Erst nochmals den Text lesen, dann entsprechende Gerte in die Hand nehmen, prüfen! (Ganz links eine Teleskop-Gerte, ganz rechts ein Knüppel, allenfalls zum Tippfischen oder »Heben und Senken«.)

Spinnangeln auf vergrämte Fische in zu stark befischten Gewässern) sollen *parabolic* sein. Denn was nutzt das beste Keschern, wenn Sie noch keinen Fisch am Haken haben?

Die Angeln mit Halbkreis-Aktion nur dort, wo Sie nicht weit werfen müssen, aber Ihre liebe Not verspüren werden, den Kerl an Land oder ins Boot zu bringen (z. B. Karpfen, Hechte).

Je kräftiger die Angel, für Kapitale gedacht, um so größer die Gefahr, daß die Schnur reißt. (Und man kann nicht einfach eine dickere Schnur nehmen, denn gerade die Kapitalen sind so schlau und flüchten vor einer dicken Angelschnur!) – Lieber eine etwas zu zarte Gerte, die federt. Wenn dann wirklich einmal ein Kapitaler dran sein sollte, reißt die Schnur so leicht nicht, denn die Gerte gibt wippend nach. Und wenn Sie fürchten sollten, damit zu »zart« anzuhauen, zweifeln, ob die etwas zu leichte Gerte dem Kapitalen auch wirklich den Haken richtig ins Maul reißt, dann können Sie immer noch forcieren. Nochmals kräftig anhauen, bis Sie meinen, die Gerte knirsche in ihrem Gefüge.

Eine so überstrapazierte, vorzeitig gealterte Gerte ist immer noch besser, als der Abriß eines Kapitalen.

Für mittlere Hechte: eine leichte Hechtgerte, etwa 150 Gramm schwer.

Für starke Hechte: eine normale Hechtgerte, notfalls auch eine leichte, etwa 250 Gramm.

Für kämpfende Karpfen: eine mittlere Hechtgerte, etwa 300 Gramm.

Für kapitale Forellen: eine leichte Forellengerte, etwa 130 Gramm. (Nur für die zarten Steinforellen in Quellgewässern auf 1000 Meter Höhe eine »superleichte« Forellengerte, etwa 100 Gramm.)

Für Barsche: eine Forellengerte, leicht bis mittel, um 200 Gramm.

Für Äschen: immer eine leichte Forellenfliegengerte! Oder besser noch eine Fliegengerte mit gutem Rückgrat, aber leichter Spitze. (Auf Fliegengerten komme ich aber später noch genauer!)

Und wenn Sie so – was Zielgenauigkeit und Stärke betrifft – an die richtige Gerte gekommen sind, haben Sie in einem Geschäft mit großem Sortiment immer noch verschiedene in der Hand: nämlich Gerten aus verschiedenem Material!

a) Einfache Stecken aus Haselzweigen gibt es kaum noch im Handel. Auch da, wo der Käufer mit solchen Stecken auskäme, wird Besseres verlangt. – Zum Tippangeln über Büsche oder weite Böschungen hinweg allenfalls doch noch Bambusrohr mit »gesplißter« Spitze oder mit Spitze aus Vollglas. Nichts dagegen einzuwenden. Das gibt es von vier bis zu fünf Metern Länge, ein Kilo schwer.

b) Vollglasgerten sind stabil und werden von zuklappenden Autotüren nicht so leicht durchbrochen. Aber sie sind schwer, taugen also nur für die Touristenangel, und außerdem neigen sie – weil billige Massenware – zu unkontrollierten Aktionen. Ein alter Hase wird damit notfalls fertig, hat aber keine Angelfreude mit ihnen. – Tauglich sind sie zum Angeln von Köderfischchen, denn da wird von ihnen nichts verlangt, als daß am Meß-

singhaken mit Wurm ein Fischbaby beißt.

c) Furore haben längst die Hohlglasgerten gemacht. Sie sind leicht, altern nicht, haben aber selten »Rückgrat«. Wenn sie ausreichend zielgenau sind, dann sind sie nicht mehr billig. Man darf sie auch fürs Fliegenfischen anschaffen, aber besser als Reserve für die »gute« Gerte – ich meine da, wo ein Angler unglaublich verwöhnt ist, auch mit Weitwürfen auf den Zentimeter genau zielen will.

Anders ausgedrückt: für die Sitzangelei ideal, für die Spinnfischerei (Blinker) gut, für das feine Spinnen (Löffel auf Forellen) ausreichend, für die Flugangelei (Fliegenfischen) gut an der Naßfliege, schwach für die Trockenfliege, weil der Anhieb nur ein Zeitzünder ist. Und wenn es eine steife Hohlglasrute sein soll, ist sie schlecht beim Drill, weil sie zwar weit wirft, aber mit dem Fisch vor der Nase des Anglers nicht flexibel genug ist.

Königin unter den Gerten bleibt die »Gesplißte«. Einzig gleichwertig sind die neuen Kohlefasergerten, aber die gibt es noch nicht so lange, daß ich den Mut hätte, über deren Bewährung zu schreiben. – Leider gibt es unter den Gesplißten miese, aber – für viel Geld – auch wirkliche Königinnen! Sie sind zielgenau, sie haben eine ausgedachte Aktion (meist parabolic) und wirklich Rückgrat! Mit ihnen wirft man weit und hat auch genügend Flexibilität beim Drill. An einer Gesplißten verzweifelt der gehakte Fisch, er spürt die Strenge und gibt früher auf!

Für eine Gesplißte aus gutem Hause muß man allerdings zweifach bezahlen: erst den Anschaffungspreis und dann die Ermüdung. Je mehr man eine Gesplißte anstrengt, um so früher wird sie weich. Und schließlich wird – bei aller Schonung – auch die teuerste Gesplißte einmal alt. Sie agiert dann wie ein Hammelschwanz, verliert ihre Zielgenauigkeit, kann nicht mehr so weit, überanstrengt die Hand. Je kostbarer, um so früher!

Beim Grundangeln – als starkes Exemplar – die Gesplißte für mächtige Karpfen, als mittelschweres Exemplar für zornige Barben. Für Sonstige zu schade und zu teuer. – Aber: für das Fliegenfischen (mit Trockenfliege) immer noch die Königin! (90 Gramm schwer für Herren, 70 Gramm schwer für Damen, Länge zwischen 1,70 Meter und 1,80 Meter.)

Gerten gibt es dreiteilig und zweiteilig.

Je weniger Teile, um so besser ihre Aktion, aber um so länger auch ihr Futteral! – Eine Gerte für »höhere Ansprüche« sollte nur zweiteilig sein. (Lange Tippangel ausgenommen!) – Das gilt besonders für das Fliegenfischen!

Reiseangeln aus fünf Teilen taugen allenfalls dazu, in einem kleinen Hafen Fischbrut zu ergattern. Das ist aber kein Fischen, sondern Vergehen an Minderjährigen. Es können im Schwarm der kleinen Fische nämlich auch Edle sein, die nur noch nicht erwachsen sind.

Aber wie ist denn das mit den Teleskopgerten? Die werden, zusammengeschoben, herrlich kurz, passen fast ins Handschuhfach!

Ich war verblüfft, als ich mir die erste kaufte (180 Gramm, ausgezogen zwei Meter, zusammengeschoben 45 Zentimeter!). Ich benutze dieses sehr leichte Exemplar heute noch, wenn ich auf Forellen gehe, weil die Fliege verschmäht wird (ich aber zum Abendessen Freunde zu Forellen geladen habe; was nicht heißt, daß man bei erfolglosem Fliegenfischen nun etwas mit der Spinnangel herausholt!)

Ein kräftigeres Exemplar bewährte sich glänzend beim Fischen auf See-Saiblinge. Und das ist ein Wort. – Aber schon beim Hecht ab zweieinhalb Pfund wurde ausgehakt. Es fehlte der harte Anhieb ins harte Maul! Beim Grundangeln auf Renken war das Ding wieder recht praktikabel.

Teleskopgerten können zielgenau sein, sogar parabolische Aktion haben – ja, meist sind sie *zu* parabolisch! –, aber ihre Spitzen sind einfach zu weich. Damit kann man keinen harten Anhieb setzen. Klar, denn: jedes Teilstück muß so viel dünner sein, daß es sich in das vorige Teilstück hineinschieben läßt. Und dann wird das obere Ende einfach *zu* dünn!

Wegen des zarten Anhiebs gut für alle Fische, deren Maul sich zu leicht vom Haken aufschlitzen läßt. (Diese Fische werde ich später noch namentlich nennen.) – Aber nichts für harte Kämpfer mit hartem Maul!

Stahlgerten scheinen sich nicht bewährt zu haben. Sollen Sie die nochmal ausprobieren?

Man kommt auch mit einer falschen Gerte aus. Viel wichtiger ist es, sich mit seiner Gerte anzufreunden; dann geht's auch mit der verkehrtesten. Das ist so eine Sache – wie mit dem Heiraten.

Kapitel IV

Rolle kaufen

Meiner vagen Erinnerung nach war es in der Mitte des achtzehnten Jahrhunderts, als unter den angelnden Menschen die Nachricht kursierte, jemand habe für die Angelleine eine »Leier« erfunden. Diese sei am Handstück der »Stange« zu befestigen, bestehe aus einer kleinen Handkurbel und einer sich mitdrehenden Achse, auf die man die Leine aufrollen könne. Wenn man nun an der Spitze des Steckens einen kleinen Ring anbringe und die Leine durch diesen hindurchführe, dann könne man dem starken Fisch Leine lassen, bis er müde werde, und ihn schließlich – erschöpft wie er sei – ganz heranleiern!

So etwa sah die Geburt der »Rolle« aus. Und diese Art der einfachen Handkurbel, inzwischen aus Messing oder Aluminium, gibt es immer noch.

Die konstruktiv »einfache« Fliegenrolle in vier Größen? – Je leichter, desto besser, aber für Kapitale soll sie nicht zu klein sein – wegen der Vorschnur!

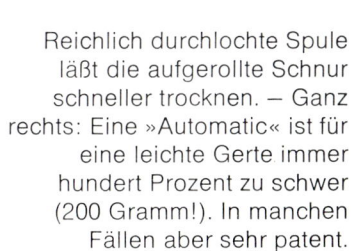

Reichlich durchlochte Spule läßt die aufgerollte Schnur schneller trocknen. – Ganz rechts: Eine »Automatic« ist für eine leichte Gerte immer hundert Prozent zu schwer (200 Gramm!). In manchen Fällen aber sehr patent.

»S« sind Stationärrollen. Im Prinzip alle gleich, nicht aber in Preis und Gewicht (siehe Text!).
»SH« ist eine Stationärrolle mit Haube; ablaufende Schnur soll sich nicht vertuddeln können.
»M« sind Multiplikatorrollen, nur noch wenig in Gebrauch. Die letzte rechts unten mit skalar verstellbarer Bremse.

Sie heißt »Nottingham-Rolle«. Ich weiß nur nicht, wozu diese Rollen heute noch tauglich wären. Denn die praktischeren Rollen sind durch die große Serienfabrikation kaum noch teurer. (Zugegeben: die Fliegenrolle ist ein Abkömmling der »Nottingham«, aber doch etwas ganz anderes!) Als man der »Nottingham« eine Zahnradübersetzung einbaute, entstand die Multiplikatorrolle. Ich mag sie gern beim Schleppfischen. Aber warum sollen Sie sich fürs Schleppfischen eine (nicht billige) Multirolle anschaffen, wenn das ebensogut mit der Stationärrolle geht?

Genau genommen ist die Stationärrolle beteiligt am Untergang der Fische. Auch der Ungeschickteste kann damit Weitwürfe machen, ohne daß sich sein Garn verheddert, zur »Perücke« wird. Aber sie ist nun mal da! Und gottlob sind viele Leute noch viel ungeschickter: Mit dieser Patentrolle klatschen sie unentwegt ihre Blinker in das ruhige Wasser, veranstalten damit Spektakel und Wellenschlag, und die Fische gehen verärgert auf Tauchstation.

Der Witz dieser Rolle besteht darin, daß die Spule mit dem aufgewickelten Garn stillsteht. Zum Auslassen der Schnur muß sich also nichts in Drehung versetzen; die Schnur wird durch den Wurf, durch das Gewicht des Köders (bzw. des Blinkers oder Bleis) seitlich über die Oberkante der Spule abgezogen. Ist die Schnur ausgeschossen, läßt ein leichtes Drücken auf die Kurbel einen Bügel über das ablaufende Ende der Schnur kappen. Und wenn Sie nun weiterkurbeln, rotiert der Bügel um die Spule und schlingt die Schnur wieder darauf. Etwa so, wie wenn der Großmutter die Garnrolle unter dem Tisch weggerollt ist und sie nun das Garn wieder um das Röllchen wickelt, mit der Hand. Vermutlich hat der Erfinder der Stationärrolle eine nervöse Großmutter gehabt. Aber auch mit diesem Patent kann es zu Verwicklungen kommen: Eine sehr

S

S

M

M

S

M

M

Links: Multirolle – zum Wurfangeln ungeeignet, zumindest kein Vergnügen! Aber recht gut zum Schleppangeln.

Rechts: Sicher ist sicher – neben der Fliegengerte noch eine Spinngerte, falls heute kein Fisch fliegen mag.

vertörnte Schnur gehorcht nicht dem Aufwickelbügel oder springt unbotmäßig von der Spule. Dagegen gibt es die Stationärrolle »mit geschlossenem Gehäuse«: eine Haube über dem ganzen System, und oben drin ein Loch für die Schnur. Aber erstens bringt das schon wieder Gewicht, und zweitens habe ich mit diesen Dingern mehr »Verwicklungen« gehabt als mit den einfachen, inzwischen klassischen Modellen.

Wenn Sie einmal irgendwo lesen, das Gewicht der Rolle müsse mit dem Gewicht der Gerte harmonieren, dann fragen Sie bitte den Verkäufer, wieviel denn eine Rolle für eine 600-Gramm-Gerte wiegen müsse?

In Wirklichkeit ist das ganz anders: Eine Rolle darf nicht zu schwer sein! Beim Wurf beschreibt sie um Ihr Handgelenk herum einen blitzschnellen Kreisbogen. Ist die Rolle zu schwer, dann kann die Gerte noch so leicht sein, das Gewicht der Rolle bremst die Bewegung. Nur bei der großen, schweren Gerte macht sich die

schwere Rolle weniger unliebsam bemerkbar.
Eine zu leichte Rolle gibt es einfach nicht.

Indessen – mit einer schweren Gerte gehen Sie ja auf größere Tiere los, und die größeren Tiere ziehen stärker. Und dann – ja dann wird die leichte Rolle überbeansprucht. Sie geht nicht plötzlich in Stücke, aber sie ist dann schnell verschlissen; und sie hat, weil sie klein ist, zuwenig Schnur auf der Spule.

Der große Fisch macht weitere Fluchten. Für ihn braucht man also mehr Meter Schnur auf der Rolle, und man braucht auch dickere Schnur. Und mehr Meter dickerer Schnur verlangen eben eine große Rolle.

Obgleich ich es mir eigentlich gar nicht leisten kann, setze ich lieber feineres Gerät ein und riskiere, daß es früher überbeansprucht, verschlissen ist und ich wieder neues kaufen muß. Wenn Sie auch ein solcher Bruder Leichtsinn sind, weil Ihnen das Fischen lieber ist als das Sparen, dann nehmen Sie:
Für das Grundangeln (und Schwim-

merangeln) auf temperamentlose Fische bis zu einem Kilo: eine sogenannte »leichte« Stationärrolle;
für das Grundangeln auf zornige Fische bis zu einem Kilo: eine »mittlere« Rolle;
für das Grundangeln auf zornige und zugleich starke Fische (Karpfen): eine »schwere« Rolle – aber kein Monstrum!
Für das Spinnen auf Forellen und Äschen die »leichte« Rolle. Schwere Forellen oder Äschen reißen eher das Vorfach, als daß sie die Rolle zerstören!
Für das Spinnangeln auf kleinere bis mittlere Raubfische (Barsche, mittelgroße Seeforellen, Durchschnittshechte) eine »mittlere« Rolle. – Wenn dann doch ein Prachtexemplar von Seeforelle oder Hecht zubeißen sollte, geht die »mittlere« nicht zu Bruch, sondern eher die Schnur.
Nur für das Angeln auf schwere Exemplare (große Hechte, Waller – oder Welse –, Huchen) die »schwere« Rolle!
Eine ähnliche »Unterbewaffnung« habe ich Ihnen ja auch im vorigen Kapitel beim Kauf von Gerten empfohlen.

Schließlich gibt es, vereinzelt, auch noch Stationärrollen mit Zweigangschaltung. Davon besitze ich nur ein einziges Exemplar, und das hat sein Gewicht! Ich merke das nicht sehr an einer schweren Hechtgerte. Es ist recht geruhsam, im großen Gang damit zu spinnen und erst auf den kleinen Gang umzuschalten, wenn es um den Drill geht. Aber noch mal kaufen würde ich mir das Ungetüm nicht.

Die sehr leichten und die ganz schweren Rollen sind von Haus aus teuer. Die Qual der Wahl kommt nur bei den

mittelschweren Rollen, denn die gibt es von billig bis Luxus. Der Luxus ist aber kein Luxus, wenn es ums Spinnangeln geht:

Billige bis preiswerte Rollen fangen bald an zu knurren, oder sie »eiern«. Sie tun zwar ihre Pflicht, aber es macht keinen Spaß, mit ihnen zu kurbeln. Federchen im Inneren werden lahm, der Bügel schnuckt nicht richtig über den Faden, der Faden verhängt sich, schlingt sich ums Gehäuse, just dann, wenn man im Drill ist, und dann hakt sich der Fisch los, und Sie – oder wenigstens ich – stoßen unflätige Worte aus, die weit über das Wasser hallen. Es braucht auch nicht Luxus zu sein, nur eben ein bißchen in der oberen Preisklasse. – Und zu jeder anständigen Rolle gehört ein bebilderter Ersatzteilkatalog für die inneren Organe und ein – dazugekaufter – kleiner Schraubenzieher, damit man auch auf Reisen seine lädierte Rolle reparieren kann.

Eine Stationärrolle ab Mittelklasse wird mit zwei Spulen geliefert. Die eine der Spulen hat einen dickeren Kern: Sie ist für dünnere Schnur (zum Beispiel 15/100 bis 20/100 Millimeter). Die andere ist für 35/100 bis 40/100 Millimeter. Die eine also für Forelle, die andere schon für Hecht oder Karpfen. Lassen Sie sich beim Einkaufen beide Spulen mit dünnem und mit dickem Garn vollspulen, und zwar so weit, daß die Spulen fast randvoll gefüllt sind. – Kommt zuviel Garn drauf, gibt es beim Werfen »Perücken«. Ist zuwenig Garn drauf, wird das ablaufende Garn durch die Spulenränder zu sehr gebremst, und Weitwürfe wollen nicht gelingen.

Die unverständlichsten Preisunterschiede gibt es bei Fliegenrollen! Und gerade bei denen ist der Erfolg völlig unabhängig vom Preis. Nur – die ganz, ganz leichten sind eben so teuer! Obgleich sie in ihrer Mechanik viel primitiver sind. Und die primitiven sind pannensicherer und dazu aus bestem Material. – Die von den Engländern sind inzwischen unerschwinglich für einen ordentlichen Menschen, aber sie halten länger als der Fischer. Die Japaner bauen diese Rollen zum Viertel des Preises auch, aber ob die ebenso alt werden, können Sie erst nach meinem Ableben erfahren.

Eine gute Fliegenrolle soll:
ganz, ganz leicht sein,
eine (ohne Werkzeug!) aus dem Gehäuse herausziehbare Spule haben,
es Ihnen erlauben, an ihre – hoffentlich primitive – Mechanik heranzukommen, um Sand herauszupinseln, neu zu ölen, die Härte der Knarre eventuell zu verstellen.

Eine Fliegenrolle braucht nicht:
eine einstellbare Bremse,
eine abstellbare Knarre,
ein Zweiganggetriebe.

Eine Fliegenrolle darf nicht:
eine einstellbare Bremse haben, die sich dauernd von selbst verstellt,
in ihrem Innern so schwer zugänglich sein, daß eingedrungener Sand sich nur mit Werkzeug (zum Zerlegen der Rolle) entfernen läßt,
mit etwas Sand im Gehäuse schon quengeln, festgehen, sich verklemmen.
Denn Fliegenrollen geraten immer einmal wieder unter Wasser oder auf das Kiesbett – sag' mir keiner was dagegen! –, und dann mogelt sich eben Sand ins Gehäuse.

Es gibt auch erfahrene Fischer, die sich eine »automatische« Fliegenrolle anschaffen. Von manchen Angelgeschäften wird sie sehr empfohlen, denn sie ist doppelt so teuer. Aber auch doppelt so schwer! – Eine Spinnrolle darf doppelt so schwer wie die Gerte sein. Aber eine Fliegenrolle sollte nur 20 bis 30 Prozent mehr wiegen! (Zu einer Fliegengerte von 90 Gramm also eine Rolle von höchstens 120 Gramm. – Automatics wiegen aber durchweg über 200 Gramm.) – Der Druck auf die Taste kann den feinen Anhieb direkt aus Menschenhand nicht ersetzen. Die Automatik sorgt beim Einholen der Schnur nur dafür, daß sich unter Ihnen im Wasser oder im Gras keine eingezogene Fliegenschnur verknäuelt. Nun verknäueln sich Fliegenschnüre von Haus aus selten – die Automatik nur da, wo Sie in dornigem Untergrund stehen oder zwischen verschlungenen Pflanzen. (Dort kann man aber im Drill die Schnur – statt mit den Fingern – mit der Kurbel einer konventionellen Rolle einholen, dann ringelt sich auch keine Schnur am Boden!)

Die Rolle, die der Angler selber spielt, spielt hier keine Rolle. Denn er fischt nicht für die Zuschauer, sondern zu seiner eigenen Lust.

Liebreizende Geschöpfe, die den Fischer begleiten, sollen kurzgehalten werden. Sie neigen zu Komplimenten, und dann sind diese Wesen entweder verrückt auf die Fische oder auf den Fischer. Fliegenfischer sind diesbezüglich besonderen Gefahren ausgesetzt! Aber auch Grundangler, gemein als »Sitzangler« tituliert, sind mit Begleiterin keinesfalls außer Risiko: eine solche Holde meint bei ruhig schwimmender Pose – vom Gebüsch an Land aus oder vom Kahn –, nun habe der Fischer doch Zeit für sie. Indessen segelt die Pose davon, über das Wasser, taucht, und weg ist der Fisch mit dem mühsam ergrabenen Wurm. Nun – das müssen Sie wissen und selber entscheiden.

Kapitel V

Erstes Fazit

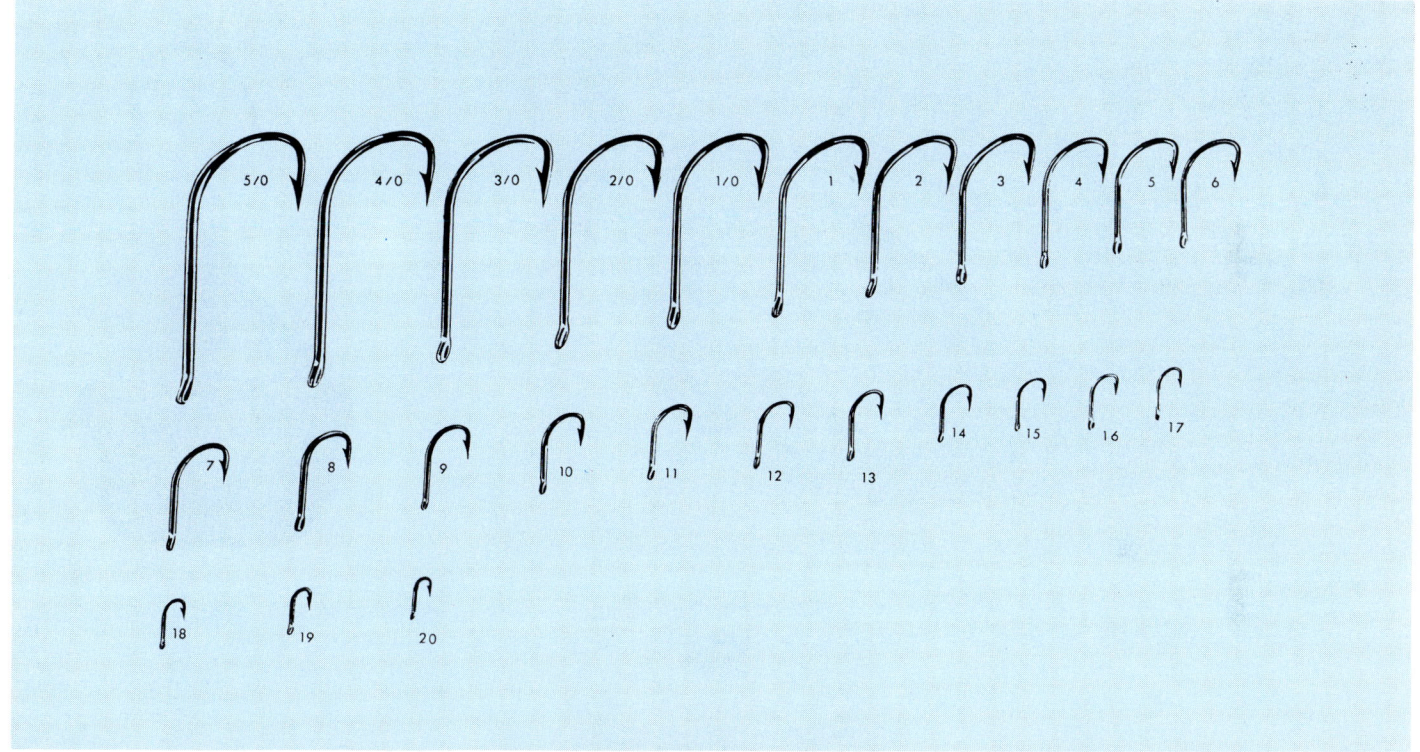

Ihre erste Gerte zum Grundangeln und Spinnfischen sollte bei einer Länge von etwa 1,90 Meter etwa 200 Gramm wiegen.

Die Stationärrolle dazu: etwa 350 Gramm, nicht über 380 Gramm.

Auf die innen dickere Spule weißes Nylongarn der Stärke 18/100 bis 22/100 Millimeter.

Auf die innen dünnere Spule farbiges Nylongarn der Stärke 30/100 bis 35/100 Millimeter.

Dazu Wurfbleie oder Spinnköder (Blinker, Wobbler, Löffel) nicht über 20 Gramm.

Einzelne Haken oder Haken am Spinnköder nicht kleiner als »3«, bes-

Skala der Hakengrößen (eine andere, neue Skala hat sich bisher nicht durchgesetzt. Alle Angaben in diesem Buch beruhen auf obiger Skala).

ser noch etwas größer, nämlich »2« – damit Sie nicht zu viele untermaßige Fische haken! Es geht um Naturschutz, hier pathetischer ausgedrückt: Waidgerechtigkeit.

Und was schon anfangs dazugehört:
Sie müssen keine grüne Fischerkleidung kaufen! Gerade bei der werden heutige Fische sofort mißtrauisch und schlüpfen unter Steine oder das Ufer, ziehen davon. (Beim Wild ist es inzwischen auch so!) – Nur weißgestärktes Hemd oder weißer Pullover sind optisch zu laut.

Aber Sie brauchen:
a) eine Löseschere, um dem untermaßigen Fisch vorsichtig den Haken aus dem Maul zu manipulieren;
b) ein Unterfangnetz (»Kescher«): eines mit langem Stiel, wenn Sie vom Ufer aus angeln, eines nur mit Handgriff, wenn Sie im Wasser stehen. –

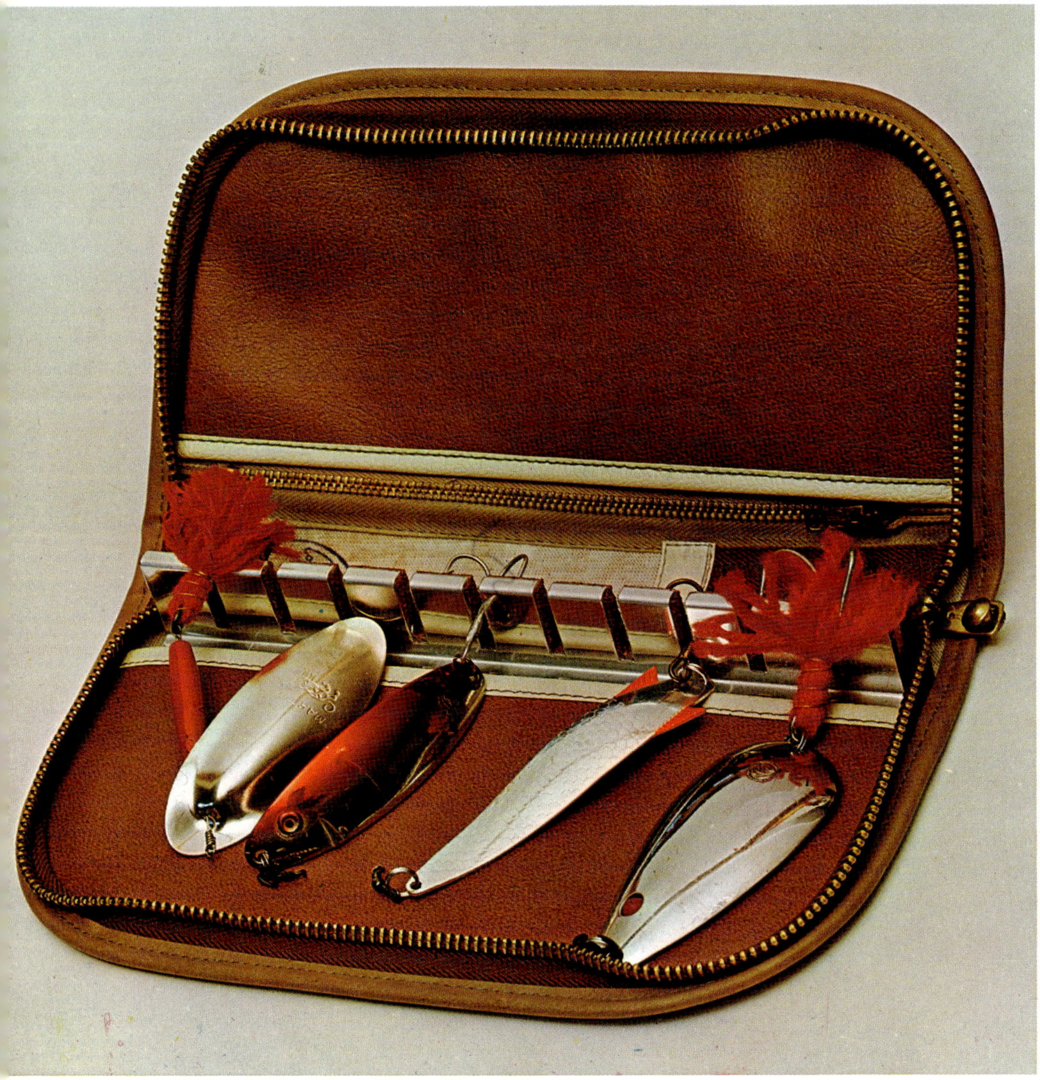

Links: Nur für kleinere Blinker, sehr bequem in der Jackentasche.

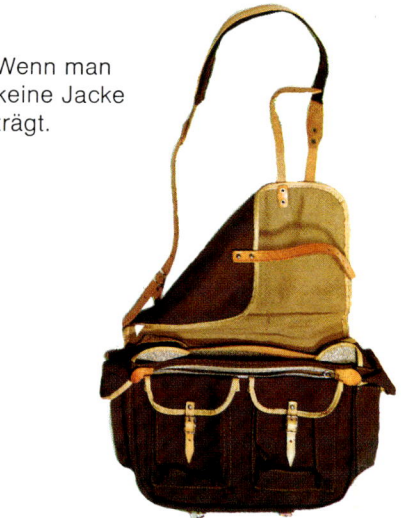

Leicht versnobte Fischer sehen mit Abscheu auf einen Menschen mit Kescher, weil damit das Schuppenkleid des gefangenen Fisches verletzt wird. Richtig! Aber man kescht ja nur, wenn man den Fisch töten und aufessen will. Die anderen Fische »ködert man ab«, unter Wasser oder in der Hand. (Darüber später die Finessen!)
c) eine winzige Schere, wenn sie nicht schon mit der Löseschere kombiniert ist: zum Abschneiden von Schnurenden, die beim Anknüpfen entstehen;
d) ein Anglermesser mit schwerem Knauf. Mit dem Knauf wird der Fisch getötet oder betäubt, mit dem Messer bäuchlings aufgeschlitzt und ausgeweidet;

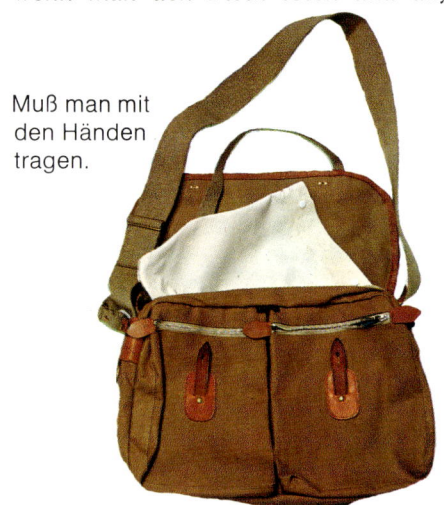

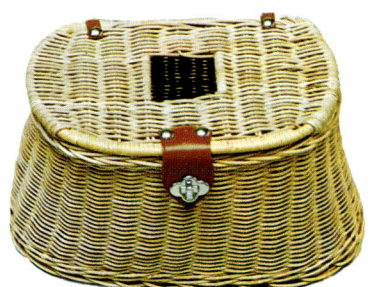

Das Beste für tote Fische.

Muß man mit den Händen tragen.

e) ein umhängbares Körbchen für die erlegten Fische, am Körbchen eine kleine Segeltuchtasche für Zubehör (Fliegenkästchen oder Blinkerkasten, Vorfach, Löseschere, Messer usw.) – oder eine Umhängetasche aus Segeltuch mit verschiedenen Fächern für das oben aufgezählte Zubehör und einer eingelassenen Gummitasche für tote Fische. (Letzteres nicht empfehlenswert!) – Auf Körbchen oder Tasche verzichte ich meist, trage das Zubehör in den vielfältigen Jacken-, Hosen- und Brusttaschen meines Angleranzugs, die erlegten Fische spieße ich an der entlaubten Astgabel eines Weidenstrauches – durch die Kiemen

Wenn man keine Jacke trägt.

Nicht sinnvoll!

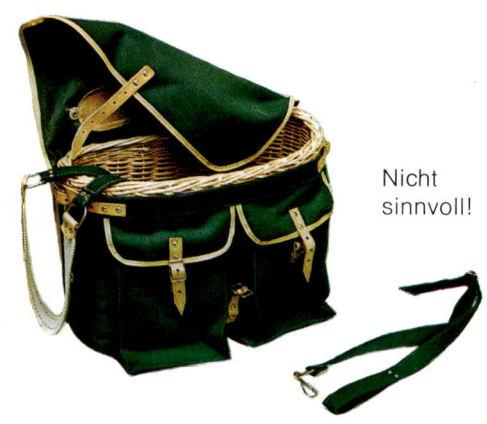

geführt – auf, damit sie schnell trocken und nicht faulig werden;

f) mehrere Hakenschützer, wenn Sie spinnfischen. Das sind zuschraubbare Plastikkugeln, die man über die Drei-angeln des Blinkers schraubt, damit man sich am Blinker unterwegs nicht selber angelt;

g) einen kräftigen Seitenschneider aus dem Werkzeuggeschäft, dazu eine Spitzzange, um sich ohne Doktor von einem Haken zu befreien, den man sich selber ins Fleisch gehauen hat. (Einzelheiten an späterer Stelle!) – Der Chirurg im Krankenhaus – wenn er selber ebenfalls ein Fischer ist – hat auch kein praktischeres Besteck. Aber wenn er kein Fischer ist, säbelt der an Ihnen zuviel herum!

h) für Fliegenfischer unbedingt (!) eine Brille, und wenn sie nur Fensterglas hat. Denn Fliegen schnellen manchmal vom gewitzten Fisch zurück in einen Ihrer Augäpfel. Da geht es nicht mehr

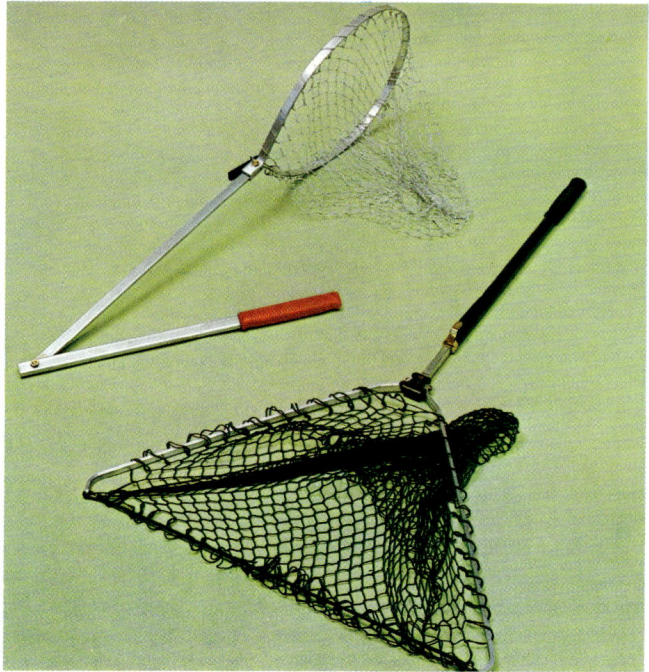

Mit einem solchen Kasten weiß man, daß man alles bei sich hat. Aber je älter und gewitzter der Fischer, um so weniger Gerät nimmt er mit, und das wenige verstaut er in den verschiedenen Taschen seiner Kleidung. Trotzdem ist dieser Kasten empfehlenswert, denn man kann ihn ja im Auto lassen – für den Notfall! Links: Klapp- oder Teleskop-Kescher haben ihre Tücken. – Deshalb schon beim Drill ausklappen, Netz kurz unter Wasser tauchen! Wieder an den Gürtel hängen.

Links: Für Strömung Watstiefel. Dazugehörige Hosen und Anglerjacken sind »zünftig«, aber nicht unentbehrlich!
Rechts: Für ruhige Gewässer »Watzeug« (Wathose).

er darin, eine Flüssigkeit erfunden zu haben, mit der man Kriegsgerät abschmieren und zugleich Wunden heilen kann. Darum gibt es Ballistol sowohl in Waffengeschäften als auch in Apotheken!

j) Reserven an Haken, Bleien oder Blinkern, Würmern o. ä.

Für Fliegenfischer: Natürlich Watstiefel und Watsocken, fertig geknüpfte Vorfächer, ein Köfferchen mit Unterzeug, eine Hose, ein Hemd, eine Jacke, wenn watend im Wasser gefischt wird, denn schon jeder ist einmal der Länge nach hineingefallen!

So kostet die erste Ausrüstung um 400 DM (Stand 1976), wenn man alles vom Preiswerten nimmt.

Für den Fliegenfischer: um 800 DM, wenn er Mittelklasse einkauft. (Unter Mittelklasse wird das Fliegenfischen zur Tortur!)

mit dem Seitenschneider, sondern nur noch mit dem Augenarzt und einem Klinikaufenthalt;

i) ein Fläschchen Ballistol, um das Gerät zu ölen und kleine Kratzer zu desinfizieren. – *Der Krieg sei der Vater aller Dinge, lernten wir in der Schule. Welch schlechten Vater doch die Dinge haben!* Aber wenn der erste Weltkrieg einen Wert hatte, dann bestand

Wochenkarte für einen Grundangler am Ufer im Schnitt 10 DM.

Wochenkarte für einen Spinnangler vom Ufer im Schnitt 25 DM.

Wochenkarte für einen Fliegenfischer an einem ordentlichen Bach im Schnitt 100 DM (Stand 1976).

Billiger wird es im weiten Flachland oder gar in Brackwasserzonen. Billiger wird es auch in einem Angelsportver-

ein mit seinen festen Gewässern. Da gibt es Vereinsabende, und wahrscheinlich wird dann sogar gesungen oder so etwas. Es werden Vorstände entlastet und wiedergewählt und heftig Vereinspolitik getrieben. Halten Sie sich da raus, und sehen Sie nur den anderen zu, wie die fischen. Auch dann, wenn Sie selbst es schon längst können!

Kapitel VI

Über den Anfang

Wenn Sie also ausgestattet sind mit allem, was zum Angeln gehört, mitsamt dem Fischereischein, erhalten Sie eine Tages- oder Wochenkarte für ein Gewässer. Die wird Ihnen von einer Kellnerin des Kronenwirts (oder der »Grünen Eiche«) ausgehändigt, oder von einem mißmutigen Bauern, der solcherweise aus seinem Bach Geld ziehen will, oder gar von einem Fischermeister, der Ihr Geld an seinen Herzog abliefern muß.

Keiner von denen »weist Sie ein«. Das heißt: Sie erfahren gar nichts darüber, welche Fische wo stehen, wo Sie sich postieren sollen (oder wo hineinwaten, mit welcher Fliege zu dieser Jahreszeit just an diesem Gewässer).

Das ist eine üble Art, Ihnen das Geld abzunehmen. – Ich habe auch schon Freunde gehabt, die mich großzügig an ihr Gewässer einluden und sich hinterher hämisch freuten, daß ich nichts fing, sie aber ihr Körbchen voll hatten. Die hatten eingeladen, aber nicht eingewiesen.

Reden wir hier besser nicht von guten Freunden; gegen ausgemachte Feinde kann man sich wehren, gegen gute Freunde nicht. Versetzen wir uns lieber in die unsichere Lage eines Anfängers am Wasser!

Der trabt mit Gerte und Papieren am Ufer entlang. Bald findet er eine »Glatze« im Rasen oder im Gebüsch der Böschung. Ganz klar: hier wird gefischt!

Er stellt oder hockt sich auf die »Glatze« und wirft die Angel aus, mit Blinker oder mit Teig, Käse, Wurm (mit der Fliege nicht, denn der Anfänger scheut das Flugangeln!). – Am Abend faßt er sein Erlebnis zusammen mit dem Wort »Scheiße!«. Ist übermüdet. Der Tee in der Thermosflasche ist kalt geworden, die mitgenommenen Stullen sind butterverschwitzt. Zwanzig oder mehr schwer ergatterte Regenwürmer sind heidi, oder hundert Gramm Käse oder zwölf kostbare Blinker blieben irgendwo unter Wasser hängen. Und die Handgelenke tun weh! Sogar der Rücken.

Was war da falsch? – Falsch war die »Glatze«, denn die ist eine Stelle, wo es unzählige andere auch so versuchen. Dort sind die Fische verscheucht. Die Fische sammeln sich indessen an einer Stelle des Ufers, wo kein Mensch hingelangt.

Und genau da müssen *Sie* hingelangen!

Mit Gebüsch im Rücken und rechts und links herunterhängenden Zweigen. Dort können Sie mit Tippfischen an langer Stange beginnen. Oder mit kurzen Würfen der Spinnangel. (Weite Würfe sind Ihnen da nicht vergönnt, weil Sie die Gerte nicht ausschwingen können!) – Mit der Fliege ist hier nur der Überrollwurf möglich, aber wer kann den schon? (Wie einfach der ist, im Kapitel über Flugangeln!)

Oder zwischen Wasser und Ufer steht Schilf. Wenn man da mit langer Tipprute hineinfischt, kriegt man nur Babys. Wenn Sie aber Watstiefel an den Beinen haben sollten, drängen Sie sich leise durchs Schilf und fischen vom Schilfrand aus. Sie werden erstaunt sein, was alles beißt!

Muß man ganz leise sein beim Fischen?

Sie dürfen reden, lachen, singen. Sie dürfen nicht hart husten und schon gar nicht hart mit den Füßen auftreten. Reden, Lachen und Singen sind die Fische längst gewöhnt. Aber gegen Erschütterung bleiben sie durch eine seitliche Nervenlinie empfindlich.

Sie dürfen auch einmal ins Wasser fallen und platschen. Erst sausen die Fische davon, wenn es aber weiter ruhig bleibt, kommen sie zurück. – Dann noch etwas weiter warten und danach erst anfangen mit der Angelei!

Je geruhsamer man fischt, mit größeren Pausen, um so besser sind die Aussichten. Wer dauernd neu wirft, ob mit Wurm oder Blinker, verscheucht die Fische.

Anders ist es, wenn Sie zwischendurch feinsten Kies oder Sand ins Wasser werfen. Dadurch werden dösende Fische – zum Beispiel Barsche – mobil, ohne in Angst zu geraten.

Dies sei aber kein Anlaß für Sie, unentwegt Kies ins Gewässer zu schmeißen. Denn dann würden die Fische sauer. Ich meinte, nur ab und zu, alle halbe Stunde einmal.

Wenn der Ausgeber der Karte Sie doch einweist, bleibt weiter Mißtrauen vonnöten. Sagt Ihnen der Fischermeister, in jener Bucht stünden massenhaft Hechte, dann mag das vor 40 Jahren einmal richtig gewesen sein. Heute stehen die Hechte woanders. (Wenn es in diesem Wasser überhaupt noch Hechte gibt!)

Sagt Ihnen der private Pächter so gemütlich, an der Krümmung des Baches, hinter der kleinen Insel, stünden kapitale Forellen, dann sind die Forellen längst so gewitzt wie der Pächter und stehen woanders. Der Pächter will vielleicht nur, daß Sie ihm die Kapitalen nicht vor der Nase wegfischen.

Zum Einweisen gehört auch der Köder. Naturköder bleiben Naturköder, aber manchmal sind im betreffenden Wasser die Fische einfach allergisch

31

Ich an seiner Stelle würde den Kahn losketten
und mich auf dem See treiben lassen.

gegen Kartoffeln. Das pflanzt sich über Generationen hinweg fort. Und Kirsche oder Teig wären da besser. – Also: nehmen Sie von allen Ködern etwas mit!

Noch schlimmer ist es mit den Blinkern. Eines Tages wissen alle Fische, welcher Blinker hier *en vogue* ist, und schießen davon, wann immer dieser Blinkertyp durchs Wasser gezogen wird. Der Kerl, der Ihnen die Karte verkauft, weiß das, aber er empfiehlt ungern Blinker, die den Fischen neu sind, sondern lieber die den Fischen verdächtigen Blinker. Dann bleiben ihm mehr Fische im Wasser!

Die Angst vor einem bestimmten Köder geht ganz einfach auf nachfolgende Fischbrut über: Die kleinen Fischlein sehen, wie die erwachsenen Fische vor einem Köder empört davonflitzen. Die kleinen Fischlein flitzen mit, kriegen auch Angst vor diesem Köder. Und wenn auch sie einmal erwachsen sind, flitzen sie noch immer vor diesem bestimmten Köder (zum Beispiel einem Blinkertyp oder einem Wobbler-

typ), und ihre Kinderchen sehen das auch wieder von ihnen ab.

Wann immer Sie an einem Ihnen fremden Wasser fischen, verlassen Sie sich nicht auf die Empfehlung des Menschen, was den Köder betrifft! Besonders nicht bei künstlichen Ködern: Blinker, Wobbler, Fliege. Setzen Sie den Ihnen noch unbekannten Fischen etwas Neues vor. Damit erhaschen Sie das sogenannte »Anfänger-Glück«!

Am Ufer des Luganer Sees hatte ich für ein paar Jahre einen Bungalow gemietet, mit Bootsgarage. Das bereute ich bald, denn die Einheimischen gestanden mir im nächtlichen Grotto, daß ein vernünftiger Mensch aus diesem See niemals mehr einen Fisch kriegen könne. Aber dann schenkte mir ein holdes Wesen einen abstrusen Wobbler. Ich probierte ihn aus, weil das Wesen so hold war. Und mit diesem Wobbler gingen mir Forellen-Barsche und Hechte an die Angel, so viele, daß ich die Beute nach Campione tragen mußte, wo in einem Schlemmerlokal eine Mama mir die Abend-

mahlzeiten kostenlos auf den Tisch setzte, auch wenn ich keine Fische mitbrachte. – Dies als Beispiel, wie man den Fischen immer etwas Neues vorsetzen muß.

Im Tegernsee sollte der Heintz-Löffel unwiderstehlich auf Fische wirken. Keiner biß an! Mit einem Perlmuttlöffel hakte ich dann Kapitale. So lange, bis die Fische auch den Perlmutt-Löffel dick hatten.

In der oberösterreichischen Koppentraun galt die hellgelbe oder winzige weiße Fliege als einzig für große Forellen. Nun, die Forellen kannten diese Dingerchen längst. Ich plazierte schließlich große künstliche Falter. Da wurden die Forellen verrückt.

Fazit: Wenn kein Fischerfreund Sie mitnimmt, keiner Sie einweist, gehen Sie möglichst an die schwer begehbaren Stellen und werfen Sie das aus, was eigentlich ganz verkehrt wäre, jedenfalls nicht das, was der Kartenausgeber Ihnen geraten hat!
Dies ist mein bester Rat!

Kapitel VII

Über das Angeln mit dem Schwimmer

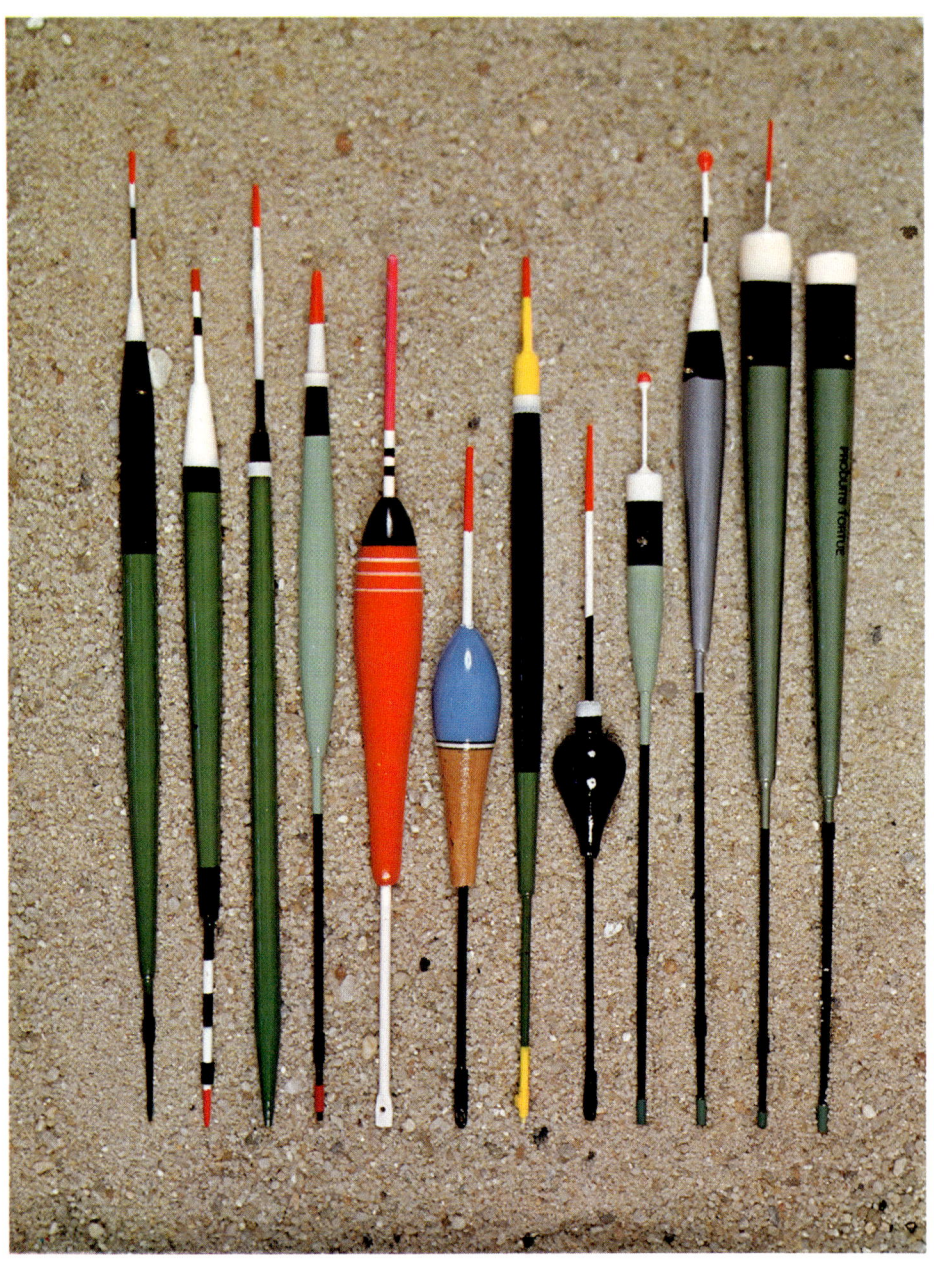

Weil sich vielleicht keiner gefunden hat, der Sie begleitet, komme ich selber mit.

Bitte, gehen Sie voran. Tragen Sie Ihre Gerte mit der Spitze voran, aber die Spitze nicht zum Boden geneigt: Vielleicht stolpern Sie, dann stößt die Spitze in den Boden und zersplittert. – Nein, an dieser verlockenden Stelle fischen wir nicht, denn hier schickt der Forstmeister alle hin, die bei ihm eine Karte lösen. Sie sehen es am niedergetrampelten Gras! Aber dort – nein, dort auch nicht, da ist das Wasser so seicht, daß sich nur winzige Fischlein dahin retten, die größeren stehen in etwas tieferem Wasser: so etwa 50 Zentimeter tief muß es schon sein. Ihre Gerte, mein Freund, ist ziemlich lang ausgefallen. Für den Anfang aber vielleicht recht, denn Sie können ja noch nicht werfen. Doch, mit dem Schwimmer wirft es sich schlechter als mit dem Blinker. Aber wir wollten ja mit dem Schwimmer anfangen. Er erfüllt die landläufige Vorstellung vom geruhsamen Angeln! Der Schwimmer schwimmt unbeweglich auf dem Wasser, durch ihn hindurch führt die Angelschnur, mit etwas angeklemmtem Bleischrot beschwert. Und der Haken hängt in halber Wassertiefe, daran vielleicht ein Wurm gespießt.

Manche Fische suchen ihr Futter auf dem Grund des Wassers. Andere schweifen umher, sehen da plötzlich einen leckeren Wurm schweben und drehen ab und beißen in den Wurm. Oder auch nicht. Der Wurm ist ein ganz besonders universeller Köder. Haben Sie übrigens einen Wurm mitgebracht? Aber – aber –, wie sollen wir denn jetzt einen Wurm herbeizaubern? Sie sind aus der Großstadt,

Das Angebot an Posen ist verwirrend. Posenformen sind Glaubenssache, und es mischt auch recht viel Aberglaube mit. Die Pose soll anzeigen:
a) wo ungefähr der Köder ist und
b) ob ein Fisch gebissen hat oder auch nur gerade knabbert. Stabförmige Posen haben die alten Birnen ersetzt; sie sind sensibler, zeigen schon durch geringes Geradestellen oder Neigen den Fisch an und hüpfen nicht so auf den Wellen. Mein Sortiment: eine Stachelschwein-Pose, eine Sturm-Pose und eine große Kugel-Pose.

nicht auf den Käse zugehen, sondern ins Blei beißen und entsetzt davonschwimmen. Und alle anderen Fische rundum flitzen mit. Vor einer Stunde kommt von denen keiner wieder. Nehmen Sie lieber fünf kleine Schrote zu je einem Gramm. Und nicht alle dicht nebeneinander, sondern so fünf bis sieben Zentimeter voneinander entfernt.
Was? Die Bleikügelchen sind nicht gespalten, Sie können die mit der Zange nicht an die Schnur klemmen? Macht nichts, Ihre Lösezange hat eine Zwicke, um in Bleikügelchen eine Kerbe zu pressen. — Das machen Sie schon sehr gut! So, und nun lassen Sie die Schnur mit dem Schwimmer über das Wasser pen-

deln, großartig! Und wenn der Schwimmer weit ausgependelt ist, senken Sie die Gerte, ja, richtig! Und lassen ihn nun schwimmen.
Auf was wir eigentlich fischen? Ich weiß es selbst nicht. Es gibt eine Menge Fische, die auf Käse gehen (ich habe das sogar schon bei Hechten, ja bei Forellen erlebt).
Wir befinden uns, lieber Freund — wenn ich nach der Fachliteratur dozieren darf —, in einer Barbenregion. Da stehen aber nicht nur Barben, sondern vieles andere mehr. Heute abend können Sie den Erlaubnisschein studieren, vielleicht steht darauf, welche Fische hier vorkommen. (Unter »Schonzeiten«.)

verstehe. Wie man an Würmer kommt, sage ich Ihnen später einmal. Sehen wir uns lieber um, wo ein schwerer Stein liegt. — Gut, ja, der ist gut, heben Sie ihn schnell hoch, und greifen Sie schnell zu! — Nichts? Nun ja, es hat ja auch ein paar Tage nicht geregnet. Nein, es muß kein Regenwurm sein, mein Freund. In guten Angelbüchern können Sie seitenlang nachlesen, wieviel unterschiedliche Würmer es gibt und für welche Fische ein Wurm bestimmter Sorte gerade richtig ist. Dann heute eben ohne Wurm. Das Aufspießen (»Anködern«) eines Wurms will auch gelernt sein; ich zeige Ihnen das einmal nett in einem Weinhaus, wenn ich ein paar Würmer aus meinem Garten bei mir habe. — Natürlich geht es auch ohne Wurm. Eine gekochte Kartoffel haben Sie wohl auch nicht bei sich? — Wirklich, ein Käsebrot! Essen Sie das Brot und geben Sie mir ein Eckchen Käse. Danke! Schade, daß es nicht in Milch eingeweicht ist, dann wäre es schön elastisch, aber so zerbröckelt es leicht. Also, wir ziehen von unten den Haken hinein, möglichst so, daß er ganz darin verschwindet. Okay. Den Schwimmer stellen wir so, daß es bis zum Haken etwa 30 Zentimeter Schnur sind. — Fein, gespaltenes Bleischrot in unterschiedlichen Größen haben Sie auch eingekauft. Denn, sehen Sie, ohne Schrot würde die Schnur unter dem Schwimmer nicht herunterhängen. Ich schätze, daß Ihr Schwimmer zehn Gramm Bleischrot verträgt. Fünf Gramm aber würden genügen, die Schnur zum Haken nach unten zu ziehen. Nein, nicht gleich ein Fünf-Gramm-Blei anklemmen, das ist zu dick. Es gibt nämlich Fische, die dann

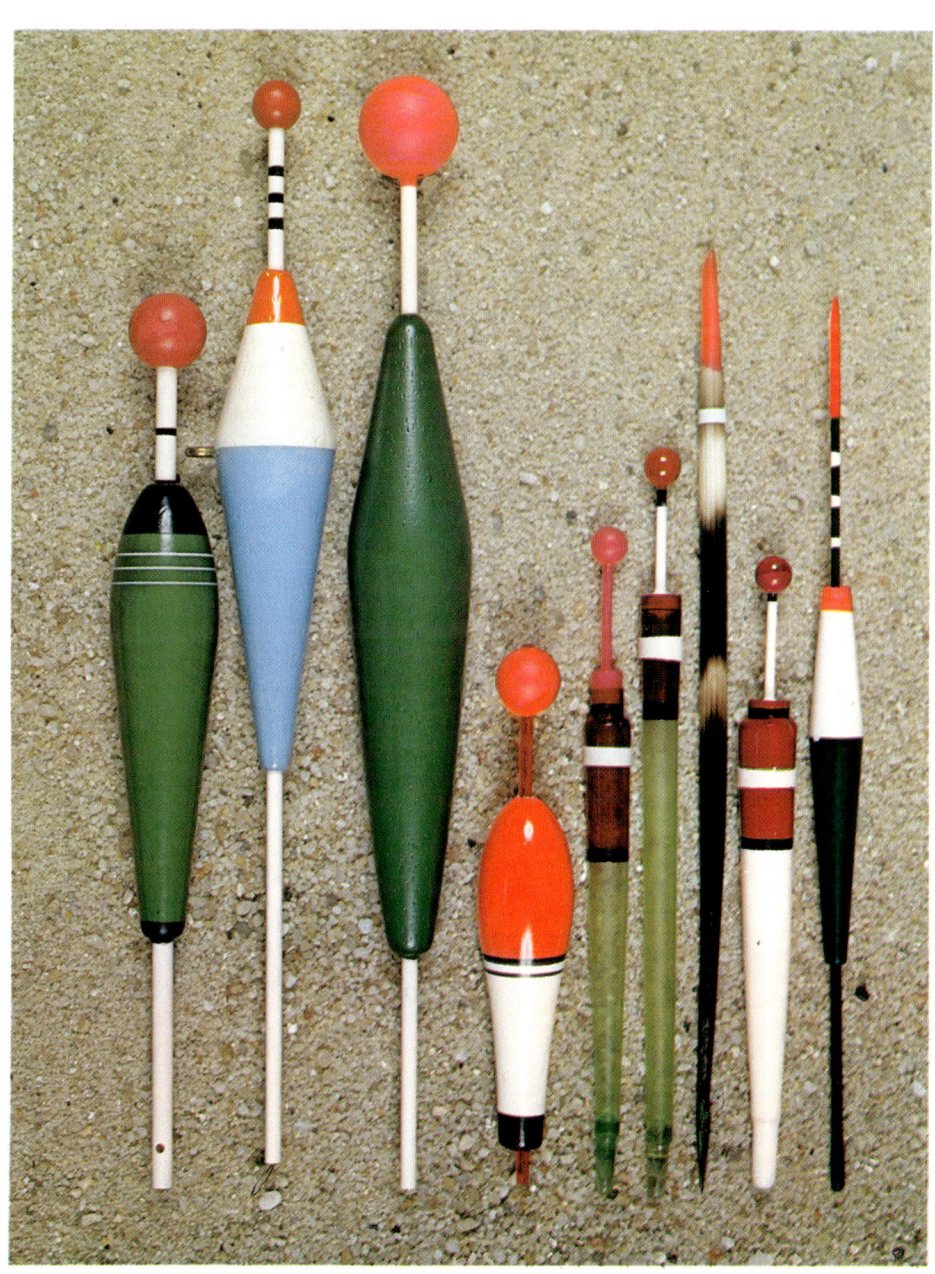

Auf diesem stillen Wasser zeigt die Pose schon an, wenn ein Fisch nur schnuppert. Dieser beneidenswerte Mensch macht denselben Fehler wie ich: Bei langem, stillem Stehen kriegt er einen krummen Rücken. Denken Sie immer wieder daran, und recken Sie sich alle fünf Minuten!

Sie können auch weiter hinten in diesem Buch nachlesen, welche Fische theoretisch in der Barbenregion anzutreffen sind und wer davon in Käse beißt.

He! Haben Sie Ihren Schwimmer gesehen? Da hat einer am Haken gezupft. Ob Sie gleich hätten »anhauen« sollen?

Bei manchen Fischen muß man sofort anhauen (Heben der Gerte), andere muß man mit dem Käse erst etwas davonziehen lassen. Das steht hinten in meinem Buch auch, nämlich im Kapitel »Über die Fische überhaupt«.

Ziehen Sie mal raus! Verdammt, der Käse ist weg. Schon ein guter Anfang. Viel besser, als wenn noch keiner an Ihren Haken herangegangen wäre. – Ködern wir das nächste Bröckchen Käse an den Haken! – Nicht so hart hinausschnucken, denn – verdammt, da haben Sie es, der Käse ist schon beim Hineinplumpsen vom Haken gefallen.

Wie Sie es das nächste Mal halten sollen, wenn der Schwimmer auf dem Wasser das Tupfen anfängt? – Schwer zu sagen. Also *ich* würde warten, bis der Schwimmer davonsegelt, weggezogen wird. Dann ist der Käse mit dem Haken ziemlich sicher im Maul. Aber dann etwas energisch »anhauen«!

Sie sollen weiter auf Ihren Schwimmer schauen, lieber Freund!

Hinsetzen? Eigentlich bin ich sehr dagegen, man ist dann nicht so parat. Aber wenn uns keiner sieht, vor allem keiner, der mein Vorwort gelesen – psst, also setzen wir uns. – Kurbeln Sie Ihre Schnur etwas heran, die liegt ja auf dem Wasser, damit können Sie niemals anhauen! So ist's gut.

Natürlich dürfen Sie rauchen. Feuer? Doch, aber bevor Sie Ihren nächsten Käse anfassen, waschen Sie sich bitte die Finger mit einer unparfümierten Seife. Nein, das ist nicht nur bei Käse so, sondern sogar beim Blinkern und beim Fliegenfischen. Nein-nein, Hän-

dewaschen am Ufer verscheucht keine Fische. Ich habe einmal im Tessin die meisten Forellen da gefangen, wo eine Bäuerin ihre Wäsche am Bach wusch. Ja, und Äschen (bayrisch: Aschen) in der bayrischen Traun, just wo ein Tonrohr mit trüber Seifenlauge einmündete.

Da haben Sie mich mißverstanden, mein Freund, mit Seife am Haken kann man nicht fischen. (Oder vielleicht doch? Sie haben mich da auf eine Idee gebracht!)

He, he, he! Hauen Sie an! Es ist einer dran. Weiß ich nicht, was für einer. Nun kurbeln Sie doch, aber langsam,

der muß sich erst etwas austoben, der muß müde werden. Man zieht mit der Gerte keinen Fisch einfach aus dem Wasser, und wenn der Fisch noch so klein ist. Was, der zieht ja sogar Schnur ab! Nein, nicht die Bremse härter stellen, das führt nur zum Reißen der Schnur. Nun grapschen Sie doch nicht schon zum Kescher, es ist ja noch längst nicht soweit. Kurbeln Sie, ja, jetzt bekommen Sie wieder Schnur herein. Was jetzt los ist? Der ruht sich aus. Zupfen Sie, ärgern Sie ihn, damit er wieder Fluchten macht und sich verausgabt. Mann, haben Sie gleich ein Glück!

Au wei! – Hm, ja, der hat ausgehakt. Das gibt es: Aber war's nicht trotzdem ein Erlebnis? – Was? Na hören Sie mal, das war doch nicht *meine* Schuld! – Also, wenn Sie meinen, dann machen Sie doch allein weiter, nicht wahr! Wie bitte, ich soll Ihnen auch noch den Käse ersetzen?

Kapitel VIII

Über den »festen« Schwimmer

Es hat einen guten Grund, daß Schwimmer (Posen) so verschiedene Gestalt haben. Die einen sind schlank wie Kugelschreiber (Kielfederposen), die anderen sind runde oder birnenförmige Minnas, in südlichen Ländern bis zur Größe eines Tennisballs.

Je dicker der Schwimmer, um so mehr Blei kann man unter ihm an den Faden klemmen. Dadurch hängt der angehakte Köder kerzengerade ins Wasser hinab. So ist das für lebhafte Fische gedacht, die auf den Köder (zum Beispiel Wurm, Käse oder Kirsche)

zuschießen. Die angeklemmten schweren Bleie und der dicke Schwimmer halten den Faden (durch Massenträgheit bzw. Tauchwiderstand) fest, und der gierige Fisch reißt sich den Köder mitsamt Haken selbst ins Maul.

Immer wieder sah ich Anglern zu, die Köder an dicken Schwimmern nicht nur hinauswarfen, sondern sie durch langsames Kurbeln gleich wieder einholten. Mir wollte das früher einmal etwas blödsinnig erscheinen. Aber heute weiß ich, daß diese Angler auf schnappige Fische aus waren, die dem davonschwimmenden Wurm unter Wasser blitzschnell nachstoßen und also in den Haken beißen. Zu solchen Fischen gehören zum Beispiel Forellen, obgleich man die nicht mit dem Wurm fischen soll!

Die bleistiftdünnen Schwimmer sind für ganz andere Fischcharaktere: Tiere, die sich nur mißtrauisch an den Köder heranmachen, ihn beschnuppern, ein wenig zwischen die Lippen nehmen, daran versuchsweise knabbern und schließlich auch daran zupfen. Da darf am »schwebenden Wurm« (den Wurm nehme ich hier nur als Beispiel, denn öfter geht es

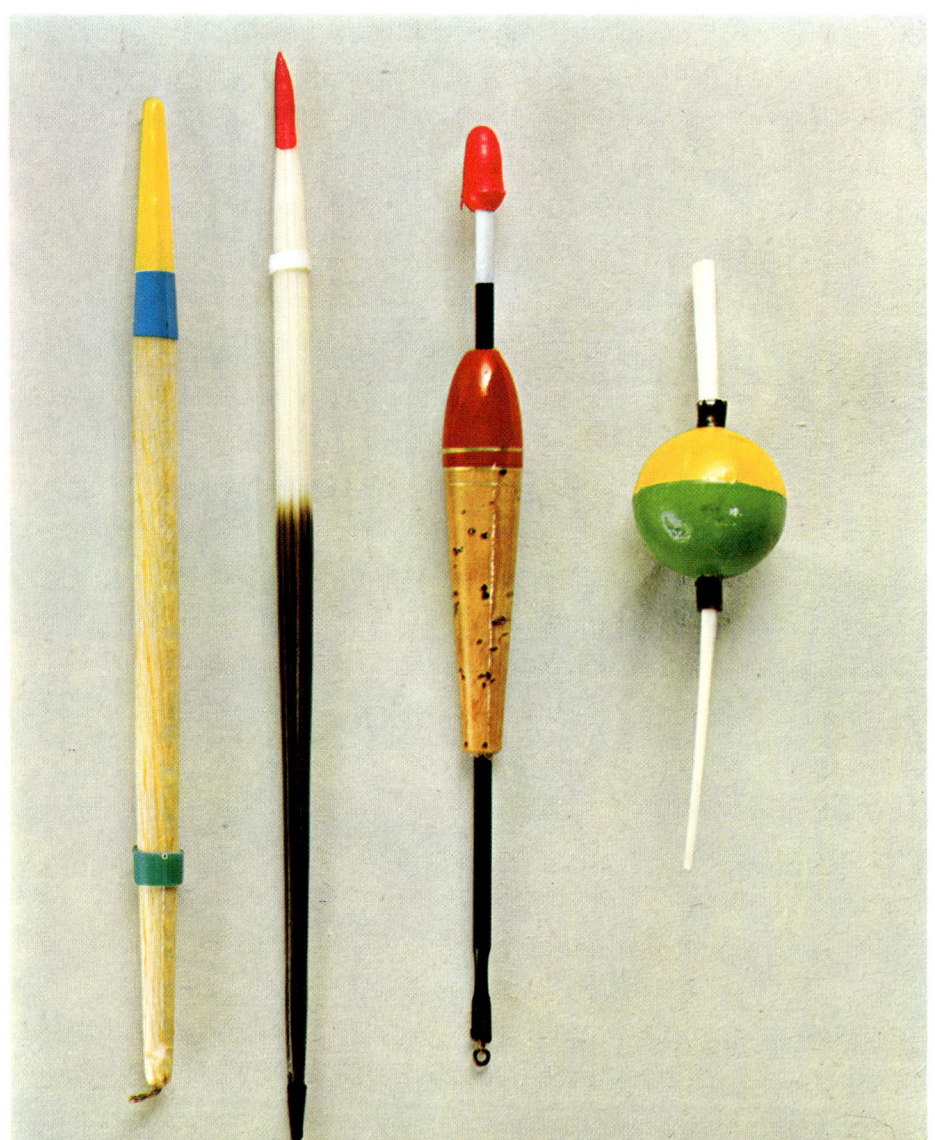

Links: Dünne Posen für Fische, die langsam schluckend mit dem Köder davonschwimmen, bei geringstem Widerstand ausspucken würden. — Kugelige Posen für schnappige Fische. (Doch siehe Text!)

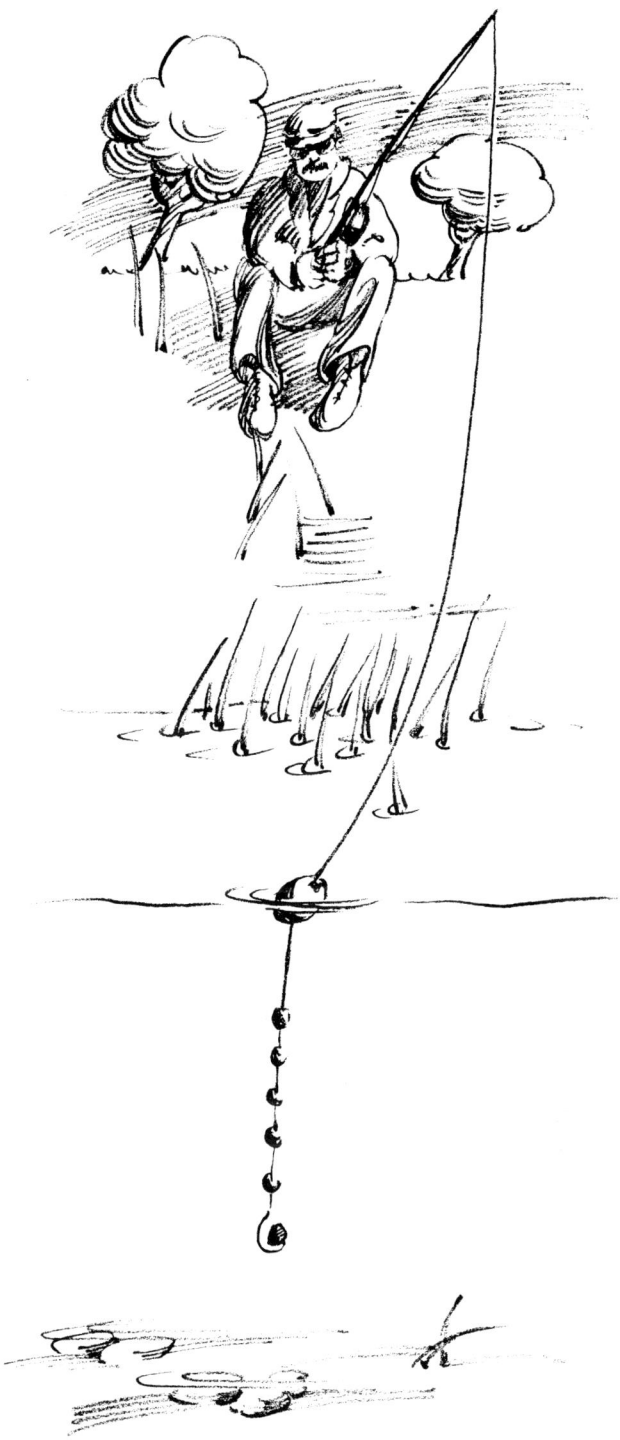

um Käse, Kartoffeln, Mais u.a.m.)
kein Widerstand zu spüren sein. Da
darf nicht träges Blei angeklemmt sein
(nur ein einziges winziges Schrotkorn!), da darf auch der Schwimmer
nicht hemmen, sondern soll beim Da-
vonzupfen mit durchs Wasser gleiten.
Nachdem Sie das wissen, müssen Sie
eigentlich nachlesen, welchen Schwimmer welcher Fisch braucht. Ist es einer,
der nur knabbert, der nur gelinde
zupft, dann die leichte Pose mit wenig
Blei! Ist es einer, der auf den Köder
losschießt, die große Pose mit viel
Blei!

Scheue Fische lugen erst nach oben,
eräugen den Schwimmer und verduf-
ten. Mit Schwimmern haben sie
schlechte Erfahrungen gemacht.

Es gibt auch quasi unsichtbare
Schwimmer: Das sind die Wasserkugeln (Buldos). Sie haben kleine Stöp-
selchen und lassen sich etwa zur Hälfte
mit Wasser füllen. Dann sehen sie von
unten aus wie eine unverdächtige Luftblase. – Aber für den Angler sind sie
ebenso schlecht sichtbar; sie sind un-
sensibel im Wasser, man kann kaum
beurteilen, ob daran gezupft wird. Also auch nur für schnappige Fische, die
auf den herunterhängenden Köder zuschießen und ihn mitreißen.

(Bekannt sind Wasserkugeln für den
Forellenfang mit künstlichen Fliegen
an der Spinngerte. So weit sind wir
hier aber noch nicht, und in guten
Forellenwassern sind Wasserkugeln
aus guten Gründen verboten.)

Als ich Sie im vorigen Kapitel beim
ersten Angeln begleitete, schnuckten
Sie noch den Schwimmer pendelnd an
der Gerte hinaus auf das Wasser. So
ist es eigentlich auch üblich. Und meist
reicht das, denn die Fische, die gefan-

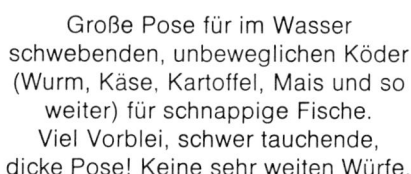

Große Pose für im Wasser
schwebenden, unbeweglichen Köder
(Wurm, Käse, Kartoffel, Mais und so
weiter) für schnappige Fische.
Viel Vorblei, schwer tauchende,
dicke Pose! Keine sehr weiten Würfe.

gen werden möchten, kommen nahe ans Ufer.

Es gibt aber auch andere Fische. Die stehen tiefer und weiter hinaus!

Also müssen beköderte Haken, angeklemmte Bleie und Schwimmer weit hinausgeschleudert werden. Das lesen Sie im X. Kapitel!

Wir werden uns auch sonst noch über den Schwimmer unterhalten müssen, nämlich beim Grundangeln. – Aber im Prinzip bleibt das Problem doch immer dasselbe! Viel Widerstand beim Anbiß oder wenig? – Bedächtiger Fisch oder bissiger?

Die meisten Fische stehen da,
wo man am schwersten hinkommt, so
scheint es mir immer wieder. –
Um vom Ufer aus zum äußersten
Schilfrand durchzudringen, müssen Sie
ins Wasser. – Watzeug kaufen!

Kapitel IX

Über das Einfangen von Würmern und die Vereinigung Deutscher Elektrizitätswerke

Ob im Wasser schwebend am Widerhaken aufgehängt oder – ebenso am Haken – am Grunde des Gewässers liegend, der Wurm ist der bekannteste Köder für die allermeisten Fische, und darum ist er auch so vielversprechend. Ehe Sie mit einem Wurm angeln, müssen Sie erst einen haben.

In alten Angelbüchern werden unzählige Sorten von Würmern aufgeführt, und dazu erfahren Sie dann, auf welchen Wurm der besondere Fisch bei welchem Wetter »gern beißt«.

Nun, wir haben, was die Würmer betrifft, da keine große Auswahl mehr. Und ich glaube zudem nicht, daß die Fische so wählerisch sind. Wurm ist Wurm, mit dieser Devise müssen wir uns heute begnügen. Denn schon ein x-beliebiger Wurm wird mehr und mehr zur Kostbarkeit.

Es steigt kein Wurm aus dem Großstadtpflaster. Und Sie dürfen keine Pflastersteine herausheben, um nach einem Wurm zu bohren.

Einstmals gab es noch Würmer in großen Angelsportgeschäften, teils lebendig, teils in Formalin. (Die aus dem Formalin muß man eine Woche lang täglich wässern, dabei werden die immer blasser; anstreichen mit Lippenstift hat mir noch zu keinem Erfolg verholfen.)

Auch Maden sind gut. Bei manchem Metzger konnte man Pferdeleber kaufen, die ins Warme legen, bis es wimmelte. Aber die heutigen Pferdelebern sind steril, keine Made will sich mehr darin entwickeln. Und weder Sie noch ich möchten aus einer stinkenden Pferdeleber Maden klauben. Das ist allenfalls etwas für fischende Fanatiker!

Regenwürmer heißen so, weil sie bei Regen an die Oberfläche kriechen. Ob das etwa ein Schwarzkopf ist oder ein Gelbschwanz, soll uns egal sein. Aber wenn es nicht regnet, muß man selber »regnen«. Dies geht mit der Gießkanne im Garten, noch besser mit einem rieselnden Gartenschlauch. Sie müssen dann eine Stunde warten. Und danach im Erdreich kratzen und ganz schnell zupacken! Sie kriegen vom Wurm nämlich nur ein Ende zu sehen, das andere zieht er schnell in sein Loch zurück. Manchmal hat man das freie Ende zwar zwischen Daumen und Zeigefinger, aber es kommt beim Ziehen kein Wurm aus dem Loch. Keine Gewalt anwenden, nur festhalten, kratzen, bis der übrige Wurm freigelegt ist! Wer statt dessen zu heftig zieht, bekommt nur ein abgerissenes Stückchen Wurm. Auch damit können Sie angeln, aber ein ganzer Wurm wäre schon attraktiver!

Liegen Steinplatten im Garten, dann geht es mit der Gießkanne noch besser. Nach dem Berieseln zwei Stunden warten, dann Steinplatten energisch hochheben und schleunigst zugreifen. So erwächst auch den segensreichen Würmern in Ihnen ein neuer Feind.

Im frischgemähten Rasen schauen unendlich viele Würmer aus dem Loch und in den Himmel. Man erspäht sie nur nicht, aber ich sehe es den eifrigen Amseln an, die hinter dem bellenden Rasenmäher stolzieren und dauernd etwas Längeres aus dem Erdreich zupfen. Vielleicht müßte man sich beim Rasenmähen ähnlich verhalten.

Im Komposthaufen sind Würmer schnell zu kriegen, und zwar in den faulenden Schichten – nicht da, wo schon steriler Humus entstanden ist. Dem Komposthaufen übrigens tut das Würmerfangen gut: Er wird dadurch mit einem Schäufelchen gewendet und kompostiert noch schöner.

Wenn alles nicht hilft, obgleich der ganze Boden vom Rasensprenger, gut durchfeuchtet ist, müssen Sie – wenn Sie sich wirklich auf den Regenwurm versteifen – etwas unternehmen, was von der Vereinigung Deutscher Elektrizitätswerke (VDEW) nicht gebilligt wird:

Sie kaufen sich zwei einadrige Starkstromkabel, so lang, wie es von Ihrer Steckdose bis etwa mitten in den Garten ist. Einadrige Kabel gibt es natürlich nicht. Nun könnten Sie ein doppeladriges vorsichtig in zwei Adern reißen, wobei aber die Isolation schadhaft werden kann. Oder Sie nehmen zwei zweiadrige zur Hand und begnügen sich in jedem Doppelkabel mit einer Ader. – Dazu erwerben Sie beim Rundfunkmann zwei Bananenstecker und setzen dem einen Ende jedes Kabels so einen Stecker auf. Die anderen Enden der Kabel schaben Sie auf fünf Zentimeter blank (»abisolieren«) und verbinden die blanken Drahtenden mit je einem metallenen Zeltháring. Die beiden Háringe klopfen Sie in die Wiese, gute 20 Zentimeter tief, drei bis fünf Meter voneinander entfernt, umgießen sie noch einmal mit Wasser, schreiten zurück zur Steckdose und stecken nun die Bananenstecker der beiden Kabel ein. Wenn Sie jetzt wieder hinaus auf die Wiese sausen, sehen Sie die Würmer aus dem Boden schießen, steif wie Spargel, nur schneller.

Sobald Sie alle Würmer beisammen haben, fassen Sie bitte noch immer nicht die Háringe an, sondern ziehen Sie erst die Bananenstecker aus der Dose! Weil letzteres manchmal versäumt wurde, hat es dabei schon Tote gegeben.

Wohin nun mit den erbeuteten Würmern? – Nicht einfach in eine Blechschachtel! Dort kriechen die armen Viecher verzweifelt herum und verenden. Nein, der rechtschaffene Wurm hat ein Recht auf gute Behandlung: Besorgen Sie sich vor der Wurmwaid ein unlasiertes Tongefäß, füllen Sie es zu einem Viertel mit feinem Kies, zu einem weiteren Viertel mit fetter Erde, legen Sie obendrauf eine dicke Schicht saftigen Mooses (quasi als Löschpapier für nachgereichte Tränke), und legen Sie einen Deckel drauf, der nicht dicht schließt. Denn auch ein Wurm will Sauerstoff!

In einem vorzüglichen Angelbuch las ich den Rat, die so im Zoo gehaltenen Würmer mit Kaffeesatz zu ernähren. Ich kann mir einfach nicht vorstellen, daß Kaffeesatz irgendwelchen Nährwert hat. Erstmal wurde der Kaffee geröstet und hinterher noch ausgelaugt! Vielleicht hat der Kaffeesatz noch einen Rest von Koffein, der dem ausgemergeltsten Wurm nervöse Zukkungen entlockt, und der Wurmhalter schließt daraus auf das Wohlbefinden seiner Würmer.

Das besagte Tongefäß kann man nicht mit zum Fischen nehmen. Darum gibt es Wurmbüchsen mit durchlöchertem Deckel. Holen Sie also vor dem Angeln die Würmer aus ihrem Sanatorium, überführen Sie sie in die flache Wurmbüchse, und geben Sie etwas feuchtes Moos hinzu, vielleicht eine fingerdicke Schicht Erde.

Frische Würmer sind brüchig. Erst wenn sie ein bißchen gehungert haben, bekommen sie etwas Elastizität und lassen sich unversehrt auf den oder die Haken spießen. Trotzdem habe ich es noch nie fertiggebracht, zu diesem Behufe einen Wurm hungern zu lassen. Es ist ja schon schlimm genug, was man mit ihm am Ende anstellt!

Wie man diese armen Kreaturen an den Haken ködert, wollte ich Ihnen am Tisch im Weinhaus zeigen, aber Sie sind ja nicht erschienen, und die Kellnerin interessierte sich einfach nicht dafür.

Darum hole ich das hier schriftlich nach.

Es gibt da zwei Systeme:

Sie führen den Einfachhaken vom Kopf des Wurmes mitten durch seinen Körper. Der Wurm sträubt sich, und Sie würden das auch tun. Sie indessen müssen konsequent verfahren, bis die

Die Raupe läßt sich nicht wie ein Wurm anködern. Sondern: Haken durch einen ihrer »Ringe« ziehen.

Hakenspitze fast im Schwanz des Wurmes ist. – Ein so aufgespießter Wurm macht im Wasser aber keine lockenden Bewegungen, denn was sollte er noch bewegen?

Sie können auch sein Schwanzteil übriglassen, denn das bewegt sich. Aber dann kommt ein ganz schlauer Fisch, suckelt nur am bewegten Wurmende, beißt es ab und schwimmt davon. Allerdings ist das keine Katastrophe, denn vielleicht kommt hinterher ein anderer Typ von Fisch, der gierig in den noch restbewurmten Haken beißt und ihn gleich ganz hinunterschluckt. Den haben Sie dann.

Aber hier waltet das Widersinnige: Nicht die großen Fische beißen drauflos, sondern die naiven Minderjährigen! Und die kleinen Dinger haben dann den Haken im Schlund, taugen für nichts, und wenn sie hinterher noch so tot sind. – Verstehen Sie nun, warum ich gegen das Wurmangeln bin?

Aber zurück zur Brutalität:

Die andere Art des Wurmanköderns ist das »Stewart-System«:

Am Ende der Schnur (des Vorfachs)

sind zwei Einfachhaken angebracht, der eine ganz am Ende, der andere vier bis sechs Zentimeter höher. Der arme Wurm wird mit dem Vorderteil oben eingehakt und mit dem Hinterteil am unteren Haken. Hier hat der gepeinigte Wurm alle Bewegungsmöglichkeiten zwischen Kopf und Hinterteil. Sehr verlockend! – Ein gewitzter Fisch allerdings sieht die herausragenden Hakenenden von solchem Wurm und nimmt Abstand von schnell zupackende Fische.

Und welche Fische auf einen Wurm zuschießen und welche erst mißtrauisch schnuppern, erfahren Sie auch erst in den Kapiteln über Fische.

Das Stewart-System – soviel sei hier doch vorausgesagt – geht gut auf Seeforellen, Bachforellen (gar nicht auf Äschen), auf Barsche, wenn sie in Rudeln umherstreifen, zuweilen auf Döbel (Aitel), die wegen ihrer Gräten nicht gut genießbar sind, sonst nur auf Gelegenheitsbeute, auf die Sie gar nicht gefaßt sind. Also auch einmal versuchen!

Kein Wurm, und sei er gar der beste, hält es ewig unter Wasser aus. Er quillt, wird schlaff, stirbt. – Immer wieder einmal ziehen Sie Ihren Wurm heraus. Wenn er verstorben ist, sollten Sie ihn durch einen lebendigen Kollegen ersetzen.

Die Zoologen behaupten, daß ein Wurm keinen Schmerz empfindet. Irgend etwas muß aber auch ein Wurm empfinden, denn jede Kreatur Gottes hat Reflexe zum Erhalten des Lebens! Das Fischen mit dem sich verzweifelt wehrenden Wurm sollten Sie sich also gut überlegen! – Ist Ihr Angeltrieb stärker als das Mitleid für einen Wurm, muß der Wurm das eben aushalten. Denn wir wollen ja ganz natürlich bleiben, nicht wahr?

Der Wurm mit den wenigsten Problemen ist gar keiner, sondern der künstliche, ewig haltbare aus der Westentasche:

Den gibt es in der Tube und aus Gummi.

Aus der Tube quetschen Sie einige Zentimeter auf ein Brettchen oder ein abgerissenes Blatt. Dort lassen Sie den »Wurm« zehn Minuten trocknen. Dann spießen Sie ihn auf den Haken. Er riecht stark nach Alleskleber, ist aber bräunlich bis leuchtend rot. Obgleich ein Fisch ihn gleich wieder ausspuckt – wozu es aber zu spät ist, wenn dieser »Wurm« aus der Tube auf einen Haken gespießt war, der Ha-

Dieser arme Wurm ist zwar sehr verlockend aufgespießt, aber ich weiß nicht, ob er das noch lange aushält.

ken nun im Schlund des Fischleins sitzt –, kann man mit dieser farbigen Klebe getrost anfüttern. Irgendein Fisch schnappt sich das Bröckchen, und daß das Fischchen das Bröckchen wieder ausspeit, sehen die anderen Fischchen nicht, sondern sie sehen nach oben: ob nicht wieder etwas ins Wasser fällt. So versammeln sich immer mehr Fische und werden futterneidisch und schnappiger. (Mehr darüber im Kapitel »Über das Anfüttern«.)

Haltbarer ist das rote Gummischläuchlein, das Sie über den Haken stülpen können. Das Ende lassen Sie – wie beim wahrhaften Wurm – etwas über den Haken hinausragen, schneiden es mit einer kleinen Schere schräg und ritzen die Spitze mit einem scharfen Messerchen ein, etwa so wie früher eine Schreibfeder. Gelegentlich mit der Gerte gezupft, macht dann dieser »gesplißte« Wurm Maulbewegung am freistehenden Ende. Es gibt immer einmal einen Fisch, der darauf hereinfällt.

Wurm aus der Tube und Wurm aus dem Gummiladen haben beide denselben Fehler: Wenn da einmal ein Fisch hineinbeißt, ohne sich zu verhaken, stößt er einen nassen Fluch aus und

schießt davon. Und alle anderen Fische schießen dann auch davon. Es bleibt nur leeres Wasser zurück.

Natürlich irritiert es ahnungslose Menschen, wenn Ihnen dünne Gummischläuchlein aus dem Portemonnaie

springen. So Sie dann sagen: zum Angeln, lächeln die Menschen schief und ungläubig, und ihre Phantasie verwirrt sich. Sagen Sie denen: für die Fahrradventile. – Denn das sind die richtigen Gummis, rot angepinselt!

Kapitel X

Über den »gleitenden« Schwimmer

Ganz recht haben Sie, mir gegenüber etwas ungehalten zu sein: Erst habe ich Sie beschworen, keine zu lange Gerte zu kaufen – etwa eine von 2,25 bis 2,50 Meter –, und dann habe ich Ihnen die primitivste Art beigebracht, den Schwimmer übers Wasser zu pendeln, allenfalls noch etwas hinauszuschnuckeln. Auf diese Weise kommt Ihr Schwimmer höchstens 3,50 Meter weit vom Ufer (oder vom Kahn) ins Wasser. – Ein Kerl mit einer Vier-Meter-Gerte käme stattdessen 5,50 Meter weit!
Ich verschwieg Ihnen bisher nämlich den »gleitenden« Schwimmer.
Die Sache sieht ohne »gleitenden«

Schwimmer nämlich so aus: Am Ende der Schnur der Haken mit dem Köder, dann einige Bleischrote an die Schnur geklemmt, dann eine Weile nichts (je nach der Höhe der Köderführung unter Wasser) und dann endlich der Schwimmer. Das kann vom Haken bis zum Schwimmer ein Gezausel von über zwei Metern werden. Und das läßt sich weder im Horizontal- noch im Kopfwurf weit hinausschleudern. Zumindest würden da Probleme auftreten, denen Sie, mein Freund, noch nicht gewachsen wären und die in Wirklichkeit auch gar nicht auftreten müssen.
Nämlich mit dem »gleitenden«

Schwimmer! – Bei dem kann der Faden durch den Schwimmer hindurchgleiten. Vor dem Wurf sitzt der Schwimmer dicht über dem obersten Bleischrot. Zum Auswerfen pendeln an der Gertenspitze also nur etwa 40 bis 50 Zentimeter Faden, manchmal noch weniger. Und das läßt sich über die Wasserfläche weit hinauswerfen. – Der Köder taucht ein, die Bleischrote ziehen nach unten, der Schwimmer bleibt auf dem Wasser, der Faden läuft durch die Ösen des Schwimmers bis – ja, bis in der Schnur ein Knoten ist, der vor der ersten Öse des Schwimmers bockt, hängen bleibt.
Danach hängt der Köder in der durch den Knoten »eingestellten« Wassertiefe (oder auf dem Grund, wenn so gewünscht. Sie werden über das Grundangeln noch lesen!).

Die Gleitpose liegt dicht an Vorbleien; läßt sich weiter werfen! Hier in Ausholstellung.

Nun, der »Knoten« ist kein einfacher, wirklicher Knoten, denn der würde im dünnen Nylonfaden durch die Öse flutschen, sondern eine Schlinge. – Eine solche einfache Schlinge läßt sich, wenn Sie die Tauchtiefe ändern wollen, leicht wieder aufziehen und an anderer Stelle des Fadens neu machen. Vor zwei anderen Methoden, die Tauchtiefe einzustellen, muß ich Sie warnen:
a) man solle ein Gummistückchen in die Schnur knoten. – Denn was soll das Gummistückchen, wenn die Schlinge allein schon genügt?
b) man solle – statt einer Schlinge – an der betreffenden Stelle das leichteste Bleischrot anklemmen. Ich bin auch einmal darauf hereingefallen –

Rechts: Auch während des Wurfs bleibt die Gleitpose dicht an den Vorbleien; kein Verhaken im Vorfach!

und dann schoß die Schnur nicht aus, das winzige Bleischrot, zwischen den Führungsringen der Gerte, stellte Unfug an, verhedderte die Schnur, war 13mal um die Gerte geschlungen. Es war zum Schreien!

Die Würfe reichen um so weiter, je mehr Bleischrot über dem Köder angebracht ist (und auch je schwerer der Köder selbst ist!) und je weniger Luftwiderstand der mitgeschleuderte Schwimmer hat. Darum sind Kielfeder-Schwimmer (stabförmige) im Wurf besser als runde Kugeln.

Mit der gepriesenen Wasserkugel geht es überhaupt nicht. Aber auf die Besonderheiten der Wasserkugel komme ich bei nächster Gelegenheit; die Kugel ist eigentlich für ein korrumpiertes Fliegenfischen erdacht, nicht für Käse oder Würmer.

Wie macht man denn solche Würfe?

Es geht schon um die Vorübung des Spinnfischens, des Wurfs mit dem Blinker! Wer gelernt hat, etwas Kartoffel oder Teig mit nur wenig Bleischrot weit über die Wasserfläche zu werfen, beherrscht bereits den Wurf des Spinnanglers. (Mit dem schwereren Blinker geht es nämlich einfacher!)

Die beste Vorbereitung für einen glatten Wurf ist innere Entspanntheit.

Der Köder mit Schroten und Schwimmer unter der waagerecht gehaltenen Gertenspitze soll nicht nervös schwingen, nur noch ruhig baumeln.

Mit dem Zeigefinger drücken Sie die Schnur oberhalb der (Stationär-)Rolle gegen das Handteil der Gerte, also gegen Kork.

Geruhsam klappen Sie mit der linken Hand den Bügel der Rolle um, bis er einrastet.

Bedächtig führen Sie die Gerte um Ih-

re Körperachse nach hinten. Etwa 90 Grad genügen, die meisten gehen noch weiter, bis 140 Grad. (Die Gerte ganz hinter sich zu führen – 180 Grad – halte ich für übertrieben, denn es kommt beim Wurf nicht mehr heraus.)

Sie richten Ihre Augen nicht auf die Gerte, sondern auf den Punkt des Wassers, wo der Köder aufsetzen, eintauchen soll.

Sie peitschen ganz sanft die Gerte nach vorn – halt, nein! Sie peitschen noch

nicht, Sie schwingen anfangs, verstanden? Also, Sie schwingen die Gerte sanft, gar lässig, nach vorn und nehmen den rechten Zeigefinger vom Faden, wenn die Gerte fast schon dahin zeigt, wohin Sie auch Ihre Augen fixiert haben.

Anfangs geht das etwas komisch:

a) Sie haben den Zeigefinger zu früh von der Schnur gelassen; Schnur und Schwimmer und Bleie und Köder plumpsen vorn neben Ihnen ins Wasser. Oder in ein Gesträuch;

Erst nach Eintauchen des Köders am Haken zieht sich die Schnur durch die Ösen der Gleitpose – mittels der Vorbleie –, und Haken mit Köder sinken in gewünschte Tiefe. Die gewünschte Tiefe läßt sich einstellen durch eine Schlaufe in der Schnur, die vor den Ösen der Gleitpose stoppt.

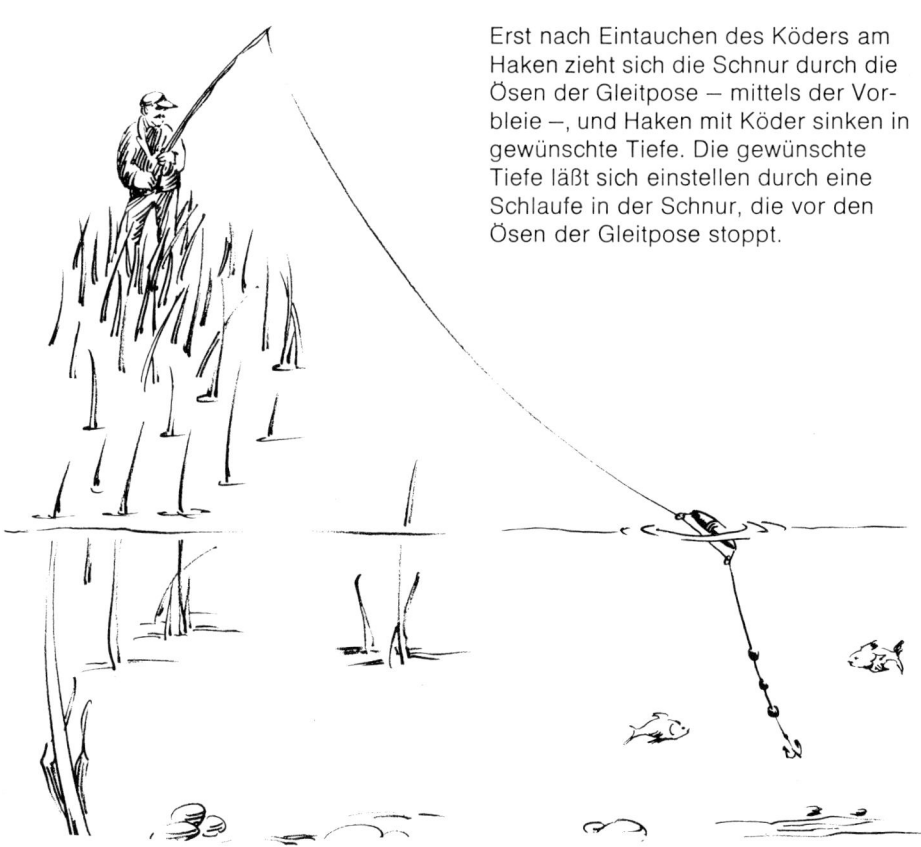

Ich wähle stabförmige Posen, die – auch mit ein paar kleinen Bleischroten am Vorfach – auf dem Wasser noch etwas schief liegen. Sobald sie sich aufrichten, ist etwas los!

Aber zwischen Buschwerk ist nicht immer genügend Raum. Im Boot auch nicht immer, wenn andere mitfahren und um ihre unversehrten Köpfe bangen. – Dafür gibt es den »Überkopf-Wurf«.

Sie holen mit Ihrer Gerte senkrecht nach oben aus, und noch etwas weiter. (Am besten doch wieder 135 Grad, gemessen von der Horizontalen aus; das ist etwa die Hälfte mehr als ein rechter Winkel, wenn Sie mich verstehen.)

Ob waagerecht geworfen oder über Kopf: Je sanfter Sie anfangen, um so weniger Pannen. Weitwürfe sind beim Fischen nur selten nötig. Gute Fischer fischen »nahe«! Und je länger Sie nur nahe Würfe riskieren, um so schneller stellt sich bei Ihnen die Fähigkeit auch zum weiten Werfen ein – ob nun mit Wurm oder Blinker. (Und viel später, wenn wir aufs Fliegenfischen kommen, wird diese Behauptung noch wahrer!)

Jeder forcierte Wurf macht das Wasser unruhig. Den Fischen wird das ungemütlich, sie verziehen sich.

Ein Wurf muß leise sein, es darf nichts ins Wasser klatschen! Es darf allenfalls »plitsch« machen, nicht mehr!

Für den »gleitenden« Schwimmer genügt – sobald Sie ein wenig die Wurftechnik gelernt haben – eine kurze, handliche Gerte. Unter uns: eine Spinngerte.

Als die Menschen noch mit langen Messern aufeinander losgingen, setzte sich nicht das schwere, zweihändige Schwert durch, sondern das leichte Rapier. Genauso ist es beim Fischen!

b) Sie haben den Finger zu spät weggezogen. Die beköderte Schnur saust zur anderen Seite weg oder schwingt mit dem Haken um Ihren Kopf. (Darum sollten Sie auch später, wenn Sie ein Könner sind, immer einen Hut tragen und eine Brille.) Und darum habe ich Ihnen anfangs beim Einkaufen geraten, immer Werkzeug bei sich zu haben, um einen Haken aus Ihrem Gesicht entfernen zu können, ohne Doktor.

Zuweilen versuche ich, netten Menschen das Fischen beizubringen. Wenn möglich, mache ich die ersten Übungen auf meiner beschneiten Wiese, also im Winter. Ohne Haken, versteht sich.

Vorbeiziehende Skitouristen treten dann auf die Bremse, steigen gar aus und schütteln an meinem Gartenzaun ihre Köpfe.

Später veranstalte ich das möglichst an einem Swimming-pool, einem privaten, weil sonst die anderen Badenden so nervös werden.

Dies war der horizontale Wurf, der Wurf aus der Hüfte. Er ist nach meiner Meinung der eleganteste.

Kapitel XI

Über das Grundangeln

Erstaunlich viele Fische suchen den Boden unter dem Wasser ab, anstatt nach einem im Wasser schwebenden Bröckchen zu schnappen. Am Boden gibt es nach ihrer Erfahrung mehr zu fressen als oben.

Da müssen die armen Kerle mit ihren langen Stangen im Wasser stehen, anstatt den Köder mit Gleitpose und kurzer Spinngerte vom Ufer auszuwerfen!

Also müssen Sie etwas auf den Grund plazieren, natürlich am Haken, und dann müssen Sie geduldig warten, bis ein Fisch kommt und über den Grund schnüffelt.

Die Methode ist scheinbar ganz einfach: Unter dem Schwimmer geben Sie mehr Faden, als das Wasser tief ist. Dann liegt der Köder am Boden, die vorgeklemmten Bleischrote halten nur die Schnur nach unten.

Und wenn so ein Fisch den Köder ins Maul nimmt, zieht er auch den Schwimmer davon. Das sehen Sie und »hauen an« (heben leicht, aber zügig die Gerte).

Aber wie sollen Sie und ich erkennen, daß hier ein Wasser ist, in dem die Fische den Grund absuchen?

Als Anfänger (übrigens auch als Könner an einem noch unbekannten Gewässer!) versucht man es eben einmal. Vielversprechend sind Seen, aus deren Wasserpartien Blasen aufsteigen. Sie können Fische signalisieren, die ihr Mäulchen in den Grund, den Schlamm, den Modder stoßen, um auf etwas Freßbares zu stoßen.

Aber eine Garantie ist dieses Signalement nicht! Es könnten nämlich nur Gasblasen von Faulschlämmen sein.

Ist es eine faulige Bucht des Sees? Dann sind es wahrscheinlich nur Faulgase.

Ist es klares Wasser, etwa 20 Meter

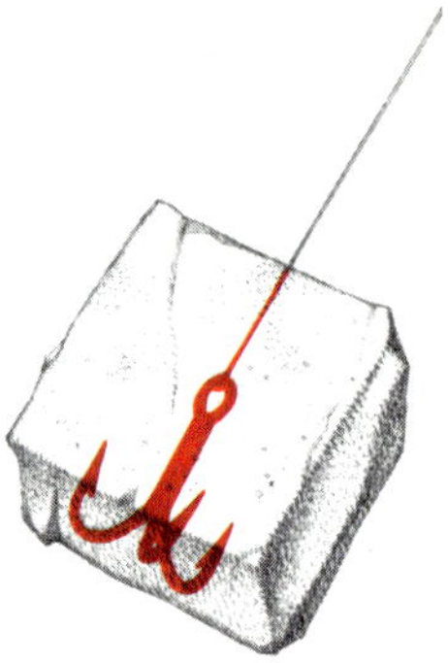

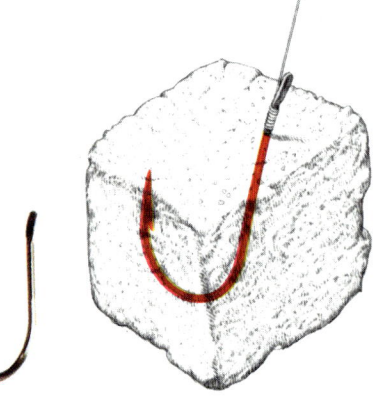

Die »Drei-Angel« (Drilling) muß mit Ködernadel und Schnur in den Köder gespießt werden, bis alle Haken ganz eingedrungen sind!

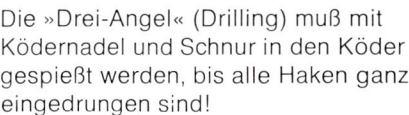

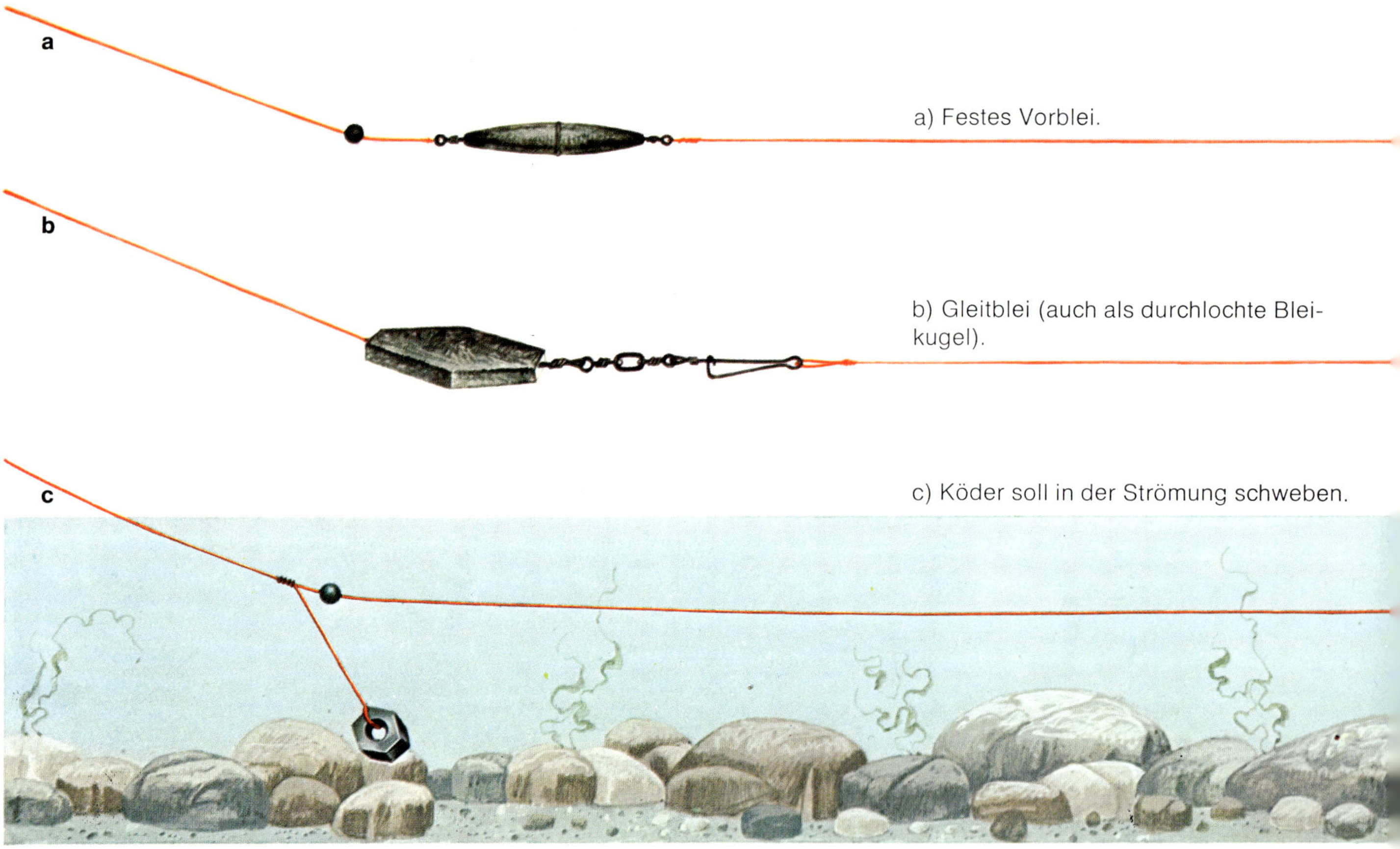

a) Festes Vorblei.

b) Gleitblei (auch als durchlochte Bleikugel).

c) Köder soll in der Strömung schweben.

vom Ufer entfernt? Dann dürften es Fische sein.

Von denen gibt es eben diese zwei Temperamente: Die einen stoßen auf Ihren Köder los und schießen mit ihm davon. Da ist dann viel Vorblei geraten, ein kugeliger Schwimmer, damit sich der gierige Fisch gleich in den Haken verbeißt.

Oder ist er ein Typ, der erst mißtrauisch am Köder knabbert? Der vorsichtig anbeißt, langsam damit wegschwänzelt? Beim geringsten Widerstand der Schnur läßt dieser Typ den Köder los. – Hier wenig Vorblei und ein stiftförmiger Schwimmer (»Kielpose«)!

Noch besser – und auch für die gierigen Schnapper nicht unbedingt von Nachteil! – *gar kein* Schwimmer, sondern als Beschwerung (Vorblei) eine gewichtigere, durchlochte Bleikugel am Grund des Wassers. – Der vorsichtige Fischtyp kann mit dem Köder davonschwimmen, nichts hält den Köder fest, die Schnur gleitet durch die gelochte Bleikugel, Schnur wickelt sich von Ihrer Stationärrolle ab (Bügel noch hochgeklappt). Bis Sie das bemerken,

hat auch der vorsichtige Fischtyp den Köder tief im Schlund.

Und nun machen Sie eine Drehung mit der Kurbel Ihrer Stationärrolle: Der Bügel klappt um, die Schnur wird so schlagartig gestoppt, strafft sich. Ausspucken kann dann der Fisch den Köder nun kaum noch.

Bei aller Fischerei mit »stillen« Ködern (Wurm, Kirsche, Mais, Teig, Käse, Kartoffel usw.) dösen Sie vielleicht ein. – Darum eben haben die Hafenfischer in St. Tropez eine Münze auf die Schnur der hingelegten Gerte gelegt, die weghüpft und klingelt, wenn ein Fisch gebissen haben sollte. – Klemmen Sie ein Stanniolfähnchen an die Schnur, zwischen dem untersten und dem nächstoberen Führungsring Ihrer Gerte. Wenn der Schnipsel wegfliegt, ist was los!

Sie werden beim Grundangeln Ihre eigenen Erfahrungen machen, und die sind besser als alles, was ich hier schreiben kann. Denn jedes Wasser ist anders!

Das Grundangeln wird schwieriger in der Strömung. Die Strömung hebt vielleicht den Köder an; dann liegt er

nicht mehr am Grund, sondern schwebt – was er nicht soll. Das können Sie mit mehr Vorblei verhindern. Oder Sie umkleistern den Köder mit feuchtem Lehm, damit er schwerer ist. Dergleichen habe ich oft gelesen, aber nie passenden Lehm gefunden! Und von den meisten Fischen ist es wohl etwas viel verlangt, durch einen Lehmbatzen hindurch einen schmackhaften Köder zu wittern.

Notabene: Wenn es ein Fluß ist, fischt selten ein vernünftiger Angler inmitten der Strömung, sondern in den Buchten, hinter einer Verbauung, oder so dicht am Rand, daß keine Strömung den hineingetunkten Köder wegtreibt! (In der Strömung soll man nur spinnfischen oder fliegenfischen!)

In der Strömung allenfalls: Endblei an der Schnur, sehr gewichtig, über dem Blei eine abgezweigte Seitenschnur oberhalb des Grundes (wie weit oberhalb, muß eben ausprobiert werden; ach, wenn doch nicht so viele über Patentrezepte schreiben würden!), der Köder wackelt dann in der Strömung. Und da sind wirklich lange Würmer angebracht oder auch Stückchen vom

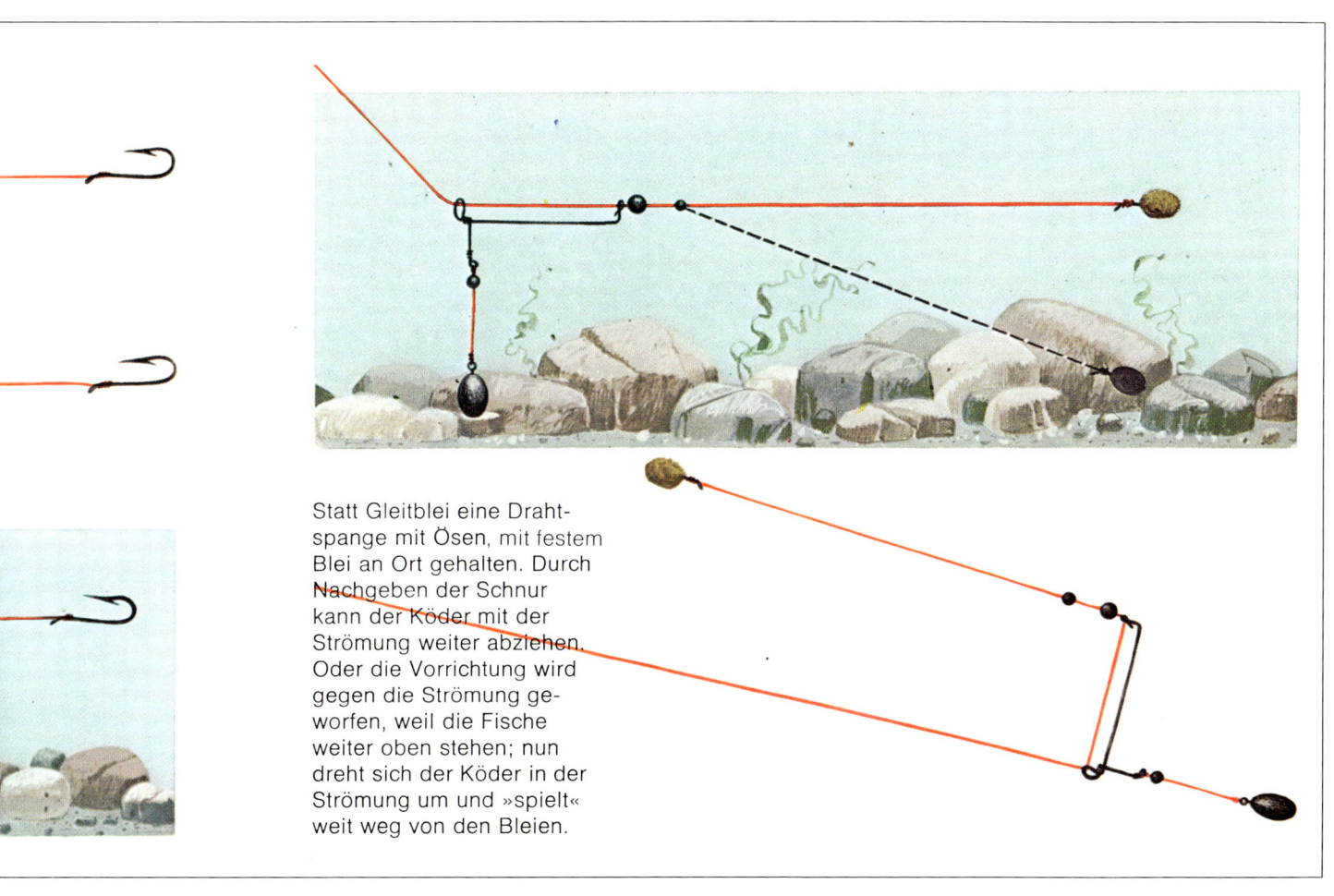

Statt Gleitblei eine Drahtspange mit Ösen, mit festem Blei an Ort gehalten. Durch Nachgeben der Schnur kann der Köder mit der Strömung weiter abziehen. Oder die Vorrichtung wird gegen die Strömung geworfen, weil die Fische weiter oben stehen; nun dreht sich der Köder in der Strömung um und »spielt« weit weg von den Bleien.

Grundangeln, hier mit durchlochter Blei-
kugel, ohne Pose (»Schwimmer«).
Kleines, angeklemmtes Schrot vor der
Bleikugel bestimmt die Länge der Schnur
bis zur Kugel. – Hier: für sensible
Fische, die erst einmal unbehindert
Schnur abziehen möchten, bis sie
»anhauen«.

Schellfisch; ich habe auch einmal viel
Glück mit angehakten Würstchen aus
der Dose gehabt; oder versuchen Sie
es mit Scampi, ebenfalls aus der Dose,
aber lange gewässert.
*Fazit: Mit im Wasser schwebendem
Köder, wenn dort Fische umherstreifen oder sich nur im »Transitverkehr«*
*befinden, zum Beispiel an den Nasen
von Halbinseln, Vorsprüngen, Krib-
ben. – Köder am Grund, wenn Blasen aufsteigen oder wenn Sie mit
schwebenden Ködern einschlafen
würden.*
Es gibt einfach kein Patent! Sie müssen die Methode von Stunde zu Stunde wechseln – aber nicht alle zehn
Minuten.
Und werden Sie dabei nicht zu emsig,
denn damit würden Sie die Fische vergrämen. Immer schön lange Pausen!
Als Fischer faßt man keinen neuen
Entschluß, ehe man nicht vier Zigaret-
ten oder eine volle Pfeife geraucht hat.

Kapitel XII

Wie man sich selber abködert

Eigentlich gehört das erst in die Kapitel übers Spinnangeln oder Fliegenfischen: Was tut man, wenn der Haken im eigenen Fleisch sitzt, bis hinter den Widerhaken, und darum nicht mehr heraus will.

Erst einmal: Die Schnur abschneiden! – Damit bleibt der Haken allerdings in Ihrem Fleisch. Wenn keiner daran zupft, tut das gar nicht so weh. Aber mich hat es immer aufgeregt.

Nun können Sie zum Doktor gehen, ich erwähnte das schon. Der hat es nicht besser gelernt und greift drum zum Skalpell. Das ist nichts für mich! Wenn der Faden weggeschnitten ist, soll man sich gemütlich hinsetzen und sich überhaupt nicht darüber aufregen, daß man einen Angelhaken in Hand, Gesicht oder Bein hat. Und dann gemütlich eine rauchen und versuchen, drüber zu lachen. Allerdings fällt dieses Lachen meist etwas schief aus. Die stärksten Kerle sind am wenigsten Helden! (Fischerinnen sind nach meiner Erfahrung in dieser Situation gelassener. Nun, Frauen müssen ja auch Kinder kriegen. Kein Mann würde das durchhalten, wenn ich es mir plastisch vorstelle.)

Danach die Lösezange oder die Spitzzange ruhig in die Hand nehmen, mit den Backen den freien Schenkel des Hakens packen und – den Haken noch weiter durchs Fleisch ziehen, so lange, bis die Hakenspitze etwas daneben wieder aus dem eigenen Fleisch ans Tageslicht kommt. Zähne weiter zusammenbeißen, bis auch der Widerhaken wieder draußen ist. Lösezange weglegen. Nun den von mir empfohlenen Seitenschneider in die Hand nehmen. Herausragende Spitze des Angelhakens samt Widerhaken (!) wegknip-

Blinker passen auch in die Hosentasche, aber dann sollten sie mit einem »Hakenschützer« versehen werden!

sen. Nun mit der Lösezange den kastrierten Angelhaken rückwärts aus dem Fleisch ziehen.

Das Durchstechen des Hakens mit der Lösezange tut sicherlich weh. Ich bekomme dabei spürbar erhöhten Puls. Das Abknipsen tut physisch kaum weh, aber man muß sich überwinden. Das rückwärtige Herausziehen des abgezwickten Hakens spürt man nicht! Ich schwöre.

Danach bleiben zwei winzige Blutpünktchen auf der Haut. Damit sich da nichts entzündet, tupfe ich Ballistol auf die Pünktchen und mache mich wieder ans Fischen.

Diese Methode funktioniert nur an den Leibesstellen, auf die man schauen kann. Also nicht hinter dem Ohr, unter dem Kinn, in der Lippe. Schon gar nicht im eigenen Auge!

Auge gehört zum Augenarzt. (Keine Angst, nichts läßt sich leichter betäuben als ein Auge! Und ein nur vom Angelhaken durchpiektes Auge füllt sich nach einigen Wochen wieder.)

Im übrigen sollte sich nicht nur der Angler, sondern jeder Mensch alle ein bis zwei Jahre mit Tetanol gegen Wundstarrkrampf impfen lassen.

Fischen mit Widerhaken ist nämlich nicht gefährlicher als harmlose Gartenarbeit oder Heimwerken. Eine kleine Schramme genügt, um sich etwas zuzuziehen.

Ich nahm einmal an eine Küste, wo man mit riesigen Blinkern wirft, einen dicken Freund mit, einen praktischen Arzt. Der riß sich einen Haken 04 in den Oberschenkel und wurde angemessen bleich. Aus meinem Auto holte ich Werkzeug und meinem Hausarzt den Haken aus dem Schenkel. Nun trabte der blasse Arzt zur Rotweinflasche zwischen den Felsen und nahm einen tiefen Schluck. Danach lief er blau an, weil im Wein eine Wespe war, die sich ihres Rechts auf Freiheit besann. Ich kutschierte meinen Hausdoktor zur Apotheke, wo er eine Spritze und eine Ampulle kaufte.

Wenig später im Hotel – immer noch nach Luft schnappend – wollte er der Ampulle den Hals absägen, sägte sich aber einen Glasscherben vom Ampullenhals in den Finger, daß es auf den Teppich blutete. Und er röchelte bereits, nicht der Teppich, sondern mein mitgenommener Hausdoktor, den ich doch nicht verlieren wollte.

Am nächsten Tag war mein Doktor wieder wohlauf, aber ich lag mit Fieber darnieder, weil ich bei all dem Ungemach vergessen hatte, mir eine ordentliche Hose und eine Jacke anzuziehen.

So ist das beim Fischen! – Seien Sie besonnener!

Kapitel XIII

Über die Wassertiefe

Über nichts habe ich weniger erfahren als darüber, wie andere Leute die Wassertiefe feststellen. Ich meine nicht da, wo Sie mit Ihren Füßen stehen, zum Beispiel dicht am Ufer, – ich meine dort, wo Ihr Köder eintaucht. In alten Lehrbüchern der »edlen Fischwaid« steht allenfalls, daß man die Wassertiefe »ausloten« müsse. Zweifellos ein phantastischer Ratschlag, denn die Wassertiefe ist ungemein wichtig: Sie wollen ja wissen, wieviel Faden Sie unter Ihrer festen Pose bis zum Haken lassen müssen, damit Ihr Wurm oder Käse in der richtigen Tiefe schwebt, und auch, wann denn Ihr Köder bei der Grundangelei am Boden liegt, wo Sie also die Schlaufe über der Pose (Schwimmer) anbringen sollen. Aber wie – verflixt! – lotet man denn aus, wenn man nicht da über dem Wasser schwebt, wo gelotet werden muß? – Schiffe tun sich da einfacher, die lassen direkt unter sich eine Schnur mit einem Senkblei ab.

Vom Kahn aus können Sie natürlich genauso loten, wie es früher die Mississippi-Dampfer anstellten. Dazu knüpfen Sie in einen Bindfaden alle Meter einen Knoten, lassen den Faden mit einem Blei am Ende ins Wasser und merken sich den Knoten, der noch über Wasser ist, wenn das Blei auf Grund liegt. Und zählen beim Herausziehen des Bindfadens die Knoten: Das sind dann die Meter bis zum Grund. (Wenn keine Strömung die Schnur schiefzieht!)

Wird der Köder weiter ausgeworfen, gar vom Ufer weg, stimmt diese Methode überhaupt nicht mehr (oder es würde einfach zu umständlich!).

Beim unter Wasser schwebenden Köder (ich hatte seine Schwimmhöhe mit etwa 30 bis 50 Prozent der Wassertiefe angeraten) müssen Sie einfach raten. Ab und zu die Schwimmhöhe des Köders verstellen, ob an der festen Pose oder an der Gleitpose. Da geht es ähnlich zu wie beim Toto: Je richtiger Sie tippen, um so größer die Chance, aber nur für kleine oder übliche Fische. Je falscher Sie in der Höhe unter Wasser tippen, um so geringer die Chance – aber wenn da doch mal einer anbeißt, ist das ein Einzelgänger, und dann meist ein Kapitaler.

Beim Grundangeln ist die Sache

furchtbar einfach: Sie betreten den Laden eines Angelsportgerätehändlers, schreiten auf die Theke zu, stützen sich schwer auf die Glasplatte und bitten mit matter Stimme um ein möglichst großes Glas Wasser. Dies wird Ihnen schnell gereicht. Fortan dürfen Sie wieder ganz munter aussehen und wünschen Kielfederposen (oder Federkielposen, Stabschwimmer oder wie sonst das bei diesen Leuten gerade heißt). Ergreifen Sie eine von etwa acht bis zwölf Zentimeter Länge und tunken Sie die in das gefüllte Wasserglas. Dies ist nämlich ein Test! (Ich habe da aus Versehen vorher schon mal das Glas Wasser ausgetrunken; dann geht dieser Test nicht. Wasser muß drin sein!) Wählen Sie nur die Pose, die im Wasser etwas schräg steht, also nicht kerzengerade! Nehmen Sie davon mehrere.

Am Wasser werfen Sie den Köder an dieser »schrägen« Kielpose aus (Bedingung: Etwas Bleischrot sollte unterhalb der Pose schon an die Schnur geklemmt sein, so viel, daß die Pose kerzengerade, aufrecht im Wasser steht).

Steht eine halbe Minute nach dem Wurf die Pose aufrecht im Wasser, dann ist der Köder noch nicht auf dem Grund, zumindest sind es die Bleischrote nicht. Also: Faden unterhalb der Pose verlängern! – Neuer Wurf! – Und dies so lange, bis nach dem Wurf die Pose etwas schräg im Wasser steht. Nun liegen Köder und einige Bleischrote am Grund, belasten die Pose nicht mehr.

Mit der Gleitpose ist es nicht anders. Da wird der Faden eben nicht fest an die Pose geklemmt, sondern es wird eine Schlinge hineingeknüpft, die vor dem Posenöhr stoppt.

Und mit der durchlochten Bleikugel (an Stelle der angeklemmten Schrote) ist es auch nicht anders. Liegt die Kugel am Boden, zieht sie auch nicht mehr am Schwimmer (Pose), und die stabförmige Kielfederpose steht schräg im Wasser.

Beim Spinnfischen (mit Löffeln, Blinkern, Wobblern, ja auch mit etwas beschwerten Streamern) möchten Sie genauso wissen, wie tief das Wasser vor Ihnen und weiter hinaus ist. Ich auch. – Im allgemeinen weiß man das erst nach dem vierten Hänger (und

55

fast jeder wirkliche Hänger kostet einen kostbaren Blinker). Wenn Sie das Wasser schon lange kennen, jede Uferstelle, jeden Ankerplatz Ihres Kahns, dann haben Sie bereits für etwa 50 Mark Blinker am Grund hängen, wissen aber ausreichend Bescheid. Die Hänger kann man sich sparen: Kastrieren Sie erst einmal Ihren Blinker durch Auslösen der Drillinge (oder schäkeln Sie statt eines behakten Blinkers eine beöste Blei-Olive ans Ende der Schnur). Bringen Sie eine Gleitpose an. Betupfen Sie Ihre Angelschnur alle Meter mit roter Farbe. (Es geht notfalls auch mit Lippenstift, aber dazu gehört eine entsprechende Begleitperson!) Werfen Sie aus! – Die Schnur, vom Gewicht nach unten gezogen, fährt durch die schwimmende Gleitpose, erschlafft dann. Das Gewicht ist auf dem Grund. Fixieren Sie den roten Punkt auf Ihrer Schnur oberhalb der Gleitpose, die sich etwas wundert, weil sie diese Art des Angelns noch nicht kennt. Rollen Sie nun wieder ein und lassen Sie Ihr Auge auf dem betreffenden roten Punkt! Und zählen Sie dann die weiteren roten Punkte, die durch den obersten Führungsring Ihrer Gerte laufen. Das sind dann auch Meter.

Nun müßten Sie nur noch wissen, wie lange Sie mit dem Spinnen nach dem Wurf warten müssen, damit Ihr Spinner so oder so tief ins Wasser eingetaucht ist. Das gehört aber erst in ein späteres Kapitel. Wegen der Kapitelüberschrift »Wassertiefe« mußte ich es hier nur noch schnell erwähnen.

Beim Fliegenfischen ist das Wasser $\frac{1}{2} \sqrt{\text{Daumen} \times \pi}$ – etwa doppelt so tief, wie es aussieht. Das liegt an der optischen Brechung und kommt erst

im Kapitel »Über das Flugangeln« vor, oder noch später.

Als Anfänger ruderte ich zuweilen mitten auf einen See, nämlich wenn in Ufernähe keiner anbiß. Da ließ ich bis zu hundert Meter Faden hinab. Mit Wurm oder Blinker oder Kosak, Zokker, Wunderfischli mit Perlmutt und Turbine.

Lieber Freund (wir haben uns ja wieder vertragen), das war nicht einmal für die Katz. – Wenn Fische sich so tief unter Wasser verziehen, pennen sie, aber beißen nicht. Da kriegt man sie nur mit niederländischem Grundkratzgerät hinter kräftigen Dampfern, weshalb die Plattfische im Meer nun aussterben, die Plattfische im Restaurant aber noch serviert werden können.

Ein hungriger Fisch steigt. Nicht immer ganz an die Oberfläche, aber doch in seichtere Gewässer, auch wenn er da mit dem Maul im Modder herumbohrt. – In der tiefsten Tiefe erwartet er – zu Recht! – keine Nahrung. Da fallen keine Holunderbeeren ins Wasser, dahin kommen keine Heuhüpfer, da haben Krebstierchen zuwenig Sauerstoff, und Mückenlarven wollen im Seicht-Sonnigen geboren werden und sich entwickeln können.

In Seen: Unter fünf Metern ist kaum noch ein Biß zu erwarten.

In Flüssen: Unter drei Metern gibt es nur noch Gelegenheitsfänge.

In Bächen (Barbenregion): Unter drei Metern kaum Aussicht.

In Bächen (Forellenregion): In zwei Metern Tiefe stehen Kapitale, sind da unten aber beißfaul. In einem Meter Tiefe wird lebhaft gebissen (sofern »Beißstunde« ist). In Quellregionen der Bäche – Wassertiefe 20 bis 50 Zentimeter – erwischte ich die größeren Fische eher im seichten Wasser, zwischen großen Kieseln. Die größeren sind nämlich so gewitzt, daß sie die tieferen Gumpen meiden.

Genaueres aber auch wieder im Kapitel »Über das Fliegenfischen«!

Mit Watstiefeln im Wasser liefern Sie sich einer ungeahnten Gefahr aus, nämlich dem Ertrinken, sofern Sie Ihren eigenen Augen trauen, damit die Wassertiefe der Umgebung schätzen und zu munter draufloswaten.

Ich habe schon manch harmloses Flüßlein zu durchwaten versucht; es schien mir so etwa 50 Zentimeter tief zu sein. Und dann traf mich ein Wasserschwall bis fast zum Schritt, an die Oberkante meiner Watstiefel.

Oder ich wollte meine Position in einem geräumigeren Bach etwas wechseln, und siehe: Rechts und links von mir, sogar geradeaus stieg der Grund an, ich platschte drauflos – und Wasser ergoß sich in meine Watstiefel und zog mich in die Tiefe. – Wasser bringt immer eine optische Täuschung, weil sich an seiner Grenze zur Luft der Brechungs-Index ändert. Unsere Augen sind auf Index Luft eingerichtet, einfach durch alltägliche Gewohnheit. Wo es scheinbar im Wasser wieder bergauf geht, geht es eher noch bergab! Wer im Wasser watet, sollte nur kleine Schritte machen, mit einem Stiefel vorfühlen. – Über die Tücken von Watstiefeln und Wathosen in einem späteren Kapitel.

In zahlreichen Seen dürfen Sie nur vom verankerten Boot aus fischen. (Damit wird die ertragreiche »Schlepp-Angelei« ausgeschaltet.) – Nun werden Sie nach vorigem (bezüglich der Chancen in Seen) einen Anker mit fünf Metern Leine an Bord nehmen. Dies aber ist ein Irrtum: Kein Anker hält Ihren Kahn fest, wenn er senkrecht an seiner Leine zum Grund kommt. Ein Anker verkrallt sich am Grund erst bei etwa 30 Grad Neigung der Leine. Für fünf Meter Tiefe also brauchen Sie zehn Meter Ankerleine, und elf Meter wären noch besser. Am besten verankern Sie Ihren Kahn über einer Tiefe von drei bis vier Metern; bis zur Fünf-Meter-Tiefe können Sie ja auswerfen! – (Nach dem vorsichtigen Ankerlassen zumindest eine Viertelstunde warten, denn es gibt eine Menge Fische, die angesichts eines Ankers wegschwimmen und danach auf sich warten lassen. Bis dahin noch nicht fischen, sondern essen, schmusen, rauchen, träumen, Gerte zusammenstecken, Faden aufzäumen, Strategie ausdenken.)

Kapitel XIV

Über das Töten

Es zeigt die edle Genauigkeit der Lehrer für den Fischereischein, daß sie in ihrer Schulungsliteratur einen harten Unterschied machen zwischen dem »Betäuben« und dem »Schlachten« eines Fisches. – Zuerst, so lernt man im Kursus, muß der Fisch betäubt werden und dann »geschlachtet«.

Ich habe noch nie einen Fisch »geschlachtet«. Ich habe dem zappelnden Kerl einen harten Schlag aufs Haupt gesetzt, und ich wette, danach war jeder geschuppte Kerl wirklich tot. Oder soviel wie, auf jeden Fall so, daß er nie wieder zu Bewußtsein kam.

Das »Schlachten« soll darin bestehen – laut Fischereiprüfung –, daß man den Fisch vom Waidloch aus zum Kopf hin aufschlitzt und dann mit den Fingernägeln die Innereien auskratzt. Das hat aber nichts mit Tierliebe zu tun, sondern mit Tafelfreude: Ein schnell ausgewaideter Fisch soll besser schmecken. Und meist tut er das sogar!

Viel wichtiger für Tierliebhaber: Man quält den Fisch nicht dadurch, daß man ihm den Haken aus dem Maul manipuliert, ehe man ihn tief betäubt hat.

Nun muß ich Ihnen etwas gestehen, was meine Feinde niemals wissen dürfen: Ich kann einen Fisch mit einem geeigneten Instrument flupsdiwups totschlagen, aber das Aufschlitzen und Auswaiden (»Auskratzen«) überlasse ich gern anderen. Frauen können das prächtig, sie können eben nur keinen Fisch totschlagen.

Wann immer Sie einen Fisch totgeschlagen haben – nicht indem Sie auf ihm herumprügeln, sondern durch artistisch gezielten Hau –, sollten Sie ihm das Fischmesser ins Genick stoßen.

Das leichte Knirschen dabei darf Sie nicht in Panik versetzen, denn Sie wissen dann, daß Sie das Genick zwischen zwei Wirbeln richtig getroffen haben. Nun kann der Fisch nie und nimmer mehr leben und leiden!

Es ist weit grausamer, den geangelten Fisch in einen mit Wasser gefüllten Holzbehälter (»Lagel«) zu setzen, ihn zu Hause im Swimming-pool oder Miniteich (»Kalter«) elend so lange herumschwimmen zu lassen, bis Sie einmal gerade Lust darauf haben, ihn zu verspeisen. Dazu müssen Sie die gestreßte Natur mit einem Netz heraus-

Die Freude am glücklichen Fang, das »Erfolgserlebnis«, soll getrost mit der Kamera festgehalten werden. Denn sobald man Fische aufgegessen hat, kann man sie keinem mehr zeigen.

Linke Seite: Wolfi v. B., Bayern: Routinier im Bauchaufschlitzen. Der Routinier waidet unverzüglich aus.

fischen und Ihrer Küche zuführen. Kannibalisch! – Ebenso grausam: den geangelten Fisch in ein Netz zu stecken, das neben Ihrem Kahn daherschwimmt. Der arme Kerl versucht stundenlang und vergeblich, sich zu befreien!

Ein erbeuteter Fisch sollte sofort getötet werden! Wer mehr fängt, als er selber essen oder am Abend seinen eventuellen Freunden vorsetzen kann, gehört nicht in die Zunft der Sportangler.

Einmal trat ich voreilig in einen elitären Club von Sportanglern ein; ein gutmeinender Mensch hatte mich da als Kandidat angemeldet. Sie alle priesen sich, gestandene Leute zu sein, das heißt mit viel Geld, und die Mehrzahl war älteren Datums mit internationalem Image; sie gaben vor, nur mit der gesplißten Gerte zu fischen; aber in kleinen Teichen hielten sie Köderfische, sprachen weiter von ihrem Geld, aber in einer Holzhütte fand ich in einer riesigen Tiefkühltruhe eingeeiste Fische fürs nächste Fressen an den Heiligen Drei Königen. Bei den Drei Königen ging ich doch noch einmal zum Heimabend, aber sie alle speisten Schweinefleisch und Steaks, nur die Kellner bekamen – als Trinkgeld, so vermute ich – die eingeeisten, herrlichen Fische! (Da bin ich schnell wieder ausgetreten.)

Wie tötet man seinen Fisch?

Erstens: möglichst schnell. Denn nicht der Tod ist schlimm, sondern das Sterben.

Zweitens: mit einem schweren Knauf, nicht zu gewaltsam, aber sicher, konsequent. (Der Forelle ins Genick, dem Hecht auf den vorderen Kopf.) Man läßt keinen Fisch zappeln! Manche Fische sind so zäh, daß der Schlag nicht genügt. (Der Aal braucht eine mehrzinkige Gabel ins Genick. Der Karpfen springt sogar noch aus der Pfanne, wenn er ausgewaidet ist, aber dann leidet er nicht, sondern es sollen nur Reflexe sein.)

Hat der Fisch ein Schmerzempfinden? – Ich rührte das anfangs schon einmal an.

Fast alle Tiere sind nicht so empfindsam wie der Mensch. Ein vom Löwen angerissener Büffel mit abgeklapptem Hinterteil grast unbekümmert weiter – Sie könnten das nicht!

Schmerz oder nicht: Wo immer mein Haken in die Zunge eines Fisches geriet, war der Fisch besonders aufsässig, benahm sich einfach wilder, beinahe gemartert.

Ein Fisch kann sogar – heiser! – schreien, wenn der erste Schlag nicht richtig gesessen hat. Danach wird

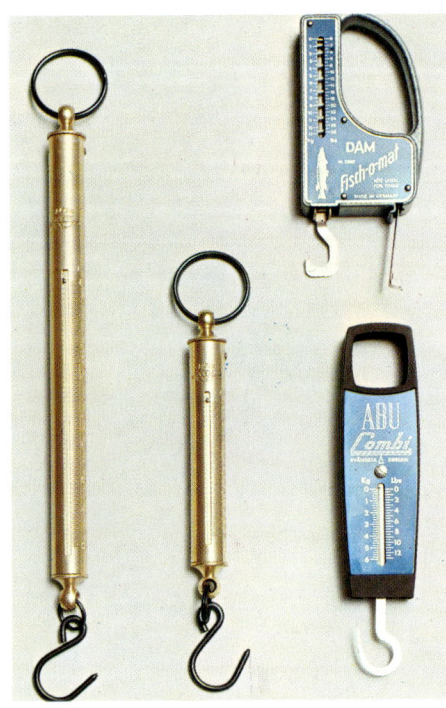

Fischwaage ist unerläßlich, wenn man am Abend den Fang nach Gewicht »melden« muß, um dafür eine Ablösung zu zahlen. – Ich bevorzuge das Modell oben rechts: darin ist auch ein Bandmaß.

einem Menschen flau zumute. Und es hilft nur: danach weiter fischen.

Mit jedem Fischen ist auch das Töten verbunden! Ja, ja, es gibt auch noch gehütete Fischwasser, in denen Ihnen erlaubt wird – gegen eine ziemliche Tagesgebühr –, Fische zu fischen, wo Ihnen aber auch geboten wird, jedweden gefischten Fisch wieder auszuhaken und zurückzusetzen. Das sieht zu-

erst recht human aus, ist aber eine Schweinerei! Natürlich setzen wir untermaßige Fische wieder zurück. (Genaueres später, auch Kritisches!) Aber einen Kapitalen am Haken soll man nicht abermals zurücksetzen. Das ist einfach nicht waidgerecht. Das ist zynische Spielerei mit Kreaturen! Es fehlt dann der Jagdtrieb. – Oder was würden Sie von Jägern denken, die in einem Jagdgebiet schönste Vielender mit der Betäubungsampulle erledigen, deren Nummer aufschreiben, die Getroffenen zählen und sich hinterher damit brüsten? Gottes Kreaturen sind nicht Zielscheiben – auch nicht die Fische! Fressen soll man sie, wenn man sie hat. Denn nur dann hat die erlegte Kreatur einen Sinn!

Das Messer zum Töten und Auswaiden des Fisches ist für den Fisch gedacht, nicht für den Menschen. Vorsicht also vor Verletzungen! Fischblut ist grundsätzlich giftig. Meist ist es nicht *sehr* giftig, und wer sich mit dem Fischmesser einmal selbst etwas an der Hand verletzt, muß noch längst nicht in ärztliche Behandlung. Das Fischblut wird mit Wasser weggewaschen. – Bisher habe ich leider noch keine Tabelle gefunden, in welchem Maße das Blut der verschiedenen Fischarten giftig ist. Sehr giftig ist jedenfalls das Blut vom Aal!

Was tut man mit einem getöteten Fisch, bis er in der Küche ist? Am schlimmsten ist es, wenn man ihn in ein Netz packt und das Netz im Wasser hängen läßt. Dadurch bleibt der Fisch nicht frisch, sondern beginnt schleunigst zu faulen.

Nicht viel besser ist es, wenn Sie ihn in den gummierten Einsatz Ihrer Fischertasche packen. Da schmort er im eigenen Saft. Man sieht es ihm hinterher an.

Der getötete Fisch soll sofort trockengelegt werden!

Dazu gibt es weidengeflochtene Körbchen. Man trägt sie am Umhängeriemen halb hinten, aber sie rutschen dauernd nach vorn auf Ihren Bauch und behindern Sie beim weiteren Fischen. Sonst sind diese Körbchen gut, denn sie lassen frische Luft an den Fisch. – Auf dem meist etwas rauhen Boden werden die Schuppen beschädigt. Das ändert nichts am Geschmack, hinterher, aber ein Fisch soll – wenn er serviert wird – auch noch hübsch aussehen.

Am besten ruht der Getötete auf einer Unterlage aus trockenem Heu (und

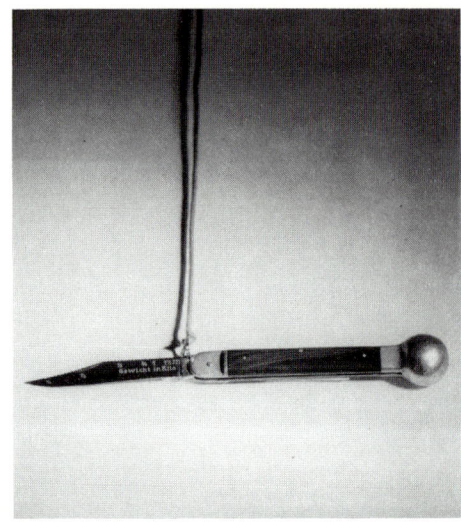

Klassisches Anglermesser: Klinge zum Aufschlitzen, gleichzeitig als Fisch-Waage. Knauf zum Betäuben. Möglichst mit Lederriemen am Gürtel befestigen, weil es so oft ins Wasser fällt.

auch Heu in den Bauch!). Aber Heu ist nicht immer greifbar. Darum rupfe ich vor dem Fischen zum Beispiel große Schierlingsblätter oder sammle etwas trockenes Laub (im Herbst), im Notfall rupfe ich langes Gras. Was auch immer: Im Körbchen trocknet das schnell (es muß nicht vollends welk geworden sein, nur seine letzte Frische verlieren!), und darauf bette ich die erbeuteten Fische.

Noch besser wäre Zeitungspapier. Es wirkt wie Löschpapier; der tote Fisch wird schnell trocken. Und was von der Bildzeitung – Fische sind nach ihrem Tod nicht wählerisch – an der Haut des Fisches kleben bleiben sollte, läßt sich unter fließendem Wasser ablösen, mitsamt der Druckerschwärze.

Am edelsten sind ausrangierte Servietten aus Leinen. Sie trocknen den Fisch, lassen aber Luft an ihn.

Soweit der akademische Teil. – Ich habe mir das Herumtragen eines Körbchens abgewöhnt und spieße statt dessen die Beute auf eine elastische Astgabel, von einem Strauch abgeschnitten, versteht sich, und das kurz geschnittene Ende durch Kiemen und Maul geführt.

Nun kann kaum einer weiterfischen, wenn er in einer Hand eine Astgabel mit daran gehängten Fischen mitführt. – Diese Astgabel befestige ich hoch genug über dem Boden an einen Baum, denn Füchse sind ganz verrückt auf erbeutete Fische, Eichhörnchen aber nicht.

Beim Standortwechsel bringe ich die Astgabel auch weiter. Und wenn ich nach Hause fahre, dann erst lege ich andachtsvoll die Fische ins Körbchen. Lose, tote Fische im Kofferraum können zum Totalschaden führen! Bei irgendeiner harten Bremsung rutscht ein Fisch auf der Gleitbahn seiner eigenen, schleimigen Haut in eine Buchtung des Kofferraums, wohin niemals mehr einer mit der Hand gelangen kann. Es gibt solche Kofferräume! Und nach 24 Stunden beginnt der große Gestank. Die Werkstatt kann nicht helfen, oder sie müßte mit dem Schneidbrenner das hintere Auto in Scheiben schneiden. Und kaufen will es dann auch keiner. – Mein alter Freund Wolfi hatte dabei allerdings das Glück, eine Interessentin zu finden, die durch einen überlebten Schädelbasisbruch den Geruchssinn verloren hatte. Sie kaufte das Auto, blieb aber den Rest ihres Lebens sehr einsam.

Kein toter Fisch gehört – wenn Sie ein Gourmet sein sollten – ins Tiefkühlfach.

Einen tiefgekühlten Fisch sollten Sie niemals mit dem Mikrowellengerät auftauen.

Der Fisch gehört nicht einmal in den normalen Kühlschrank, sondern einfach in den kühlen Keller, trocken auf ein Leintuch gebettet.

Innerhalb 24 Stunden sollten Sie ihn verspeisen! – Was länger lag, kann man nur noch verschenken.

Den frischen Fisch erkennen die Leute an den hellroten Kiemen.

Ein Raubfisch schmeckt um so köstlicher, je mehr er beim Drill gekämpft hat. Darum schmecken Forellen aus dem Aquarium oder dem Kalter so nichtssagend.

Bleibt am Ende noch die Streitfrage, was man mit den Sachen vom getöteten Fisch anstellt, die man ihm ausgewaidet hat.

Die meisten Fischer schmeißen das blutige Zeug einfach ins Wasser, zur Ernährung der anderen Fische. Litt der ausgewaidete Fisch aber an einer ansteckenden Krankheit, dann werden auf diese Weise viele andere Fische angesteckt. (Nein, Sie bekommen diese Krankheit nicht, denn Sie futtern den erbeuteten Fisch ja nicht roh!)

Sonstige Tierliebhaber legen das Ausgewaidete auf einen großen Stein und freuen sich, wenn die Raben kommen und Fettlebe feiern. – Aber auch dagegen haben die Tierfreunde etwas einzuwenden. Der erlegte Fisch könne – zum Beispiel – Salmonellen gehabt haben, die Raben würden nun mit ihrem Kot Salmonellen in der ganzen Gegend verteilen.

Also, Freund, man kann alles übertreiben! – Sollten Sie aber noch die Fischereiprüfung vor sich haben, dann bitte merken: Das Ausgewaidete ist in einer Grube zu vergraben.

Warum dieses Kapitel schon so früh, da Sie kaum noch etwas vom wahren Fischen gelesen haben (außer dem »Sitzangeln« mit Pose/Schwimmer, Schnur fest oder an der Gleitpose, Köder im Wasser schwebend oder auf dem Grund des Gewässers)?

Nun, weil schon Ihr erster Fisch Ihnen mit all diesen Problemen kommt. Ein lebendiger Fisch ist seltener ein Problem (allenfalls für den Besitzer des Fischwassers), aber ein toter Fisch stellt Ansprüche an Sie – bis hin zum Kochbuch.

Der zubereitete Fisch soll andächtig aufgetischt werden, nicht lieblos auf eine Schüssel geklatscht, oder zumindest mit einer Serviette darunter! Ich lasse zu Hause auf einer Korkschale servieren, in der Hütte auf einem rustikalen Holzbrett mit frisch gepflückten Blättern.

61

Kapitel XV

Über das Abködern

Dies hätte gleich an den Anfang des Buches gehört – aber ich wollte, daß Sie erst einmal Spaß an der Sache bekommen. – Die Fische mögen mir verzeihen!

Jeder Fisch bekommt von den Behörden ein »Brittelmaß« verpaßt: Er muß von Ende Schwanz bis zum Maul – je nach Art – ein Mindestmaß aufweisen. Und wenn er das nicht tut, ist er noch zu klein und muß vom Haken befreit und zurückgesetzt werden. (Er hat dann noch keine Geschlechtsreife, war noch nie imstande, Fischkinder in die Welt zu setzen. Bei sehr edlen Fischen wird das Brittelmaß noch höher hinaufgesetzt, damit sie noch fruchtbarer sein können, noch mehr Kinder ins Wasser pflanzen.)

Schön und gut: Aber wie kriegt man den Fisch vom Haken? – In Wirklichkeit: Wie kriegt man den verdammten Haken aus dem Fisch?

Bei der Angelei mit Wurm oder anderen »natürlichen« Ködern hat der Fisch den Haken meist schon tief im Schlund. Herausreißen läßt sich der Haken nicht, oder der Fisch würde dabei tödlich verletzt. Das eben wäre nicht im Sinne der Waidgerechtigkeit!

Dafür gibt es den Hakenlöser: ein steifer Messingdraht, am einen Ende eine Öse, durch die Sie einen kräftigen Finger stecken können, am anderen Ende ein stumpfer Zweizack. Den Zweizack führen Sie – an der verschluckten Angelschnur feinfühlig entlang – so weit, bis das Ende auf einen harten Widerstand stößt: Das ist dann der Haken. Nun: Zähne zusammenbeißen, den Hakenlöser trotz des harten Widerstands mit einem kleinen Stoß weiter in den Schlund führen. Damit wird die Hakenspitze aus der Schlundwan-

dung gestoßen. Und nun vorsichtig die mit Hakenlöser straff gehaltene, verschluckte Schnur herausziehen, bis der Haken wieder ans Tageslicht gekommen ist. (Natürlich hat bei dieser Operation der Widerhaken eine Verletzung hinterlassen, aber die ist meist nicht tödlich.)

Wenn diese Operation nicht funktionieren will, stehen Sie vor der Alternative:

a) den gepeinigten Fisch töten. Er gilt dann als »verangelt«. Betten Sie diesen verangelten, minderjährigen Fisch aber nicht in Ihr Körbchen; es gibt mißtrauische Fischereiaufseher, die das nicht glauben. Und darum greift zunehmend das Gebot um sich: auch verangelte Fische (noch mit Haken im Schlund, von der Schnur abgeschnitten) sind nach dem Töten ins Wasser zurückzuwerfen. Praktisch!

b) den verangelten Fisch schneiden Sie einfach von der Schnur los und lassen ihn ins Wasser zurückgleiten. – Es ist nämlich ganz erstaunlich, wie gut Fische mit einem verschluckten Haken noch weiterleben. – Ich fing einmal eine große, wenn auch etwas mager gebliebene Forelle, der aus der Bauchwand ein rostiger Angelhaken herausstand. Bei diesem Anblick schauderte ich, aber dem Fisch wäre es noch viel lieber gewesen, ich hätte ihn weiter herumschwimmen lassen.

Fragen Sie den Fischwasserbesitzer vorher – oder seinen Stellvertreter –, wie Sie es mit verangelten Fischen halten sollen!

Blinker geraten ganz selten bis hinab in den Schlund. Da haben sich die Zwei- oder Dreiangeln im Maul verhakt. Hier müssen Sie zur Spitzzange greifen (oder zur Lösechere, wenn es

um kleinere Exemplare geht). – Der naive Fisch wackelt dabei aber, schnellt hoch. Und Sie werden – anfangs – nervös. Sie sind ganz von der Idee besessen, daß der arme Fisch schleunigst wieder ins Wasser muß, weil er ansonsten ersticke. – Lieber Freund, so schnell ersticken die meisten Fische gar nicht. (Von den empfindlichen Exemplaren berichte ich erst später.) Lassen Sie ihn etwas toben, danach ist er erschöpft, und dann können Sie weiter mit der Spitzzange werkeln. Packen Sie ihn nur nicht zu fest um den Bauch, denn ein gequetschter Fisch stirbt hinterher!

Auch Hechte können zu klein sein, aber es ist auch gefährlich, von einem kleinen Hecht gebissen zu werden; er hat halbverfaultes Fischfleisch im Gebiß, und hinterher buttern Ihre gebissenen Finger. Da ist es mit dem Abködern eine beinahe gefährliche Sache. – In Sportangelgeschäften gibt es Kieferklemmen. Packen Sie den untermaßigen Hecht (»Stoßhecht«) mit einer Serviette und setzen Sie ihm dann die Klemme ein. Erst dann den Dreihaken aus seinem harten Maul pusseln.

Die künstliche Fliege verhakt sich meist nur an der Oberlippe von Forelle, Saibling, Äsche (»Asche« auf bayrisch). Sie ist also mit einem Zupfer leicht auszuhaken.

Forellen kann man dadurch ruhigstellen, daß man sie mit dem Rücken auf die Hand legt, die Hand einmal kräftig nach unten und dann wieder nach oben schnuckt. Das ist buchstäblich Narkose! Und nun haben Sie viel Muße, die Fliege – wenn sie doch einmal tiefer im Maul stecken sollte – notfalls mit einer zarten Lösechere

Matt angelegte Kiemen, gebrochenes Auge, alle drei Haken gekonnt durchs Maul gezogen:
Dieser Fisch ist schon seit Stunden tot, nur noch gut als Fotomodell.

(oder einer Arterienklemme) herauszumanipulieren. – Mit der Äsche geht das nicht, denn die Äsche greift ihre Beute (vorwiegend Fliegen) auch auf dem Rücken schwimmend an, wird durch plötzlich geschnuckte Rückenlage nicht aus der Façon gebracht.

Saiblinge lassen sich aber wieder so wie Forellen narkotisieren. Und die Mehrzahl der Friedfische auch, wenn sie nicht gewaltig groß sind. Denn wer schnuckt schon einen Sechs-Kilo-Karpfen rückunter mal eben in der Hand? – Ein Hecht wird ruhiger, wenn man ihn mit dem Leintuch in der Hand auf den Rücken legt; trotzdem bitte schnell Kieferklemme einschieben!

Es gibt so empfindliche Fische, daß das Gebot, sie wieder abzuködern (wegen Brittelmaß oder wegen vorübergehender Schonung des Bestandes), ganz akademisch ist. Bestes Beispiel: die Äsche! – Ich war da immer entsetzlich folgsam und brav, und heute könnte ich mich deshalb in den Po beißen! Auch wenn eine Äsche unter Wasser abgeködert wird, muß man sie kräftig anpacken, denn sie ist bei aller Zartheit ein kräftiges Tier, überlebt aber nicht den Streß! – Sie können's ja tun, damit Ihnen keiner an den Kragen geht, auch kein Fischaufseher, aber Blödsinn bleibt es!

Was tun mit einem gehakten Fisch, dem ein Haken in ein Auge gefahren ist? – Abködern, Auge verletzen? Er hat natürlich hinterher nur reduzierte Freßchancen, weil er zum Beispiel nur seine Beute rechts sieht. Sein stereoskopisches Sehen spielt keine Rolle, denn die Fische haben die Augen seitwärts, ähnlich wie die Pferde (Fluchttiere). Nun, wenn der Fisch zum Verspeisen noch zu jung ist, sollten Sie ihm eine Chance für ein weiteres, einäugiges Leben einräumen.

Da ist der Haken vielleicht in den knorpeligen Kiefer gefahren. Das Ding will nicht wieder heraus. – Spitzzange, Haken drehen, brutal sein. Ich weiß einfach nichts anderes. Ich weiß allenfalls, daß ein Fisch mit einem lädierten Kiefer immer noch so viel unlädierten Kiefer hat, um sich weiter durchs Leben zu schlagen.

Erbeuteten Fisch möglichst noch im Kescher töten, zumindest betäuben. – Mit einem leinenen Tuch läßt sich der Fisch besser greifen (beschädigt allerdings sehr feinschuppige Fische).

Haken hat eine Arterie getroffen, der Fisch blutet. Wird er zurück ins Wasser gesetzt, so heißt es: Andere Fische würden sich auf ihn stürzen, ihn totbeißen, verspeisen. Ist er unter Brittelmaß, so setzen Sie ihn getrost zurück und überlassen den Rest der Natur.

Die meisten Schwierigkeiten bei untermaßigen Fischen (unter »Brittelmaß«) rühren daher, daß unsere Angelhaken mit Widerhaken versehen sind. Widerhaken müssen aber gar nicht sein! Es gibt zum Beispiel den »Jamison-Haken« (in manchen Ländern ist nur er erlaubt!), und wenn Sie erst einmal den guten Drill des gehakten Fisches beherrschen, geht es auch mit einem »Jamison«. (Nur an der künstlichen Fliege gibt es ihn nicht; an der ist der Widerhaken von Natur aus so winzig, daß Sie beim Abködern keinen Fisch ernsthaft verletzen.) – Er ist gedacht für Edelwild und zum Fang von Köderfischlein, die ja noch munter bleiben sollen.

Wer es einmal richtig kann, das Fischen, der kastriert seine Haken – auch am Blinker! – durch Zukneifen des Widerhakens (Wegknipsen läßt er sich nämlich nicht) mit einer kräftigen Flachzange. Ich meine: solange es nicht auf Großwild geht, Huchen, kapitale Seeforellen, Hechte, Zander in Übergröße, zornige Karpfen.

Was das Abködern angeht, so komme ich zum Schluß wieder einmal auf das Unterfangnetz (den Kescher):

Sobald Sie erkennen, daß der gehakte Fisch noch zu klein ist, fassen Sie nicht Ihren Kescher an, sondern drillen Sie den Winzling zu sich heran. Machen Sie Ihre Hand naß, heben Sie den kleinen Kerl heraus, und befreien Sie ihn vom Haken. So wie oben. Oder sogar unter Wasser. Und setzen ihn behutsam zurück!

Ist der Gehakte ein Kapitaler, dann dürfen Sie getrost den Kescher nehmen. Denn wenn damit auch das »edle« Schuppenkleid des Fisches angekratzt wird, wollen Sie ihn doch behalten. – Kescher schon vorher unter Wasser tauchen, damit das Netzwerk naß und schwer wird. Unter Wasser halten, den Fisch über das Netz ziehen, und dann – nicht zu hastig! – den Kescher am Stiel heben, konsequent, wie sehr dann auch der Kescher mit dem Fisch darin wackelt und ausschwingt. Im laschen Netz des Keschers bleiben die Schnellbewegungen des erbeuteten Fisches wirkungslos. –

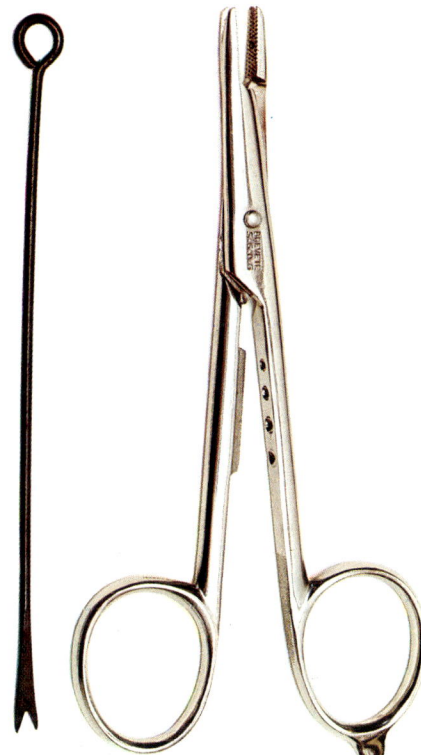

Oben: Einfacher Hakenlöser und Löseschere zum Abködern von Blinkern mit Zwillings- und Drillings-Haken (noch besser: Spitzzange!).

Unten: Kieferklemme zum Abködern von untermaßigen Hechten.

Sollten Sie im Wasser stehend gekeschert haben: bedächtigen Schritts aufs Ufer zu, den Fisch im Keschernetz festhalten, ihn durch gezielten Schlag betäuben.

Ich ging einmal mit einer Dame zum Fischen, die sich immer eine Hand vor den Ausschnitt des Kleides hielt. Sie tat unglaublich keusch, und ich dachte, wenn ich fische, pflückt sie romantisch Blümelein. Nix da, sie lauerte am Ufer, und es war ein schmaler Bach in 1300 Meter Höhe. Alle Forellen waren winzig, weil bei ihnen Schmalhans Küchenmeister war. Also setzte ich die winzigen Dinger – wenn auch schon gut an Jahren – immer wieder ins kristalline Wasser zurück. Aber die keusche Dame mit dem tiefen Ausschnitt, den wegplatzenden Perlmutt-Knöpfchen und immer einer Hand davor, platschte ins Wasser und schrie: »Nein, das süße Puzzeli, wie süß, aber das müssen's derschlagen!« – Ich verstand die Welt und die Weiber nicht mehr. Und als ich endlich ein Brittelmaß-Exemplar landete – klein genug war es immer noch! – stürzte sich die Direktoren-Witwe darauf und küßte das zappelnde Geschöpf und kickste dauernd: »Die behalten S' bittschön, das süße Puzzeli, und nun schlagen S' 's bittschön tot.« Und die Tote küßte sie auch noch! Aber fressen wollte sie das »Puzzeli« hinterher auch nicht.
So ist der Mensch!

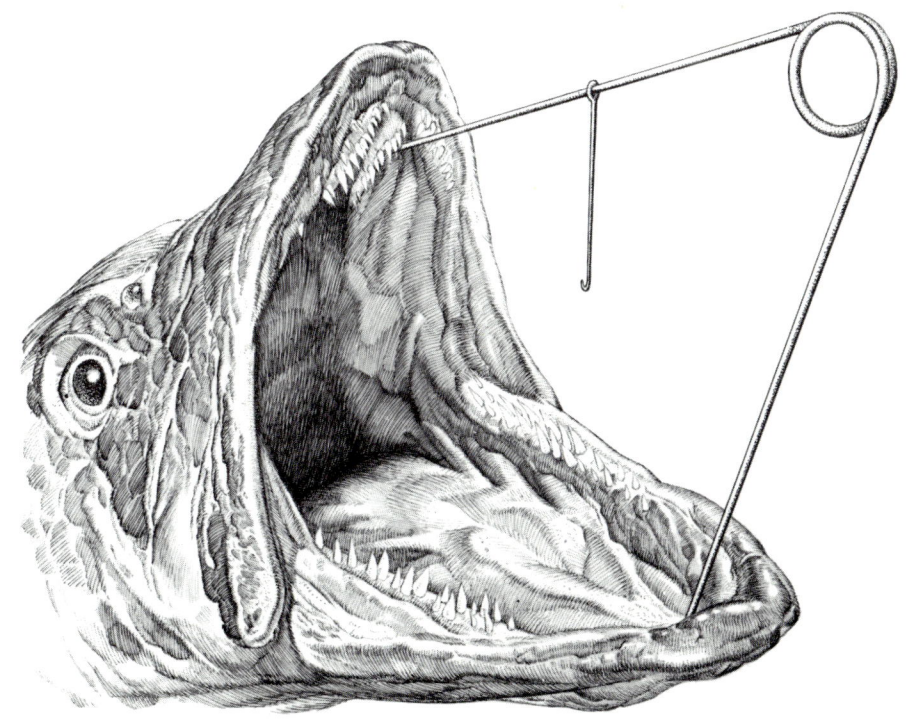

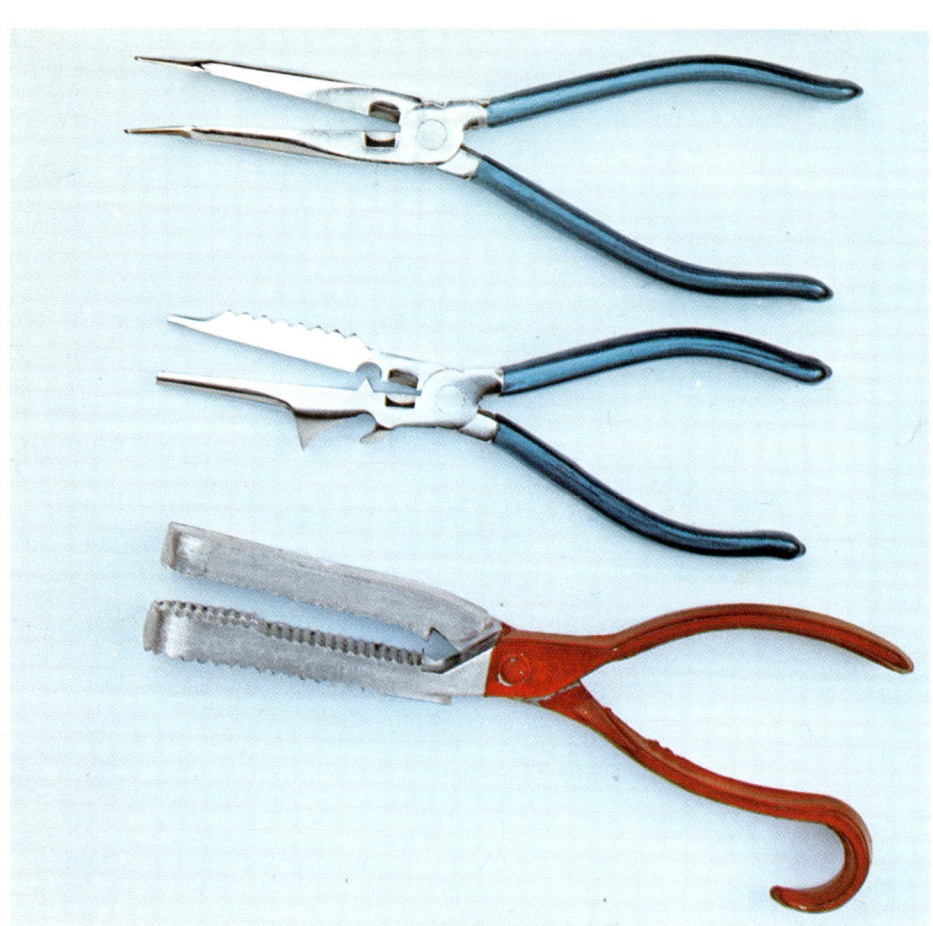

Chirurgisches Besteck des Anglers:
für Fische, Konservendosen u.a.m.
Gute Geschenkartikel.

Zum Fischen gehört die Jagdleiden-schaft, aber nicht so, daß wir verwor-fen werden.
Ködern Sie ab, was zu klein ist, ohne Mißmut, sondern mit Zartheit! Fi-schen Sie nur so viel, wie Sie am Abend oder am nächsten Mittag essen kön-nen. Wer genug hat, hört auf. Legt sich genüßlich ans Wasser und freut sich an der Natur. Auch an den sprin-genden Fischen, ohne danach lustgierig gleich wieder seine Angel auszu-schleudern.

Kapitel XVI

Über das Anfüttern

Frei lebende Fische werden nicht gefüttert, um ihnen eine Freude zu bereiten, sondern aus ganz hinterlistigen Gründen: Sie sollen arglos werden, zur bestimmten Stunde rudelweise herbeischwimmen und munter zubeißen. Der »Waidmann auf das geschuppte

Wo man tagelang »anfüttert«, soll man nicht mit Watzeug ins Wasser patschen, sondern sich lieber mit dem Kahn hintreiben lassen.

Wild« nennt dies denn auch verschämt »Anfüttern«!
Dazu muß dieser »Waidmann« erst einmal wissen, wo überhaupt das Anfüttern sinnvoll ist. – Nur dort, wo die Fische auch ohne Anfütterung zuweilen vorbeischwimmen oder sich

versammeln. Denn was nutzen die schönsten zuhauf ins Wasser geworfenen Bröckchen, wenn das die Fische nicht erfahren, weil sie nie an diese Stelle kommen?

Und der Fischer muß auch wissen, welche Sorte da schwimmt, damit er das richtige Futter wählt. Drum sollten Sie – Ihre Waidlust nun einmal hintangestellt – ohne Angelzeug, aber mit aller Geruhsamkeit das Ufer begehen, sich immer wieder etwas auf den Boden setzen und zuweilen ins Wasser schauen. Oder im Boot gemächlich am Schilfrand oder durch eine Bucht des Sees treiben und nichts anderes im Sinn haben als Naturbeobachtung.

Polaroid-Brille aufsetzen!

Als Anfänger die gesichteten Fische mit den Bildtafeln am Ende dieses Buches vergleichen, identifizieren, danach in den Steckbriefen nachlesen, was dieser Fisch gern »nimmt« (z. B. Jauchemaden, Köcherfliegenlarven, Limburger, Toastbrot, Frühkartoffel gar, Kuchenteig, Holunderbeere).

Soweit die Theorie. Denn nun müßten Sie – zum Beispiel auf Äschen – sich tunlichst Jauchemaden beschaffen, zuhauf sogar! Viele Tage hintereinander die erbeuteten Jauchemaden in Sägemehl wälzen, dann unter dem Wasserhahn baden, heil an die Stelle des Wassers bringen und da alle fünf bis zehn Minuten eine Handvoll ins Wasser streuen.

Dabei erwachsen Ihnen diverse Probleme:

a) Wo kriegen Sie das Sägemehl her? Nun, das ist ein lösbares Problem, aber nicht immer ein bequemes.

b) Wo finden Sie noch eine Jauchegrube, wenn Sie nicht auf dem Lande wohnen?

c) Welche Handschuhe zieht man an, um die schweren Bohlen über der Jauchegrube anzuheben und seitlich zu stapeln?

d) Wie fängt man Jauchemaden? (Jauche mit Schöpfeimer am drei Meter langen Stiel über ein waagerecht ausgespanntes Leintuch gießen, durchlaufen lassen.)

Sakra!

Greifen Sie drum lieber auf einen Köder zurück, der leichter zu beschaffen ist.

Vom Regenwurm schrieb ich schon im IX. Kapitel.

Es gibt da als hervorragenden Köder – siehe wieder Steckbrief am Ende des Buches! – den Holzwurm. Haben Sie eine alte Truhe, in der es des

Nachts tickt? Nein? Und selbst wenn ja: Wie kriegen Sie den Ticker aus den Kanälen der antiken Truhe? – Ich las in einem sehr guten Angelbuch der zwanziger Jahre, Holzwürmer gäbe es in Zimmerei-Betrieben; man müsse nur einem Gesellen oder Lehrling ein Handgeld versprechen, damit er zu Boden fallende Holzwürmer aufklaubt und in eine Schachtel stopft. Also: Kein Lehrling tut heute so etwas, er ist zu Höherem bestimmt. Und ein Geselle pfeift Ihnen was, denn der hat dafür keine Zeit. Oder jeder Holzwurm würde eine Mark kosten, zuviel zum »Anfüttern« – es würde jedesmal hundert Mark kosten.

Sehr universell sind auch Mehlwürmer. Die bekommen Sie – wenn ich einschlägiger Literatur glauben darf – in Mehlmühlen. Ich finde dies sehr beruhigend, denn auch ich esse Brot.

Nun begeben Sie sich täglich zur selben Stunde an die Anfütterungsstelle und werfen die Würmer oder Maden hinein, wie vorher schon geraten. – Nach acht Tagen ist es soweit!

Die Maden oder Würmer (oder den Emmentaler oder die Kartoffel oder was sonst) werfen Sie nun nicht mehr ins Wasser, sondern ködern sie an den Haken. (Schwebend im Wasser oder am Grunde liegend? – Lesen Sie den Steckbrief des Fisches am Ende des Buches!)

Jetzt haben sich die Fische so auf Ihre Köder eingestellt, nie Malheur beim Beißen gehabt, daß sie den Angelhaken und den Faden übersehen. Und dann sind sie an Ihrer Angel.

Schluß nun aber mit meiner Ironie! Manchmal geht es einfach nicht mehr anders! Zur Zeit Heinrichs des Achten wußten die Fische noch nichts vom »Volkssport« und gingen arglos an jeden Haken. Anfüttern war da noch nicht nötig. Aber nun haben wir nicht mehr Heinrich den Achten, sondern Scheel den Ersten.

Einiges habe ich nun zu korrigieren: Sie müssen keineswegs den Köder zum Anfüttern nehmen, der als »am liebsten nimmt ...« im Steckbrief vermerkt ist. Nehmen Sie Köder, die leichter zu erlangen sind! Eine Äsche z. B. geht auch auf einen schmächtigen Regenwurm. Und Kuchenteig ist universell. Mit fast gargekochten Kartoffelbröckchen sollten Sie es immer wieder versuchen oder mit in Milch elastisch gemachtem Hartkäse.

Das Anfüttern hat noch eine zweite Hinterlistigkeit, die sich nicht gegen

den Fisch, sondern gegen Ihren Konkurrenten am Wasser richtet:

Beobachten Sie den Kerl, was er an seinen Haken ködert. Bestimmt ist dieser Mensch rigoroser und versucht, Sie zu verdrängen. Nimmt er zum Beispiel Käse, dann füttern Sie – der andere darf es nur nicht sehen! – mit Würmchen an. Oder umgekehrt. Dann sind die Fische auf Ihre Anfütterung programmiert und gehen nicht mehr an den Haken dieses widerlichen Nebenkerls am Wasser.

Weil die Fische immer intelligenter werden, mache ich da noch eine Zwischenstation: Nach langem Anfüttern spieße ich die Köder nicht an den Haken, sondern an eine glatte Stecknadel. So gewöhnen sich meine lieben Fischlein etwas an Stahl und Faden. Die zupfen den Köder von der Stecknadel, wundern sich vielleicht ein wenig, merken aber bald, daß auch das gut bekommt. Und dann kommt der Tag, wo es keine Stecknadel mehr ist, sondern ein Haken. Ersparen Sie mir bitte das Weitere, denn sonst erröte ich.

Fischer sind Schelme (Pardon, bitte, meine Leser im eidgenössischen Bereich: Bei mir in Bayern sind Schelme keine Diebe, sondern lustige, gewitzte Leute. Ich weiß, daß es da Sprachunterschiede gibt). Fischer haben nicht das Pathos des Jägers, der mit Zielfernrohr und Walky-Talky den Geweihten erschießt, wonach der Dorfpfarrer die Hirschleiche in der Kapelle noch segnet, kaum daß die Jagdhörner verklungen sind. Keiner taucht beim erlegten Fisch ein frisches Reisig ins Blut des Tiers (erneuter Hörnerklang, Überreichung an den Jagdherrn: die anwesenden Damen werden ergriffen und lüstern). Darum stehen Fischer auch nicht so hoch im Kurs. Sie haben kein Zielfernrohr, kein Reisig, keine Hörner, keinen Pfarrer, keine Kapelle, sie haben allenfalls eine sinnliche Begleiterin und ihren eigenen Witz, gar etwas Verschlagenheit. Sie schauen ins Wasser – die Fische schauen nicht zu ihnen hinauf! Am Abend ist ein Fischer rechtschaffen müde (vor allem der Spinn- wie der Fliegenfischer), aber doch nicht *zu* müde.

Soviel über das Anfüttern.*

---

* Unerläßlich bei Karpfen und Bienen.

Kapitel XVII

Über die Raubfische

Ratespiel: Womit wurde dieser Hecht gefangen?

Dem Raubfisch wird nicht ein unbewegter Köder still vor die Nase gehalten, sondern er wird mit beweglichem, flüchtendem Köder mordlustig gemacht. Das ist für den Angler ein großer Trost: Er fischt nicht nach einem »armen, harmlosen« Fischlein, sondern überlistet ein Tier, das selbst darauf aus ist, einen anderen Artgenossen zu packen und aufzufressen. Also: Dieser Fisch ist nicht besser als der Angler!

Aber hier muß ich die Raubfische in ein besseres Licht rücken: Sie sind ja

69

Künstliche Frösche und Mäuse nur dort, wo Frösche und Mäuse auch in natura vorkommen. Frosch ruckweise ziehen. Maus durchgehend ziehen, aber ein bißchen zuckelig.

gar nicht »mordlustig«, sondern nur hungrig! Auch wir lassen kein Kalb aus Mordlust schlachten, sondern aus – Appetit. Und auch der Friedfisch frißt Lebendiges. Im Augenblick wüßte ich keinen Friedfisch zu nennen, der nur Totes, rein Vegetarisches knabbert, nicht doch einmal nach einer lustigen Mücke schnappt, einen Wurm

schlürft, kleine Krebstierchen aus dem Bett des Gewässers stochert, Nymphen mitnimmt.

Zum Mord, im juristischen Sinne wie im moralischen, gehört die »niedrige Absicht«. Kein Fisch schnappt in »niedriger Absicht« nach Lebewesen. Also gibt es unter den Fischen keine Mörder!

Wo ist dann aber der Unterschied zwischen einem Friedfisch und einem Raubfisch? – Keineswegs besteht er darin, daß der Raubfisch Fleisch frißt, der Friedfisch nur Unterwassergemüse. Der Unterschied besteht nach meiner Definition darin, daß der Friedfisch nur nach Beute sucht. Der Raubfisch hingegen stellt ihr nach! Er lauert ihr auf, er verfolgt sie. Seine Beute bewegt sich nämlich: Andere Fische, tanzende Mücken, aufsteigende Larven – sogar die eigene Brut.

Entsprechend ist das Angeln auf Raubfische!

Der Fischer muß etwas durchs Wasser ziehen, das so aussieht wie ein flüchtendes oder davonschwimmendes Lebewesen; meist soll es aussehen wie ein erjagbarer anderer Fisch.

Dieses Fisch-Ähnliche kann der Angler weit auswerfen und am Faden wie-

Oben: Auch kapitalere Forellen beißen den Fischer nicht so, daß es blutet. Insofern sind sie ungefährlich.

Links: In diesen Zähnen sitzt halbverwestes Fleisch seiner vorigen Opfer. Denn er putzt sich nicht die Zähne. Wer daran seine Finger schrammt, muß mit längerer Heilbehandlung rechnen (Vergiftung!).

der zu sich herankurbeln. Oder im Kahn hinter sich herschwimmen lassen. Oder im Wasser auf- und niedersteigen lassen. – Die einzelnen Techniken werde ich noch beschreiben.

Aber wie ist das mit der künstlichen Fliege (oder dem Streamer)?

Grundsätzlich ist die Fliege für edle Raubfische gedacht (Forellen, Äschen, auch Saiblinge, sogar bei Hechten kann sie funktionieren!). – Sie verlockt aber auch – weit mehr, als bekannt – sogenannte Friedfische zum Schnappen! Der Streamer unter Wasser (eine übergroße, schlanke, meist glitzernde künstliche Fliege) wirkt wohl eher als kleiner Spinner, wird von den Fischen für ein Fischchen gehalten.

Etwas Fischlein-Ähnliches durchs Wasser ziehen – egal wie – wird »Spinnangeln« genannt.

Es kann ein getöteter Köderfisch sein,

am Haken natürlich. Oder mit Drillingshaken bewehrt.

Das Herumschwimmenlassen eines lebendigen Köderfischleins an Haken und Schnur – gar mit Pose! – ist Tierquälerei, auf größere Raubfische zwar die ertragreichste Methode, aber zugleich die uneleganteste. Oder würden Sie einen Fuchs dadurch erlegen, daß Sie mit einem Bindfaden ein lebendiges Kaninchen anpflocken, dem Sie einen Haken ins Fell gepflanzt haben? – Und dennoch muß auch diese »Methode« nachfolgend beschrieben werden, weil es Fälle gibt, da es weniger um Tierquälerei oder mangelnde Eleganz geht, sondern mehr darum, einen alten Raubburschen aus dem Wasser zu holen.

Wie man den »Spinner« (Blinker, Löffel, Köderfisch) auswirft, haben Sie schon im Kapitel X gelesen. Wie schwer und lang die Gerte und wie

schwer der Spinner sein sollen, im Kapitel III. Und sogar, welche Angel, welche Rolle für welche Fische taugen. Setzen Sie sich bitte nicht in den Kopf, gleich auf die nervösen Forellen oder die schwierigen Äschen anzulegen. Viel leichter geht es zum Beispiel auf Hechte in einem See. Hechte neigen nämlich zum Dösen, stehen nahe am Ufer, neben Bootshäusern und an Bachmündungen, besonders gern vor dem Schilf. Sie sind keine umherstreifenden Jäger, sondern Raubritter, die abwarten, bis jemand vorbeikommt.

Wenn Sie irgendwo einen Hecht vermuten, dann kommt bei dem kein argloser kleiner Fisch vorbei, sondern Ihr Spinner. Beim ersten Mal ist er am Hecht schon vorbei, ehe der es richtig begriffen hat. Aber aufgewacht ist er nun! Beim zweiten Mal stößt er zu. Verfehlt vielleicht den Spinner, kehrt mißmutig an seinen Standort zurück.

Der Wobbler (hier: Balsaholz-Fischchen) hatte ein lebendiges Fischchen vorgetäuscht.

Beim dritten Mal ist ihm die Sache entweder unheimlich und er verzieht sich, oder es wirkt so verlockend, daß er zustößt und anbeißt. – (Näheres im »Steckbrief Hecht«.)

Den Hecht empfahl ich anfangs, weil er dumm ist, zwar erst kräftig kämpft,

aber schnell erlahmt, und weil für ihn keine weiten Würfe nötig sind.

Raubfische stehen da oder machen da ihre Patrouillen, wo auch Sie das tun würden, wenn Sie ein Raubfisch wären, nämlich an den Stellen, wo leicht Beutefische zu schnappen sind.

Zum Beispiel an unter Wasser steil abfallenden Ufern (Schaaren), weil kleinere Fische schutzsuchend (und zugleich nahrungsuchend) das Ufer anschwimmen, wo es seichter und das Wasser durch die Sonne erwärmt ist; oder zwischen Stempen im Wasser, Holzbauten, Überhängen, wo sich ängstliche Fische gern hinflüchten und wo Sie als Raubfisch sich zugleich gut verstecken können; oder am Schilfstreifen, weil aus dem Schilf Jungfische und Brut ins offene Wasser hinausschwimmen möchten; oder an Mündungen, weil da reger Fischverkehr herrscht; Fische kommen aus der Mündung, weil sie nach unten wollen, andere möchten die Mündung hinauf, je nach Witterung oder Jahreszeit.

Weil Sie bisher den Friedfischen nachstellten, wissen Sie ja nun auch genauso gut wie der Raubfisch, wo etwas zu schnappen ist. Und inzwischen haben Sie Ihre Augen geschärft und das Unterwasserleben erfaßt.

Bei allen Fischen gibt es sogenannte »Beißstunden«. Bei den Raubfischen sind sie besonders ausgeprägt: Stundenlang scheint das Wasser verödet. Allenfalls der ganz erfahrene Fischer sieht die Fische massenhaft dicht über dem Grund stehen, aber keiner regt sich.

Und dann plötzlich »kocht« das Wasser. Das sind diejenigen Fische, die plötzlich gierig auf fliegende Insekten sind, zu Hunderten aus dem Wasser springen. Und ebenso plötzlich ist es wieder still. Die anderen Raubfische bringen kein Wasser zum »Kochen«, sind aber unter Wasser ebenso gierig und bissig.

Mancher Hecht beißt aus lauter Rage sogar in den Propeller eines Motorboots! (Männer sollten dann nur mit Badehose schwimmen.) Zander fallen Zander an.

Aber ob dann ein Raubfisch auch auf Ihren Spinner geht, ist noch nicht garantiert, es ist eben nur die große Chance!

Wenn sich die Raubfische nicht rühren, auch der vermutliche oder gar gesichtete Hecht sich nicht vom Platz rührt, sollten Sie nach 15 Minuten das Spinnangeln einstellen; mit weiteren Würfen würden Sie die Fische nur verbiestern, vergrämen. Entweder ziehen sie dahin, wo Sie nicht stehen, oder sie tauchen etwas tiefer, ganz befallen von Mißtrauen.

Eine volle Stunde Pause einlegen! Aber nicht wütig am Ufer entlangtrampeln, vom Ehrgeiz gebissen, woanders dümmere Fische zu finden und an den Haken zu kriegen. Oder mit zornigen Ruderschlägen den Kahn durchs Wasser treiben.

Ich gebe zu: Auch ich wechsle dann zuweilen den Standort – aber ganz behutsam, leise wie ein Wilddieb. Denn wenn hier keine Beißstunde ist, kann sie 200 bis 300 Meter weiter doch gerade sein!

Gibt es Regeln für Windrichtung, Wetter, Tageszeit für Raubfische, Mondstellungen?

Kapitel XVIII

Über die Regeln

Es gibt keine!
Regeln gibt es nur durch Statistik. Und jede Statistik bei der Angelei widerspricht den Regeln der Statistik!

Um das konkret an einigen Beispielen klarzumachen: Als Anfänger las ich immer wieder, Westwind sei gut. – Nun, in unseren Breiten herrscht vorwiegend Westwind, darum also werden die meisten Fische bei Westwind gefangen.
Oder: Die Mittagsstunde, gar mit grel-

Linke Seite: Insektenjagende Fische versammeln sich mit Vorliebe unterhalb von Gefällstrecken, hinter Steinen und neben Strömungswirbeln. Das sind somit die Stellen für die Fliegenfischer.

Oben: Beißen die Fische an diesem Fluß lieber am Morgen oder am Abend? Bei Regen oder bei Sonnenschein? Wir wissen wenig über die Fische. (Das Wichtigste steht in den Steckbriefen am Ende dieses Buches.)

lem Sonnenschein, sei aussichtslos. – Nun, wer fischt schon am Mittag? Allenfalls der Sonntagsfischer hat mittags Zeit zum Angeln, und der fängt – mangels Training – natürlich auch nicht immens erfolgreich. Die anderen Angler fischen des Mittags nicht, sondern essen. Und was die »grelle Sonne« angeht – wann gibt es die schon, ich meine, aufs ganze Jahr umgelegt? Richtig ist allenfalls, daß manche Raubfische kurz nach Sonnenuntergang noch ihren »Abendsprung« machen. Das sind vorwiegend Insektenfresser (zum Beispiel Forellen): Die Insekten schwirren nieder zur noch matt spiegelnden Wasseroberfläche. Wenn aber keine Insekten da sind, ist das auch wieder keine Regel.

Bei Gewitter sollen Raubfische ganz wild sein. – Ich habe viele Gewitter im Bach oder am Fluß durchgestanden. Ich habe auch schon verrückte Beißstunden erlebt, während in einigen Kilometern Entfernung sich ein Gewitter austobte. Aber solche Beißstunden erlebte ich ebenso ohne irgendein Gewitter.

Schwüles Wetter oder Föhn für Forellen? – Natürlich war es manchmal so föhnig, daß mir ganz elend zumute war und ich dabei die Anbeißerei fast als beschwerlich empfand. Das war dann aber nur ein Zusammentreffen von Föhn und Beißstunde, keine Regel!

Wir wissen so wenig über die Fische.

Bei Hochwasser sei nichts zu fangen? Ich lache nur.

Heller Blinker in der Dunkelheit, dunkler Blinker bei Sonnenschein? – Andere Fischer behaupten das Gegenteil. Es kommt mehr auf das Gewässer und das Gemüt der darin schwimmenden Fische an als auf die Helligkeit. – Einstmals erbeutete ich nach einem deprimierenden Angeltag endlich Äschen – am späten Abend, nach Sonnenuntergang, mit einer schneeweißen Fliege (*White Moth*). Fortan schwor

Blinkerwurf mit reichlich langer Gerte. — Dieser Angler macht m. E. einige Fehler:
a) er wirft weder aus der Hüfte, noch über Kopf, sondern holt unelegant aus mit
b) zu stark abgewinkeltem Arm. Und
c) wirft er seinen Oberkörper nach vorn, forciert offensichtlich (und steht dann unsicher).

ich auf diese Fliege am Abend. Mein Kumpan schwor genauso mit. Beide haben wir mit dieser *White Moth* nie mehr einen Fisch am Abend gefangen. Dafür aber einmal am sonnigen Mittag!

Wie es um Regeln bestellt ist: Am erfolgreichsten soll man vor oder bei Sonnenaufgang fangen. Darüber weiß ich zu wenig, denn um diese Zeit schlafe ich noch oder schreibe bereits. Es entsteht allenfalls die Frage: Richte ich mich nach den Tageszeiten der Fische oder die sich nach mir? Und weil ich auch tagsüber, ausgeschlafen und ausgeglichen, gut und gern fische, werde ich mir meinen Wecker niemals auf eine so frühe, inhumane Zeit stellen.

Berufsfischer mit Netzen — das stimmt — fahren vor Sonnenaufgang aus. Die fangen auch viel, nur weiß ich nicht, ob das am frühen Morgen liegt oder an den Netzen. Denn Berufsfischer müssen so früh aufs Wasser, weil gegen acht Uhr morgens die Fische schon im Laden liegen müssen. Die Berufsfischer könnten sicher auch am Abend vorher mit ihren Netzen ausfahren, aber das geht nicht, weil sie dann Feierabend haben.

Ich kenne nur eine einzige Regel: Angeln soll nicht zur Arbeit ausarten!

Fisch mit dem Kopf aus dem Wasser heben,
Kescher vorher unter Wasser tauchen, Fisch über
den Kescher ziehen! Aber niemals eine Gerte
auf den Weg legen! Sobald einer darauf tritt,
kostet es eine neue Gerte (Reisegepäck-
versicherung!).

Kapitel XIX

Über
Köderfischchen

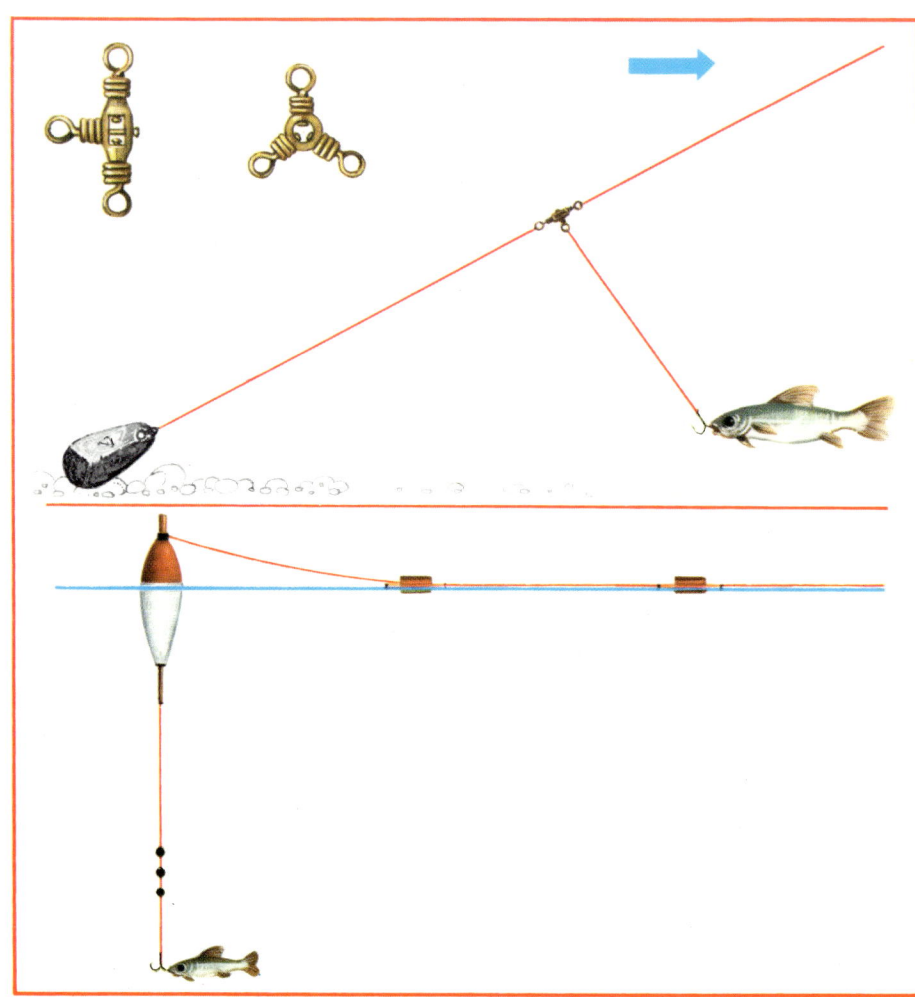

Oben: Ohne Pose, mit Bodenblei. Zwischen-
geschalteter Drillings-Wirbel,
um zu verhindern, daß das Köderfischchen sich
mit der Schnur verwickelt.
Unten: Fischchen an der Pose zeigt den Biß an.
(Schnur zur Pose hier mit
durchbohrtem [!] Korken schwimmend gehalten;
sehr empfehlenswert!)

Gott bewahre die munteren Fische, die keinem Menschen etwas zuleide tun, vor den Spitzbuben, die – ohne triftigen Grund – mit lebendigen Fischchen am Haken so lange am Ufer oder im Kahn hocken, bis ein »Raubfisch« in das Fischchen beißt. Denn zu dieser Angelei gehört nichts anderes als Gerät: Gerte, Rolle, Schnur, Haken und das gemarterte Fischchen. Es funktioniert ohne jegliche Intelligenz. Und es hat auch gar nichts mit »Sport« zu tun, denn Sport verlangt Leistung, körperlich oder geistig, aber ein Fischchen schwimmen lassen, so lange auf den Haken gespießt, bis es vor Streß verendet oder durch dauerndes Auswerfen an inneren Blutungen stirbt, das verlangt nur ein fehlendes Gemüt!

Wo es aber einen wirklichen Grund hat – und auch solche Gründe sind öfter konstruiert als wahr! –, genügt jeder kleinere Fisch von Zeigefingerlänge.

In anderen Angelbüchern werden immer wieder die Lauben empfohlen, aber gerade die sind empfindlich und sterben nach dem fünften Auswerfen. Kleine Barsche sind solider, aber kleine Barsche haben noch kein Brittelmaß, dürften gar nicht gefangen werden!

Bei Goldfischen (ein Schlagersänger empfahl mir die einmal) gibt es kein Brittelmaß, man muß sie nicht mit dem Ködernetz oder einer kleinen Wurmangel aus dem Wasser ziehen, sondern kann sie kaufen, vielleicht sogar in einem Versandhaus bestellen, sie sind also bequem.

Diese lebenden Köderfischchen transportiert man in einem wassergefüllten Eimer an den Angelplatz (oder in den Kahn). Der kräftige, vierkantgehäm-

Rechts: Köderflasche. (Lockmittel in Sportangelgeschäft kaufen!)

Unten: Dieser Geizhals spart sich den »Löffel« und verpaßt einem toten Köderfischchen ein Hakensystem. Vielleicht folgt er einer örtlichen Vorschrift, die Löffel verbietet.

Rechts unten: Hakensystem mit Dorn. verbiegt das tote Fischchen etwas.

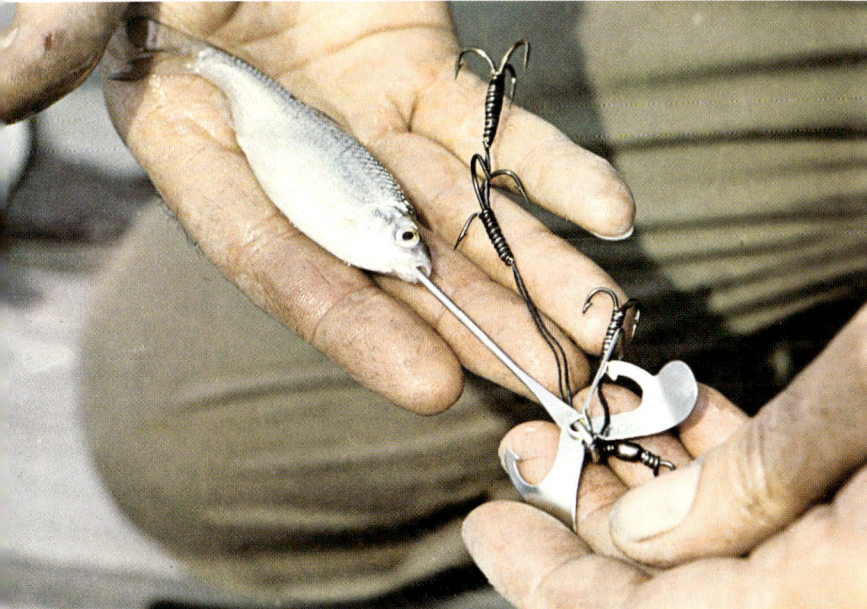

Oben: Mit »Ködernadel« wird die Schnur vom Bauch durchs Innere des toten Fischchens, zum Maul hinaus — Drillingshaken sitzt nun unter dem Bauch! — und durch eine vorgesetzte Bleikappe geführt. Die Bleikappe zieht das tote Fischchen zum tiefen Grund, läßt es dabei schwänzeln. — Sehr gut für Strudel und Wasserfälle.

Oben links: Der Frosch hat – im Gegensatz zum Fisch – schon ein ausgesprocheneres Schmerzempfinden. Damit angeln nur böse Naturen!
Oben rechts: Ködernetz am Stecken.

merte Stahlhaken wird durch die vordere Rückenflosse gespießt, just da, wo die Flosse am Körper anliegt, quasi in die Flossenwurzel, damit der Haken nicht durch die Flosse ausreißt.

Es ist bestimmt gut, der Schnur eine festgeklemmte Pose zu geben, so daß das angehakte Fischchen etwa zwei Meter unter Wasser tauchen kann. Dort schwimmt es verzweifelt seine Kreise; die Pose zieht mit und zeigt an.
Plötzlich taucht die Pose, kommt wieder hoch, zieht schnell davon. – Noch nicht anhauen, sondern Schnur ablaufen lassen! Der Raubfisch muß das Fischchen erst richtig im Schlund haben. – Der Raubfisch: »Verdammt,

Fischchen soweit ganz gut, aber da ist so ein spitzes Ding in der Flosse!« Es wird ihm etwas unheimlich, darum taucht er nun tief.
Pose taucht auch, bleibt verschwunden. Nun erst anhauen!
Ein Fisch mit heruntergeschlucktem Haken kann sich nicht mehr aushaken. Sie müssen ihn sich austoben lassen, anderenfalls würde – bei einem Prachtexemplar – Ihre Schnur reißen. Nicht überall ist diese Methode erlaubt!

Kapitel XX

Über die Spinner

Ich weiß nicht mehr genau, wann es war, als bei einem Picknick an einem Bach in England einem schusseligen Kerl, vielleicht war es sogar ein *Baronet,* ein Löffel in den Bach fiel. Jedenfalls stieß ein Raubfisch auf den Löffel zu und biß hinein. Dies brachte den *Baronet* auf die Idee, an seine Angelschnur einen Löffel zu binden und dahinter noch einen Haken zu befestigen. Den warf er weit hinaus ins Wasser und kurbelte – »spann« – ihn mit der »Leier« (Rolle) wieder zu sich heran. Der Löffel taumelte durchs Wasser und wurde immer wieder von einem Fisch für ein Fischlein gehalten. Der Erfolg ließ nicht auf sich warten, und damit war der Blinker erfunden, erst einmal der »Taumellöffel«. Dazu mußte der *Baronet* bald keine Löffel mehr von der Tafel seines Königs klauen, sondern er konnte ihn als »Blinker« beim Schlosser kaufen (oder ihn sich selbst aus Blech hämmern).

Bis in unser Jahrhundert hinein war das »Spinnen« mit dem Blinker ein mühseliger Sport: Erst so viel Schnur von der (Nottingham-)Rolle abziehen, daß man so weit werfen konnte, wie man wollte. Diese Schnur kräuselte sich vor den Füßen auf dem Boden, und beim Werfen verhuddelte sie sich und wurde zur »Perücke«. – Mit der Stationär-Rolle wurde das plötzlich anders. Ich beschrieb sie schon im Kapitel IV.

Klassisch gewordene Beispiele für den Taumellöffel sind der Heintz- und der Zett-Blinker. Davon gibt es unzählige Varianten, silbern, golden, mit Perlmutt benietet, mit Farben oder Streifen darauf gepinselt. Empfehlen kann ich keinen, weil es an jedem Wasser anders zugeht. Die Fische haben in

Varianten des klassischen »Heintz«-Löffels. In großen Exemplaren für den Hecht, in mittelgroßen Exemplaren für Zander, in kleineren Exemplaren (aber ohne Kopfdrilling!) für Seesaiblinge und Seeforellen. Massive Exemplare zum weiten Werfen, blecherne Exemplare (mit Vorblei) zum Schleppfischen.

den Gewässern Unterschiedliches erlebt, sind inzwischen auf manches sauer. Sie können es einfach nur ausprobieren. Mattsilber ist für den Anfang immer neutral. Ein rotes Schwänzchen aus Plastik ist keine Garantie für guten Fang, aber es hat auch noch keinen Fisch abgeschreckt.

Solche »Löffel« gibt es massiv, schwer – und blechern, leicht.

Die massiven lassen sich weiter auswerfen (Achtung: Gerte muß auf deren Gewicht abgestimmt sein!), aber

Links oben: Perlmutt-Löffel; aus reinem Perlmutt, keine weiten Würfe, weil zu leicht. Mit Kupferblechbeschlag auf der Hohlseite weiter werfbar, dabei auch unproblematisch. Nichts für Salmoniden, selten für Zander, verführerisch für den Hecht, wenn ganz langsam, taumelnd gesponnen oder geschleppt.

Daneben: Eine Auswahl »Schweizer Löffel«.

Links unten: Zwei »Wunderfischli«. Werden von manchen Geschäften zu leichtfertig als Devonspinner verkauft. Können zwar als Devons eingesetzt werden, sind aber mehr zum »Heben und Senken« in tiefen Gumpen (Kolken) gedacht.

Daneben: Zwei Zocker; ebenfalls beim »Heben und Senken« einzusetzen.

In der Mitte: Drei Spinnfliegen; erst sinken lassen, dann ruckweise durchs Wasser ziehen. — An sich universell für alle Raubfische (auch für diejenigen, die es noch werden wollen), aber nicht so fängig, wie in den Katalogen angegeben. — Notbehelf in einem Forellenbach, wenn keine einzige Forelle beißen wollte. Waidmännisch nicht ganz sauber! Spinnfliegen gibt es mit oder ohne Propeller vor der Schnauze.

Rechts: Verschiedene Wobbler.

im Wasser taumeln sie etwas träge, sinken auch schnell auf den Grund und verhängen sich da, wenn Sie nicht flott an der Rolle kurbeln. Und dann läuft der Löffel wiederum zu schnell durchs Wasser und wird vom Fisch zu spät gesichtet, ist schon aus seinem Blickfeld.

Die blechernen vollführen heftige, gar zuckende Bewegungen, reizen den Fisch zum Anbiß, sind von ihm leicht zu schnappen, weil sie trotz aller Zukkelei nicht so schnell durchs Wasser gekurbelt werden müssen. Aber zu weiten Würfen verlangen sie ein Vorblei an der Schnur! Setzt man dies kurz vor die Nase des Löffels, dann wackelt er nicht mehr so verführerisch. Setzt man das Blei weiter entfernt, dann will sich der Haken des Löffels schon in der Luft mit der Schnur verhaken! (Geübte Angler vermeiden dies dadurch, daß sie etwas sanfter werfen, die auslaufende Schnur sogar etwas mit den Fingern bremsen, gar kurz vor Eintauchen des Löffels sanft stoppen. Aber das muß geübt sein!)

Für Ihren Anfang: massive Löffel bei Würfen vom Ufer aus. Leichte Löffel beim Schleppangeln. (Diese Technik später!)

Der taumelnde Löffel simuliert ein krankes Fischchen. Besonders reizvoll für Hechte, manchmal auch für Zander. Man soll ihn ruckweise »führen«, das heißt gemächlich kurbeln, zwischendurch langsamer kurbeln, dann Gertenspitze wieder jäh (aber nicht forciert!) anheben. So taumelt der Löffel mal höher, mal tiefer und sieht schon ganz malade aus.

Der leichte Löffel, emsig durchs Wasser zockelnd, ist schon mehr ein künstlicher »Reizköder«. Er wirkt auch auf Fische, die gar keinen Appetit haben, es nun aber nicht lassen können. Dazu gehört zuweilen die Forelle, der See-Saibling, angeblich auch der Wels (bayrisch: Waller).

Wie groß der Löffel sein soll, hängt nicht von der Größe des Fisches ab. Justament die kleinen Fische sind so gierig und schnappig – sie wollen ja schnell wachsen –, daß sie auf möglichst große Bissen zustoßen. Und die alten, gewitzten Fische werden bei großen Löffeln mißtrauisch, und Kleines schmeckt vielleicht auch besser. Warum also gibt es so riesige Blinkerexemplare? Zur Schonung der ganz kleinen Fische, die so ein Ding einfach noch nicht ins Maul kriegen können.

Hier eine wichtige Einschaltung: Je größer der Haken (und ich beziehe das nun auf den Blinker), um so mehr sollen untermäßige Fische geschont werden. Dies stimmt in der Fischerprüfung, aber nicht ganz in der Natur. Die Größe muß sich auch nach der Fischsorte richten. Ein Wels zum Bei-

spiel will, selbst bei aller Größe, möglichst kleine Blinker. Auch große Forellen schrecken vor einem größeren Blinker zurück. Der Hecht aber beißt auch in Blinker, die schon wie Mähdrescher aussehen.

Es kommt am Ende auch weniger auf Größe oder Farbe des Löffels an, sondern weit mehr auf das Werfen und auf die Führung!

Herausgeschleuderte Löffel platschen

auf das Wasser. Dann sind blitzartig alle Fische weg. Der Taumellöffel verlangt flaches, sanftes Werfen! Er darf auf der Wasseroberfläche leicht plitschen, aber mehr nicht.

Der »Schwinglöffel« ist da weit problemloser! Das ist ein – meist farbig – gestreiftes Blech in Blattform, das beim Durchziehen im Wasser um eine Stahldrahtachse rotiert. Auf dem Stahldraht sitzt noch etwas Beschwerung aus Messing. Beim Werfen verhakt er sich nicht in der Schnur, er setzt – wenn nicht gerade beim Werfen vergewaltigt! – nur leicht flitschend aufs Wasser auf, geht gemächlich wackelnd langsam unter, bis Sie den ersten Kurbelschlag an der Rolle tun, die Gertenspitze kurz, aber energisch heben. Nun spüren Sie Widerstand an der Schnur: der Schwinglöffel (»Meps« ist genaugenommen nur ein Fabrikat, so wie für den Plattenspieler früher »Grammophon«, aber es hat sich eingebürgert), also der Schwinglöffel beginnt das Rotieren, wirft schwirrende Lichtreflexe um sich, macht dazu sicherlich ein leichtes Geräusch, reizt die Fische.

Nun kurbeln Sie bitte nur so schnell, daß die Gertenspitze sich kaum biegt. Hier gibt es kein Rucken oder Zucken, Taumeln – es fährt nur etwas Reflektierendes an den Fischen vorbei.

Oben links: Nachbildung eines toten Fischleins (aus biegsamem Kunststoff). – Vorwiegend für Hechte (ansetzbar auch für andere größere Raubfische).

Oben rechts: Schwimmender Wobbler aus Gummi mit verstellbarer Tauchschaufel (bleibt ausgeworfen auf der Wasseroberfläche, taucht erst beim Spinnen). – Für alle Raubfische, bevorzugt für Forellen.

Unten links: Schwerer Streamer (Bastard aus Blinker, Wobbler, Fliege und Propeller). Für kleinere und mittlere Raubfische, kann auch zum Heben und Senken benutzt werden.

Unten rechts: Eingliedriger Wobbler. – Nur für größere Raubfische (nicht Huchen!).

Und wie Sie auch immer kurbeln: Der Schwinglöffel hält die Wassertiefe ein, die er beim Eintauchen – und Ihrem Warten hinterher bis zum ersten Kurbelschlag – erreicht hat. Soll er am ansteigenden Grund zum Ufer hin höher steigen, um sich nicht irgendwo zu verhängen, dann nutzt kein schnelleres Kurbeln, sondern nur Heben der Gertenspitze.

Der Schwinglöffel ist der universellste aller Blinker! Er leidet nur darunter, daß er bei den Menschen zu beliebt geworden ist – und darum den Fischen verdächtig. Manchmal, wenn der Schwinglöffel schon nahe zu Ihnen herangesponnen ist, können Sie beobachten, wie ein Fisch ihm nachschwimmt. Ihr Herz schlägt Volten, aber kurz vor Ihren Füßen macht der Fisch kehrt, dreht ab. Ein Zeichen dafür, wie reizvoll dieser Blinker ist, aber ebenso ein Zeichen dafür, daß die Fische längst über ihn Bescheid wissen! Schwinglöffel sollte man immer bei sich haben, denn irgendeinem Fisch geht vielleicht doch das Temperament durch, und dann beißt er hinein – ob im gepflegten Forellenwasser, im Fluß oder im See. Ich habe die kleinste Größe stets in der Hosentasche und, weil die sich nicht weit werfen läßt, dazu ein kleines Vorblei. In das kleine Vorblei knüpfe ich noch einen kleinen Haken, weil manche Fische – vom Schwinglöffel kirre gemacht, gleicherweise aber davor auch scheu geworden – dann doch beißen, quasi als Ersatzhandlung, und zwar ins Vorblei. Deshalb hat das bei mir auch einen Haken! – Waidgerecht ist das nicht ganz, ich weiß. Aber – was eigentlich ist so richtig waidgerecht? Der Blinker überhaupt, die Stationärrolle? Die Nylonschnur? Oder, um bei den Jägern zu landen, das Zielfernrohr? Überhaupt:

das Schießgewehr, die modernste Munition? Der Hochsitz etwa?

Die Neandertaler, auf die der Rheinländer als Nachfahre so stolz ist, trieben die Wildherden auf Abgründe zu, dabei schrien sie hurra oder etwas Gleichwertiges, was keine ehrliche Kreatur aushält, sondern lieber in den Abgrund stürzt. Das war auch nicht waidgerecht! – Wie die Neandertaler Fische fingen, ist nicht überliefert.

Waidgerecht heißt nur: dem Tier eine Chance geben. Und um auf das Häkchen am Vorblei zurückzukommen: Da hat der Fisch eine ehrliche Chance, denn er muß ja nicht hineinbeißen, oder?

Nirgends tobt sich Dekor so aus wie am Schwinglöffel. Schwarzgestreift, rotgestreift, blaugestreift oder mit Punkten aller Farben darauf. – Es kommt nicht auf solches Plakat an, sondern auf das Flirrmoment. Und das heißt ganz einfach: Soll er hell sein oder dunkel? Innen andersfarbig als außen?

Hier widersprechen sich Autoren der Angelliteratur: Die einen sagen, bei hellem Wetter schwarze Schwinglöffel, bei dunklem Wetter silbrige. Und die anderen behaupten das Gegenteil.

Ich gehöre zu denen, die – egal bei welcher Beleuchtung – mattsilbern nehmen, allenfalls graphitfarben. Etwas reflektieren jedenfalls muß der Schwinglöffel. Auch die schwarzen reflektieren, aber nur, solange sie neu sind. Ein mattschwarzer Schwinglöffel reizt nicht mehr, er »flirrt« ja nicht!

Erkennt der Fisch Farben? – Diese Frage ist wichtig für die Bemalung eines Blinkers! – Das ist noch immer umstritten. Rot ist jedenfalls für einen Fisch eine seltene Farbe. Ich weiß nicht, ob er bei Rot auch rot sieht, aber diese Farbe hebt sich von den anderen Farben seiner Umwelt ab, mag ihn vielleicht darum reizen.

Ich habe lange dem Aberglauben gefrönt: schwarze Streifen auf dem Blinker für Seeforellen und Seesaiblinge, rote Streifen für Forellen und Barsche, auch Zander. Keine Streifen für Welse (Waller). Aber eine saubere Statistik über die Fangerfolge habe ich nie geführt. Und ohne Statistik – wie auch immer Sie darüber denken mögen – riskiere ich keinen Rat.

Der »Zocker« (oder »Kosak«) ist ein Metallgebilde, das beim Heben und Senken lustige Drehbewegungen vollführt – also auch flirrt, reizt. Vielleicht denken Raubfische dabei, das

An Farben und Formen der »Schwinglöffel« tobt sich die Phantasie der Angelgeräte-Industrie aus. – Fragen Sie mich nie, welches der beste Schwinglöffel sei! Ich unterscheide nur zwischen silbern-schwarzen, silbern-roten (jeweils am Wasser ausprobieren!) und schwarzen Löffeln (im zu klaren Wässerlein!). Den Fischen geht es offensichtlich nicht anders.

Schwinglöffel sind besonders universell und besonders gut auszuwerfen. Mit vorgeschaltetem Kopfblei sind extrem weite Würfe möglich. (Mit vorgeschaltetem Blei allerdings Gefahr des Verhakens mit der Schnur; ablaufende Schnur bremsen!) – Dunkle, gar schwarze Exemplare bei hellem Sonnenschein, silbrige Exemplare gegen Abend. – Federpuschel an den Schwanzhaken sind Aberglaube. – Universellster Köder! (Aber nicht da, wo andere Fischer schon jahrelang mit diesen »Meps« herumgeworfen haben.) – Beim Schleppangeln mit viel Vorblei beschweren, damit der Schwinglöffel tief genug taucht.

sei ein wehrloses Fischlein, das nach Luft schnappt, aber nicht mehr nach oben kommt. Leichte Beute also!

Manchmal stehen Fische in tiefen Gumpen – zum Beispiel hinter Wasserfällen –, und das sind nicht die dümmsten. Eine künstliche Fliege ist ihnen zu weit oben; sie steigen nicht. Spinnen können Sie an einer solchen Stelle nicht. Also schlaufen Sie einen Zocker an den Faden, lassen ihn auf dem Grund liegen, warten zehn Minuten, beginnen dann, die Gertenspitze zu heben. Und zu heben und zu senken.

Es gibt primitive Zocker, zum Beispiel aus gegossenem Blei oder aus Messing ohne Schwanzflossen. Andere sind perlmuttbeschlagen mit abgewinkelten, kupfernen Schwanzflossen. Die drehen sich munter in der Tiefe, flirren. – Nicht zu hoch ziehen, sondern wieder auf den Grund sinken lassen. Warten! Erneutes Spiel.

Es muß nicht die Gumpe in einer Forellenregion sein, der Zocker ist genauso gut in den Lücken eines Krautbeetes. Denn dort schnüffeln manchmal auch Raubfische herum, auf die Sie nicht spinnangeln können, weil der

Blinker sich sofort im Kraut verhaken würde.

Wenn die Fische auf gar kein Metallgebilde mehr hereinfallen, hilft manchmal der »Wobbler«. Das ist ein dreidimensionales Kunstfischchen aus Holz oder Plastik. Es hat vor dem Maul eine Tauchschaufel, damit es unter Wasser tiefengesteuert bleibt und nicht an die Oberfläche kommt.

Wobbler gibt es als starre Gebilde, aber auch als Gliederfischchen. Selbst die starren Gebilde machen zuckelnde Bewegungen unter Wasser, sobald Sie kurbeln, und erwecken damit die Aufmerksamkeit des Raubfisches. Andere haben zwischen Vorder- und Hinterteil ein Gelenk und schwänzeln munter. Sie wollen damit noch echter wirken.

In »verblinkerten« Gewässern können sie Attraktion sein!

Möglichst kein Vorblei, denn damit verlieren sie ihre Lebhaftigkeit beim Spinnen.

(Allenfalls beim Schleppangeln an ganz langer Schnur: ein Vorblei mehr als einen Meter dem Wobbler vorangesetzt.)

Die kleinen Wobbler werfen sich schlecht. Sie sind zu leicht oder verhaken sich in der Schnur. Die schweren Wobbler sind zu groß und haben – auch weit geworfen! – zu wenig Erfolge aufzuweisen. Kompromiß: Kleinen Wobbler mit Vorblei 50 Zentimeter vor der Schnauze auswerfen, aber das verlangt Wurftechnik von Ihnen. Üben! (In der Luft etwas gebremste Schnur, erster Kurbelschlag der Stationärrolle erst beim Eintauchen, dann kurz weiterkurbeln, aber nur langsam; der Wobbler muß tiefer sinken, ohne sich mit Schnur und Blei zu verhaken!)

Welches Fischchen soll der Wobbler darstellen? Ich weiß nur, daß man Wobbler – wie Blinker – richtig füh-

ren muß, und was »richtig« ist, gibt es in keinem Buch, sondern das richtet sich nach dem Charakter des Fisches, nach seiner Psyche, nach seiner Laune. – Gemächlich gesponnen ist immer noch das beste!

Manche Wobbler tauchen nicht, sondern schwimmen erst an der Oberfläche. – Am Abend steigen die Fische, die Fischchen schnappen wollen, welche noch unter oder an der Oberfläche herumflitzen. – Dafür gibt es Wobbler aus leichtem Balsaholz. Sie tauchen nur – und auch dann nur ein bißchen –, wenn Sie kurbeln. Also: kurz kurbeln, bis

Der schwimmende Holzwobbler ist wegen seiner Leichtigkeit nicht weit zu werfen. Mit Vorblei schwimmt er nicht mehr, sondern taucht, was er ja eigentlich nicht soll. Tauchen soll er erst beim Schnurzug (beim Spinnen). – Vorzüglich für lauernde Raubfische (Hecht, Zander) bei Sonnenuntergang. – Schwere, sinkende Exemplare sehr universell verwendbar. Dahinein beißt dann auch der Barsch. Wobbler aus Balsaholz gibt es »schwimmend« und »sinkend«. Für alle Raubfische, nur nicht für Forellen und Saiblinge.

Eingliedriger Wobbler: Gedacht für alle Raubfische. Verlangt aber je nach Schwere und Körperform jeweils eigene Technik. Jedenfalls soll der eingliedrige Wobbler nie zu schnell gesponnen werden, denn dann wirkt er unnatürlich. — Ungenaue Faustregel: Je langsamer er durchs Wasser zuckelt, um so wirksamer auf Hechte, je schneller, um so wirksamer auf Seeforellen und Seesaiblinge, Zander. — Beim Schleppangeln soll ihm 50 Zentimeter vorher ein Blei angeklemmt werden, damit er tiefer fährt. (Aber anders beim schwimmenden Balsaholzwobbler!)

Der rechts in der Mitte, »Floppy«, mit verstellbarer Tauchschaufel, läßt sich auf dem Wasser treiben, taucht beim Kurbeln, zuckelt wild. Ein Fisch, der da anbeißt, ist aber kaum wieder abzuködern — wegen der mörderisch angeordneten Haken!

Zweigliedrige Wobbler: Mittelgut zu werfen, verhaken sich mit Schwanzende aber gern in der Schnur. Darum ab Kulminationspunkt des Wurfes die ablaufende Schnur mit dem Finger leicht bremsen. Darf getrost etwas aufs Wasser platschen (weil es nicht so hart platscht wie bei einem massiven Metall-Blinker!) — Auch sehr universell auf Raubfische, darf aber nie so schnell gesponnen werden, daß das angelenkte Hinterteil nicht mehr mitkommt, nicht mehr schwänzelt, sondern nurmehr flattert. Also bedächtig spinnen!

schwimmender Wobbler untertaucht, aufhören mit Kurbeln, erneut kurbeln! Schwimmende Wobbler – zum Beispiel aus Gummi – auch für Wasserstellen, die unter Gesträuch liegen, wohin Sie nie werfen könnten, ohne daß sich Ihr Blinker oder Ihr teurer Wobbler im Geäst eines Strauchs verfangen würde. – Strömung vorausgesetzt: Sie werfen das fischähnliche Gummitierchen über den Bach (oder Fluß), oberhalb des überhängenden Gesträuchs, denn da stehen die Gewitzten! Lassen dann den mit der Strömung abwärts fahrenden Gummiwobbler die dünne Schnur von Ihrer Stationärrolle ziehen, machen den ersten Kurbelschlag erst, wenn der Wobbler unter dem Gesträuch ist oder schon etwas weiter stromabwärts. Sie senken die Gertenspitze, spüren im Handteil der Gerte, daß sich die Schnur strafft, fühlen ein leichtes Zittern, denn nun ist der Gummiwobbler

Alles »geht«. Aber meist geht gar nichts. Ein Fisch denkt eben anders als ein Designer! —
Rechts oben: Weiche Plastik-Fische; sie haben wenig Reizwirkung, imitieren nur einen mehr oder weniger toten Fisch. Prädestiniert also für Hechte. Im übrigen für solche Gewässer gedacht (z. B. Seen), wo Blinker verboten sind, tote Köderfischchen aber nicht. — Gelegentlich auch verwendbar in Wasserfällen; da geht sogar eine Forelle daran, denn sie hält das für einen aus der Bahn geworfenen anderen Fisch. — Auch der Huchen geht daran, von dem wir aber gar nicht reden wollen, weil er rundum jetzt unter Naturschutz steht.

Haken am Kopf sind nichts für Forellen! Wohl aber für Hechte, eventuell auch für Zander. – Am »saubersten« ist der Wobbler mit nur einem einfachen Schwanzhaken; er läßt den Fisch leicht wieder abködern, ohne schwere Verletzungen. Im klaren Wasser wird der mißtrauische Fisch auch nicht vom Gebaumel der Drillingshaken verschreckt!

untergetaucht und ruckelt unter Wasser. Warten! Erst dann einen ganz langsamen Kurbelschlag tun! Wieder warten. Einen zweiten Kurbelschlag! Der Faden sägt sich durch die Strömung zu Ihrem Ufer hin. Warten! Vielleicht wird das Gummitierchen längst vom Fisch verfolgt. Warten, bis der Wobbler weniger zieht. Nun ist er auf Ihrer Uferseite; Sie können jetzt gemächlich kurbeln. Verlieren Sie nicht die Geduld; es könnte ja sein, daß der Fisch noch immer unentschlossen hinter Ihrem Gummiwobbler schwimmt. Gerte immer mehr senken, denn sonst hüpft der Gummiwobbler aus dem Wasser, und der verfolgende Fisch denkt: »So ein Mist. Steckt doch wieder ein Mensch am anderen Ende!«

Diese spannende Sache können Sie oftmals unter demselben Gesträuch wiederholen. Nur müssen Sie den schwimmenden Wobbler zu verschiedenen Zeiten, das heißt in verschiedenen Höhen unter dem Strauch stoppen, tauchen lassen. Also variieren!

Mit dem toten Köderfisch kann man ebenfalls spinnen. Es gibt dafür zahlreiche Methoden, an einer kleinen Fischleiche Haken anzubringen, und diese Apparate heißen im Katalog »Systeme«. – Sie können also einen Dreiangel (Drillingshaken) mit angebundener Schnur und Ködernadel von hinten nach vorn durch den Leib zie-

hen, bis am After nur noch der Drilling baumelt; Sie können dem Fisch auch gewaltsam eine Brosche durchs Maul in den Leib stoßen, wonach ein bis zwei Drillinge dem Toten unter dem Bauch hängen. Und dann werfen Sie ihn aus und gehen so mit ihm um wie mit einem metallenen Blinker. Und wenn der Tote nicht schwer genug ist, können Sie ihm noch zur Beschwerung eine Bleikappe vors Maul setzen. – Das alles gibt es zu kaufen. – Ich kenne einen zauberhaften, großen See, in dem es verboten ist, mit Blinkern zu spinnen, aber nicht mit toten Fischen. Merkwürdig!

Und wenn Sie keinen kleinen toten Fisch ergattern können, dann gibt es per Nachnahme auch solche aus Plastik, mit »System« als Haken und mit Bleikappe vorm Maul.

Den »Streamer« erwähnte ich bereits früher: die Riesenmücke mit Lametta (und meist verschämtem Vorblei am Vorfach). – Das ist kein Fliegenfischen, wie viele Puschel solch ein Streamer auch aufweisen sollte; er wird vom Fisch nicht als »Fliege« angesehen, sondern als Blinker. – Nur vom Fischer wird er »Fliege« genannt, denn das ist dann ein Fischer,

der nicht zugeben will, statt geflugangelt geblinkert zu haben.

Nichts gegen den Streamer! Sogar Hechte gehen darauf. Aber er ist und bleibt ein Blinker und soll nicht pharisäisch falsch eingeordnet werden!

Der Streamer gehört nach meiner Meinung nicht an die Flugangel, sondern an die Spinnangel. Weil dann der Weitwurf durch die Flugschnur fehlt, braucht er einige Schrote Vorblei.*

Werfen Sie ihn dort in den Bach, wo es schäumt. Oder weit hinaus in einen kleinen Fluß.

Blinkern im Bach: Erst ganz kurze Würfe. Blinker unter dem eigenen Ufer ankurbeln. – Dann mehr zur Mitte des Wassers. Warten, bis die Schnur anzeigt, daß er am eigenen Ufer ist. Ganz langsam ankurbeln. (Am Bach: möglichst Schwinglöffelchen oder kleinste Perlmuttspinner.)

Blinkern am Fluß: Anfangen wie am Bach. Dann zur anderen Uferseite werfen. Nicht kurbeln. Schnur quer über das Wasser fahren lassen. Wenn am eigenen Ufer angekommen, schneller einkurbeln. – Also: quer über die Strömung! – Wenn ohne Erfolg: Halb abwärts in die Mitte der Strömung werfen, warten, bis er tief sinkt. Dann Schnur stoppen (ein Kurbelschlag), dann schnell herankurbeln, damit er wieder steigt (Löffel!).

Am See, vom Ufer aus: Fächerförmig auswerfen, erst mit kurzen Würfen. Dann gemächlich weiter werfen. Nie so weit werfen, daß der Blinker auf das Wasser platscht.

Auf dem See, vom Kahn aus: Mit kürzeren Würfen anfangen, erst zum Ufer hin (ganz sanft!), dann parallel zum Ufer, schon weiter geworfen. Am Ende erst zur Seemitte hin. Hier darf der Blinker durch allzu forciertes Werfen getrost platschen. Aber dann lange warten, damit der Blinker Zeit hat, tief ins Wasser zu sinken. Nicht zu langsam kurbeln, denn der Blinker ist tief gesunken, muß nun steigen (Taumellöffel!).

Zwischen jedem Auswerfen des Blinkers eine Minute Pause einlegen! Prügeln Sie nicht das Wasser, denn die Fische wollen das nicht, es wird ihnen ungemütlich, verdächtig, sie schwänzeln mißmutig davon. Und dann können Sie so kunstgerecht werfen, wie Sie wollen: Wo kein Fisch mehr ist, da beißt auch keiner!

---

* Nicht in allen Wassern sind Vorbleie erlaubt!

Kapitel XXI

Über Köder-Statistik

Alle, die einmal anfangen, kennen bald den besten Köder. Am besten ist derjenige Köder, mit dem Sie die meisten Fische gefangen haben. Bei dem einen sind es dunkelhäutige Würmer, bei anderen der Perlmuttlöffel oder als Fliege *Royal Coachman*.

Anfangs probiert man alles durch. Bis man den ersten Fisch am Haken hat. War's ein Wurm, dann schwört man weiter auf diesen Wurm. War's Käse, nimmt man auf Friedfische nur noch Käse aus dem Emmental. War's ein rotgestreifter Schwinglöffel . . . und so weiter, bis hin zur bestimmten Fliege. Nun geschieht etwas ganz Zwangsläufiges: Nach dem ersten Fang glauben Sie an diesen Köder! Manchmal nur probieren Sie etwas anderes aus, knüpfen es aber bald wieder von der Leine, wenn in der ersten Viertelstunde kein Anbiß erfolgt. Greifen doch wieder nach dem Erstköder, üben aus tiefem Glauben daran unendliche Geduld, setzen so weiter Glauben und Geduld hinein, bis Sie Ihren zweiten Fisch ergattern. Und dieser Köder ist dann für immer – oder für sehr lange Zeit – *Ihr* Köder!

Wenn Sie nun Buch führen, haben Sie fast alle Fische mit diesem, Ihrem Patentköder, gefangen.

Mir erging es so mit perlmutten Taumellöffeln!

Davon kommt man erst ab, wenn der Patentköder völlig erfolglos ist. *Der* Käse oder *der* Blinker oder *der* Wobbler oder *die* Fliege.

Womit Sie Ihre ersten und meisten Fische gefangen haben, ist im Fangbuch also keineswegs eine »Statistik«, sondern einfach unausweichlich. Weil Sie es bisher nie genauso geduldig mit einem anderen Köder versuchten.

Wenn i c h mit diesen Typen guten Erfolg hatte, müssen S i e ihn nicht auch haben. Den Grund lesen Sie im Text.

Richtig: Wer alle sieben Minuten einen anderen Köder an die Leine hängt, fischt schlecht, denn jeder Köder verlangt eine andere Technik. Das fängt beim Wurm schon an, weil manche Würmer besser im Wasser schweben und andere sich lieber auf dem Grund ringeln. Wer da Würmer wechselt oder auf »Feststoffe« (Kartoffel, Käse, Kirsche etc.) übergeht, bekommt keine Erfahrung.

Wer dauernd einen anderen Blinker anhängt, spinnt schlecht, denn jeder Blinker verlangt ein anderes Spinntempo (Kurbel-Tourenzahl an der Rolle), auch eine andere Führung, überhaupt – eine andere Technik.

Wer resigniert und unvermittelt vom Blinker auf einen Wobbler umschaltet, muß sich erst mit der Führung eines Wobblers vertraut machen, und in der ersten halben Stunde stellt er damit soviel Unsinn an, daß weit und breit kein Fisch mehr schwimmt.

Bei den Fliegen heißt es – sehr zu Recht! –, es kommt mehr darauf an, wie die Fliege plaziert wird, als was für ein Typ sie ist.

Wechseln Sie erst dann, wenn es mit Ihrem Köder offenbar aussichtslos ist. Aussichtslos ist es erst nach drei bis vier Stunden! Denn in diesem Zeitraum müßte doch einmal eine Beißstunde gewesen sein.

Beim Umsteigen auf einen anderen Köder (und nun meine ich nur noch

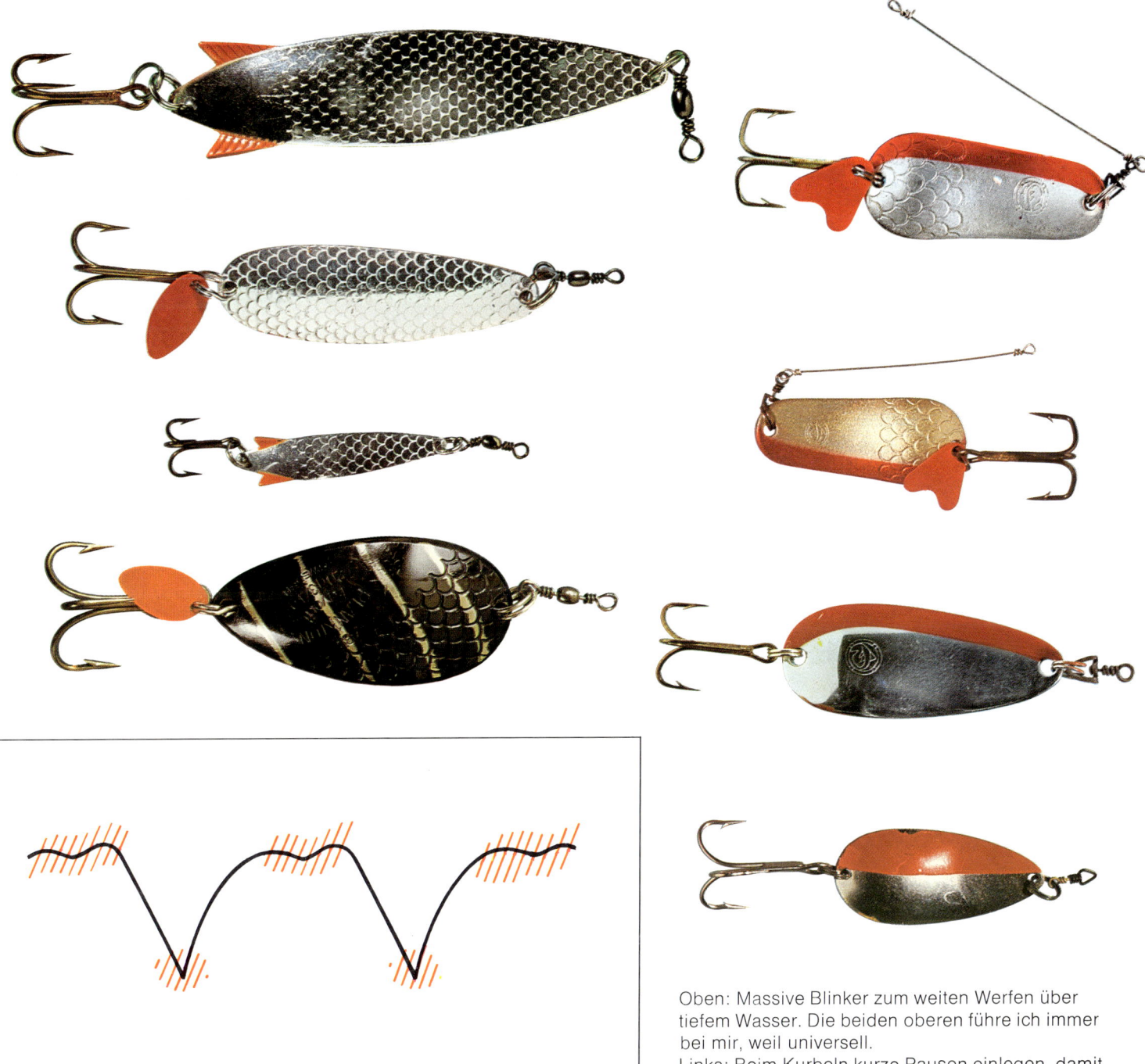

Oben: Massive Blinker zum weiten Werfen über tiefem Wasser. Die beiden oberen führe ich immer bei mir, weil universell.
Links: Beim Kurbeln kurze Pausen einlegen, damit Blinker diese Bahn läuft!

die künstlichen: Spinner, Wobbler, Fliege) sollten Sie Ihren Standort wechseln. Denn mit dem vorigen Köder könnten Sie schon alle Fische verjagt haben. Oder Sie sollten eine zumindest halbstündige Pause einlegen, bis sich das »Wasser beruhigt« hat, die Fische zurückgekehrt, andere Fische vor Sie hingezogen sind.

Von einer Fliege wußte ich, daß nur Anfänger auf sie hereinfallen, die »Alexandra«, mehr ein Lamettagebilde. Und als ich einmal wußte, daß auf mein ganzes Fliegensortiment in diesem Bach und an diesem Tag keine einzige Bachforelle biß, und als ich eigentlich schon heimradeln wollte, knotete ich – mehr zum Spaß – noch eine »Alexandra« an. Es dämmerte schon bedenklich. Und es kam Biß auf Biß!

Natürlich habe ich bei allen nächsten Dämmerungsstunden wieder die »Alexandra« ins Wasser getaucht und da als Naßfliege oder Minispinner durch die Strömung geführt. Nie wieder in meinem Anglerleben biß eine Bachforelle auf die »Alexandra«.

Ein Büchsenmacher in einem Provinzstädtchen konnte mir nur ein paar Plüschfliegen verkaufen. Ich kaufte sie gegen jede Einsicht, mehr aus Takt. Es war alles so sympathisch, das Städtchen, der Büchsenmacher. Aber als mir dann mein ganzes Fliegenkästchen in die Fluten glitt, ich ohne jede weitere Fliege noch im Wasser stand, entsann ich mich der Plüschfliegen in der Gesäßtasche. Und fing gleich eine

Phantasievolle Löffel sind noch kein garantierter Erfolg. Aber nichts spricht dagegen, daß man auch damit gut fangen kann.

Hilft ein dicker Püschel am Schwanz? Manche schwören drauf. Unter uns: Es kommt gar nicht so sehr auf den »richtigen« Blinker an, sondern auf das kunstvolle Führen im Wasser!

Rechts oben: Exemplar eines »Krautblinkers« (mit Abweisdrähten und kaschiertem Haken). Ganz sanft »kurbeln«!
Kraut-Blinker gibt es in zwei Typen, mit Abweisfederchen über dem Haken und — besser — mit herausschnellendem Haken beim Anbiß. — Krautblinker immer an dünnes Stahlvorfach knüpfen, damit dieses Vorfach die Krautstengel wegrasiert, kein Hänger entsteht!

Fünfpfündige. Meine junge Begleiterin nahm dann meine Gerte in die Hand und fing eine Sechspfündige. Das ist kein Fischerlatein, sondern in Wirklichkeit eine ganz traurige Geschichte: Natürlich warf ich die Plüschfliege weiter bis zur Nacht. Natürlich warf ich sie auch an nächsten Tagen. Und kam immer mit leerem Körbchen heim!
Fazit: Geduld haben mit Standardködern. Noch mehr Geduld haben! Wechseln des Köders nur im Falle der Verzweiflung! Und wenn dann Erfolg kommt, nicht an den Verzweiflungsköder glauben, denn der war wahrscheinlich ein Zufall.
Fischen Sie anfangs drei Tage lang mit dem Köder, der an diesem Wasser als »fängig« gilt. Fragen Sie dann vorsichtig, mit welchem Köder hier überhaupt nichts zu fangen sei. Weil kein vernünftiger Sportsfreund diesen »unfängigen« Köder gebraucht, ist er für die Fische etwas ganz Neues. Und nun versuchen Sie es mit dem Unsinnsköder – aber auch mit gebührender Geduld!
Und denken Sie unentwegt daran: Ein Anbiß ist grundsätzlich ein Ausnahmefall, so, wie die Fische inzwischen gewitzt sind. Wenn Sie es mit einem Unsinnsköder schon fünf Stunden versucht haben, ohne Erfolg, dann ist keineswegs sicher, daß Sie es mit dem Modeköder an diesem Wasser weitergebracht hätten.
Und wenn einer auf Sie einredet, Sie müßten hier nur einen zweigliedrigen Wobbler nehmen, dann widersprechen Sie nicht, versuchen Sie es – allenfalls –, aber nehmen Sie schließlich doch etwas ganz anderes! Dieser Ohreinflüsterer hat tatsächlich fast alle seine Fische mit einem zweigliedrigen Wobbler gefangen, aber er kann nicht wissen, wieviel Fische mehr er zum Beispiel mit einem billigen Meps gefangen hätte.
Und wenn Ihnen einer verrät, hier »gingen« nur Jauchemaden, dann hat der auch nur mit Jauchemaden gefischt und kann nicht wissen, daß der Tauwurm genauso gut oder vielleicht noch besser funktioniert. Auch der hat die falsche »Statistik«!
Von Ohreinflüsterern und Wichtigmachern abgesehen: Verlassen Sie sich nie auf Ihre eigene »Statistik«! Fischen Sie den einen Tag lang nur mit einem Blinker oder mit noch einem anderen, nicht mit fünf verschiedenen. Fischen Sie erst am nächsten Tag mit den anderen Gebilden!

Es gibt nur ein paar wichtige Richtlinien:
1. Auf den Friedfisch muß man das anködern, was zu seiner Mahlzeit gehört. – Wurm ist ziemlich universell.
2. Für Raubfische sind Blinker. – Taumelnde verführen Hechte und gelegentlich auch Zander. Ganz selten Saiblinge. Schwirrende (Schwinglöffel, Meps) wirken universell auf Hechte, Zander, Forellen, Saiblinge. Perlmuttspinner (»Devon« oder »Wunderfischli«) verführen Saiblinge und Forellen.
3. Große Trockenfliegen, die auf dem Wasser aufhocken, werden von See- und Bachforellen, Regenbogenforellen, Saiblingen, Döbel (Aitel), sogar von Hechten geschnappt.
4. Große Naßfliegen (ganz große heißen »Streamer«) wirken auf alle Raubfische. Von Forelle bis Hecht, aber nicht auf die Äsche. (Ist die Äsche überhaupt ein Raubfisch?)
5. Kleine Trockenfliegen (Hakengröße 16 bis 18) sind für Äschen gedacht, locken aber auch vergrämte Forellen in überfischten Gewässern aus ihrer Reserve.
6. Große Wobbler eigentlich nur für Hechte.
7. Kleine Zuckelfischchen oder Gliederfischchen aus Gummi oder Plastik für Forellen bis Zander.
8. Winzige Spinner, mit Blei tief geführt, für Welse (Waller).
Das hier oben ist keine »Ködertafel«, sondern nur ein Hinweis, was »normal« ist, damit Sie nicht auf Ihre falsche Statistik hereinfallen! Haben vielleicht einmal eine Seeforelle am schweren Taumellöffel gehabt und meinen nun, *das* sei der beste Köder für alle Seeforellen. Das war nämlich nur ein Irrtum – ich meine von seiten der Seeforelle.

Kapitel XXII

Über Vorfach und Hänger

Fische wachsen unaufhörlich, bis zu ihrem Lebensende. Wenn ein Stichling nicht groß wird wie ein Huchen, dann liegt dies nur daran, daß er zu früh stirbt. Aber auch der Stichling wächst bis zu seinem frühen Tod.

Je länger ein Fisch lebt, um so gewitzter wird er. Und eben darum gibt es Widersprüchliches, was die Dicke (»Stärke«) der Angelschnur betrifft: Ein alter Kerl, gewitzt geworden, schaut vor dem Anbiß, ob zum Köder hin nicht so eine feine Schnur führt. Wenn er die Schnur sieht, dreht er ab. Lockt man ihn aber an ganz feinem Faden, dann packt er zwar zu, aber er reißt – kaum, daß er den Haken im Maul spürt! – den dünnen Faden einfach ab.

Die Fabrikanten von Angelschnüren dachten fast hundert Jahre lang, eine Angelschnur müsse eine Tarnfarbe haben, damit der Fisch auch eine »kräftige« Schnur nicht als Angelschnur erkennt. So wurden die Schnüre anfangs grün, dann wieder blau, dann regenbogenfarbig geliefert. Am Ende ist man auf fluoreszierende Schnüre gekommen, weil sie der Angler auch in der Dämmerung noch sieht. Und weil die Fischer längst erkannt haben, daß es dem Fisch völlig gleichgültig ist, welche Farbe die Schnur hat. Glauben Sie aber nun nicht, daß mir beim Kauf die Schnurfarbe völlig gleichgültig sei – nein: Ich kaufe unterschiedliche Farben –, jede Farbe markiert mir auf den Rollen eine bestimmte Schnurstärke! Zum Beispiel: für 35/100 mm dickes Garn grün, blau für 25/100, fluoreszierend für 20/100, weiß für ganz feines Garn, nämlich 16/100 bis 18/100.

Die Farben sind also für mich, den Fischer, bestimmt und nicht für den Fisch!

Die Schnurdicke (»Stärke«)* sollte eine Nummer stärker sein als nötig; sie richtet sich nach dem Exemplar, auf das man anlegt.

Grobe Beispiele: Für den Hecht und für den Karpfen zumindest 35/100, für die Seeforelle und für große Äschen, große Barben** 25/100, für Bach- und Regenbogenforellen 20/100, für kleine Bergforellen 16 bis 18/100.

Andere Autoren bzw. Fischer wählen kräftigeres Garn. Weil es immer ein dünneres Vorfach hat, darf es tatsächlich dicker sein, als hier von mir angegeben, aber dickeres Garn läuft unwilliger von der Rolle, und ganz dickes Nylon wird nach einem Jahr zu widerspenstigem Stahldraht – denn Nylongarn wird durch Lagerung spröder! Aber – jetzt endlich kommen wir beide aufs Thema! –, warum immer eine Nummer stärker als nötig?

Weil am Ende der Angelschnur ein »Vorfach« angeknüpft wird. Maßgeblich für den mißtrauischen Fisch ist die Dicke des Vorfachs (die übrige stärkere Schnur, die zu Ihrer Rolle führt, sieht er ja nicht***)! Und weil immer wieder und irgendwann die lange Angelschnur einmal reißt, soll sie nicht in der Mitte oder an Ihrer Rolle reißen, sondern nur am Vorfach! Damit verlieren Sie das Vorfach, den Köder (Blinker, Bleikügelchen, Haken – die Fliege ist ein besonderer Fall), aber nicht einen Großteil Ihrer knotenlosen Angelschnur.

Eine Schnur reißt, wenn der Fisch zu stark ist (oder Sie beim Drill einen Fehler machen), oder weil Sie einen »Hänger« haben.

An eine 35/100 Schnur gehört ein Vorfach von 30/100, an eine Schnur von 25/100 ein Vorfach von 20/100 und so fort. Und an eine Schnur von nur 16/100 gehörte eigentlich ein Vorfach von 12 bis 14/100, aber da höre ich mit dem Anknüpfen von Vorfächern auf, denn dann würde das Vorfach einfach zu dünn. (Ausnahme: beim Fliegenfischen; da gehe ich hinunter auf 12/100 Vorfach, bin aber da auch schon eines Besseren belehrt worden, und darauf kommen wir später bei den »Fliegenschnüren« zurück.)

Was ist ein »Hänger«? Eine sehr ärgerliche Sache: Da zieht kein Fisch, sondern Sie ziehen. Und Sie ziehen keineswegs an einem Fisch, sondern an einem Ast unter Wasser, an einer im Modder verklebten Konservendose, an einem nicht mehr in Betrieb befind-

---

* Nylonschnüre sind unterschiedlich zugstark bei gleichem Durchmesser. Bei manchen Fabrikaten ist nur die Zugstärke in (englischen) Pfund angegeben. Eine Schnur von zum Beispiel 25/100 mm Dicke kann 3 kg ziehen (»Tragkraft«) und eine andere sogar 4,2 kg. Wo es um das Anknüpfen vom Vorfach geht, verfahren Sie nach der Regel: Vorfach muß »schwächer« sein als die übrige Leine!

** Es kommt bei der Wahl der Schnur nicht nur auf das Gewicht der Beute an, sondern mehr noch auf deren Kampfgeist. Eine zweipfündige Regenbogenforelle reißt mehr an der Schnur als eine dreipfündige Bachforelle, zum Beispiel. Oder: die empfindsame, aber kräftige Äsche kämpft zwar nicht mit heftigen Rucken, aber sie zieht in den Wasserschwall, was auch gewaltig am Faden zieht. Oder: ein alter, faul gewordener Hecht zieht nicht stärker als sein Enkelsohn. Je geübter der Angler, um so dünner darf das Garn sein. Mehr im Kapitel »Über das Drillen«.

*** Fischaugen sind in Ruhe auf »Nah« eingestellt (wie beim älteren Menschen mit Lesebrille). Um auf »Fern« zu schalten, muß der Fisch seine Augen flacher pressen.

lichen Schuh. Da hat sich Ihr Haken verhängt!

Sie werden vielleicht vom Zorn übermannt und heben die Gerte, daß sich die Spitze gefährlich biegt. Und das ist nicht gut!

Es wird immer wieder gepredigt, Sie sollten nun mit Bedacht die Angel »sanft ablegen«, die Schnur ergreifen und nur an ihr ziehen. Doch damit ziehen Sie ja auch am Haken! Und der spießt sich nun noch tiefer in das Hindernis, das kein Fisch ist. Es kann manchmal gut gehen, dann taucht Ihr Haken (oder Blinker) eben mit dem Schuh auf oder mit einem Ast. Oder mit viel Gemüse vom Grund.

Selbst am Grund des abgelegensten Flusses lauern Gegenstände, Äste, Steine, in denen sich der Blinker verhängen kann. Aus den Drahtspeichen eines Kinderwagenrads ist kein Blinker mehr zu befreien!

Sie wollen aber weder Schuh noch Ast, der da hineingefahrene Haken soll sich lieber aushaken. Machen Sie deshalb mit Ihrer Gerte auf- und abschnuckende Bewegungen. Ziehen Sie etwas hoch, lassen Sie die Schnur wieder schlagartig auf den Grund schnellen. An jeder Schnur ist ja etwas: Bleibeschwerung oder Blinker. Und immer, wenn Sie nach unten schnucken lassen, ziehen Vorbleie oder Blinker den Haken auch nach unten, und dann hakt er sich vielleicht selber los.

Nicht immer funktioniert das!

Im See nun: ein Gewicht mit offener Öse an die Angelschnur hängen, mit einem langen Bindfaden versehen und

95

Beim Spinnfischen in der Strömung gibt es »Hänger« meist unterhalb der Strömung. Je mehr Sie ziehen, um so tiefer fährt der Haken in das Hindernis, zum Beispiel einen versunkenen Ast. Also nicht ziehen!

über die leicht gestraffte Angelschnur als Quasi-Seilbahn ohne Bremse zum Grund rutschen lassen. Dann das Gewicht (es kann auch ein provisorisches Paket aus einer Plastiktüte sein, gefüllt mit Kieseln oder Sand) mit dem Bindfaden etwas heranziehen; danach liegt die Angelschnur waagerecht am Grund. Und nun vorsichtig mit zupfender Gerte ziehen.

Anders im Fluß: Da verhakt sich der beköderte Haken oder Blinker meist beim Einholen, also jenseits des Hindernisses, stromabwärts. Flechten Sie aus Weidenästen oder sonstigem Gebüsch einen Kranz um Ihre Angelschnur, je größer, desto besser. Spannen Sie die am Grund verhängte Angelschnur mit der Gerte, lassen Sie den Kranz los. Er rutscht bis auf die Wasseroberfläche, und da schwimmt er

Statt dessen die Strömung als »zweiten Mann« benützen: einen Kranz aus Zweigen um die Schnur winden — je größer, desto wirkungsvoller — über die Schnur auf die Wasserfläche gleiten lassen. Dort wird der Kranz von der Strömung ergriffen und zieht den Haken aus dem Hindernis. Totsicher ist das aber nicht!

nun. Sie lassen Schnur ab, bis der Weidenkranz stromabwärts treibt, so weit, bis er hinter dem Hänger den Haken aus dem Hindernis zieht. Funktioniert in 30 Prozent aller Fälle!

Und wenn gar nichts funktioniert? – Dann doch die Gerte weglegen und sanft an der Schnur ziehen. Sie beginnt zu sirren, zu summen. Ziehen Sie weiter. Nun kommt entweder der Schuh hoch, oder es reißt. Aber nicht Ihre gute Schnur reißt, sondern nur das dünnere Ende, das Vorfach.

Beißstunden sind meist keine Stunden, sondern nur fünf bis zehn Minuten. Sollen Sie dann alle diese Manipulationen veranstalten, um Ihren Wurm oder den Käse wiederzukriegen? Tausendfach: nein! Denn beim »Hänger« ist der Wurm sowieso zum Teufel, der Käse weggebröckelt, die Kartoffel zerdrückt. Und ein teurer Blinker? Beim Blinker wird es Temperamentsache: Was ist Ihnen wichtiger: ein gefangener Fisch oder Ihr Blinker? – Übrigens ist es auch eine Geldfrage!

Ohne das dünnere Vorfach wäre es jedenfalls tragischer: Nun würden Sie dazu noch Ihre 50- oder 100-Meter-Schnur opfern, weil sie irgendwo in der Mitte reißt und danach keine ganze Schnur mehr ist.*

Und wie sollen Sie es mit der künstlichen Fliege halten, die sich hoch oben im Blattwerk eines Baumes verhakt hat? Beim Fliegenfischen ist am Ende der Flugschnur immer ein Vorfach. Aber die Fliegenvorfächer sind – wenn man sie nicht selber knüpft – teuer. Trotzdem: Hier niemals mit der empfindlichen Fluggerte herumfuchteln, sondern einfach nur an der Schnur ziehen. (Brille auf der Nase behalten, denn abprellende Fliegen zielen auf Ihr Auge!)

Das Stück abgerissenen Vorfachs können Sie durch Anknüpfen eines dünnen Fadens wieder reparieren.

Ein besonderes Vorfach verlangt der

---

* Schnüre lassen sich theoretisch zwar wieder durch Anknüpfen von frischer Schnur verlängern, aber auch der kleinste Knoten in der Schnur schnallt gegen die Führungsringe der Gerte, bremst, verkürzt die Würfe, stellt überhaupt Unsinn an! Eine »ausschießende« Schnur muß aalglatt sein!

Hecht: Es muß aus Stahl sein. Beim Drill gerät das Vorfach in die Zahnrechen des Hechts, zersägt sich da, reißt ab. Es gibt Stahlseide und Stahldraht für Hechte. Wird die sanfte Stahlseide einmal strapaziert – und dazu genügt nur *ein* Hecht oder schlechter Umgang durch den Fischer, dann hat sie Knicke, wird »sichtig«, vergrämt den Hecht. Stahldraht läßt sich, wenn er mal einen Knick hat, wieder gradebiegen! – Vorfach für Hechte also:

Zwei Vorfächer, eines zum Abreißen außerhalb des Hechtmauls (um nicht die ganze Schnur zu verlieren), eine Stufe schwächer als die übrige Leine, und ganz am Ende der 20 Zentimeter lange Stahldraht.

Fischen besteht zu einem großen Teil aus Pannen, anderenfalls würde ich nicht immer wieder ein Kapitel einschalten, wie Sie Widernissen begegnen sollen. Denn wenn Sie das vorher nicht erfahren, also auch keinen Widernissen begegnen können, werden Sie bald mißmutig und stellen die Gerte verbiestert in die Ecke.

Kapitel XXIII

Über den Blinkerwurf

Mit der Posenangel (Käse am Haken, Schwimmer oder auch ohne: Grundangel) und mit Gleitschwimmer (Gleitpose) versuchte ich zu Anfang dieses Buches, Ihnen das Werfen beizubringen. Ich wette: Sie haben das vorzüglich gelernt.

Aber den Spinner schleudert man nicht einfach hinaus, sondern man muß ihn »schnellen«, wenn er weit fliegen soll. Die Beute wird weder zahlreicher noch größer, wenn Sie Weitwürfe vollbringen! Aber es gibt manche scheue Beute, die nicht vor Ihren Füßen oder seitlich von Ihrem Kahn geduldig auf Ihren Blinker wartet. Und dann sind Weitwürfe unerläßlich!

Vor aller Weitwerferei steht die *richtige* Werferei:

Daß der Blinker (oder Spinner, Wobbler) gewichtsmäßig auf Ihre Gerte abgestimmt sein soll, ist hier nur eine Wiederholung. Auch in der Schule müssen sich Lehrer wiederholen, weil schon manches aus der vorigen Klasse wieder versickert ist.

Zum Blinkern (Spinnen) gehört eben eine spezielle Spinngerte und eine Stationärrolle, auch im Gewicht auf die Gerte abgestimmt.

1. Sie schalten Ihre Rolle außer Arretierung. Dafür hat die Rolle ein Hebelchen, einen Knebel.

2. Sie kurbeln den Blinker bis etwa 20 Zentimeter unter die Gertenspitze, lassen ihn sich da ausbaumeln!

3. Sie drehen die Spule der Stationärrolle so, daß der ablaufende Faden unter Ihrem Zeigefinger nahe am Handstück der Gerte liegt.

4. Sie klemmen den Faden unter eben diesen Zeigefinger, möglichst nahe der Fingerkuppe.

5. Sie klappen den Bügel der Rolle um; halten weiter den Zeigefinger auf der Schnur.

6. Sie holen mit der Gerte nach halb hinten aus und schauen nicht auf den Blinker, auch nicht auf die Gerte, sondern auf die Stelle des Wassers, wohin der Blinker geworfen werden soll; atmen ruhig und nehmen die Angelegenheit lässig. – Ich habe zu viele Angellehrer erlebt, die all diese Schritte ihren Schülern im Kommandoton beizubringen versuchten. Das wurden dann dressierte Schüler, zack-zack, aber sie zahlten dafür den Angellehrer, und die Fische schmunzelten über das Zack-zack-Geworfene und schwammen davon.

7. Sie schwingen die Spinngerte nach vorn, nicht gewaltsam, sondern – als Anfänger – lieber etwas müde! Zielen mit der Gertenspitze auf die Wasserfläche, auf das »Ziel«, und lassen, kurz bevor Sie das Ziel mit der Gerte anvisiert haben, den Zeigefinger vom Faden. – Nun schießt der Blinker auf die Wasserfläche.

Dabei gibt es Unterschiede (siehe das Kapitel »Über die Spinner«), nämlich wie der Blinker eintaucht, mit einem Platsch oder einem sanften Plitsch. Oder ob er sich im Wurf mit der Schnur verhakt.

8. Vertuddelt er sich immer wieder mit der Schnur – entweder werfen Sie zu gewaltsam, oder es liegt am Blinkertyp –, dann kurz vor dem Eintauchen die durchschießende Schnur sanft per Fingerchen bremsen (zum Beispiel bei sehr weit geworfenem Zett-Blinker, immer beim massiven Perlmuttblinker, immer bei Blinkern, an deren Schnur ein Vorblei befestigt ist).

Wenn anfangs diese Bremserei bei Ihnen noch nicht klappt, können Sie eine automatische, mechanische Bremse in die Gerte einbauen: Die Angelschnur führen Sie beim Montieren der Gerte (beim Einfädeln) nicht von Führungsring zu Führungsring, sondern lassen sie einmal zwischen zwei Ringen sich um die Gerte schlingen. Das verringert die Wurfweite, aber es bremst doch so, daß die Schnur nicht den Blinker einholt und sich mit ihm vertuddelt.

Ein mit der Schnur vertuddelter Blinker, durchs Wasser gekurbelt, verscheucht die Fische! Wenn Ihnen dies einmal passiert: Standort wechseln oder eine volle Pfeife rauchen, ehe Sie wieder werfen!

Vertuddelte Taumellöffel erkennen Sie beim Kurbeln daran, daß sie schwerer kommen.

Einen vertuddelten Meps (Schwinglöffel) erkennen Sie daran, daß er sich zu leicht einrollen läßt.

Einen vertuddelten Wobbler spüren Sie daran, daß der Faden beim Kurbeln (Spinnen) Querfluchten durchs Wasser vollführt.

Dann: Gerte mit der Spitze heben, ganz langsam kurbeln; vielleicht geraten die Fische nicht in Flucht. Vielleicht!

Wenn Sie von oben ins Wasser sehen können und da ein dicker Fisch dem Blinker (oder Wobbler) nachläuft, dann machen Sie nicht den Fehler, langsamer zu kurbeln, damit der Verfolger leichter zubeißen kann. Er würde Verdacht schöpfen! Stellen Sie sich neutral, als wenn es keinen Fisch hinter Ihrem Blinker gäbe. Manche Raubfische beißen erst kurz vor dem Ufer zu! Ziehen Sie – durch Heben der Gertenspitze – eher den Blinker zur

Wasseroberfläche hin. Nun denkt der Verfolger, das »Fischchen« (Ihr Blinker) fliehe vor ihm. Kurbeln Sie eher schneller als zuvor!

Ja, ich weiß, guter Rat ist billig, wenn der Verfolger dann eine Kehrtwendung macht und verschwindet.

Warten Sie einige Minuten. Der Verfolger hatte immerhin Interesse gezeigt. Werfen Sie nach der Wartezeit erneut aus.

Und wenn das über eine Viertelstunde erfolglos geblieben ist, können Sie einen andersartigen Blinker einschäkeln. Dann gibt es zwei Möglichkeiten:
a) der »Verfolger« ist weggeschwommen, und andere Fische sind nicht eingetroffen. Oder:
b) der Verfolger mag Ihren vorigen

Horizontalwurf (oder »Wurf aus der Hüfte«) läßt den Blinker flacher über das Wasser fliegen, leiser eintauchen (kein Platschen!).

Phase 1: Bügel der Stationärrolle hochgeklappt, Schnur mit Zeigefinger gegen Handstück gedrückt, halb nach hinten gemächlich mit der Gerte ausholen.

Phase 2: horizontal die Gerte nach vorn schwingen — aber nicht peitschen!

Phase 3: Zeigefinger von der Schnur nehmen, Schnur ausschießen lassen.

Blinker zwar nicht, lauert aber weiter auf Beute, findet da plötzlich unter Wasser etwas anderes, will sich das Mahl nicht entgehen lassen und schnappt zu.

Wäre Ihre Angelschnur beim Blinkern nicht an einer federnden Gerte, sondern an einem Knüppel, würde der kapitale Fisch die Schnur zerreißen. (Auf zu kräftige Schnur, die er nicht zerreißen kann, fällt er nicht herein, der Kapitale, der Gewitzte!) – Darum muß die Spinngerte bei all ihrem Rückgrat eine sehr federnde Spitze haben. Diese Federung dämpft die harten Fluchtbewegungen des gehakten Kerls. Aber die Spitze federt nur,

wenn Sie die Gerte beim Herankurbeln (Drill) senkrecht halten! Und wenn der starke Fisch schon vor Ihren Füßen ist, scheinbar ermattet, aber immer noch fähig, ordentlich mit dem schweren Kopf zu wackeln, dann halten Sie die Spinngerte waagerecht hoch über Ihren Kopf. Denn Federung muß sein!

Fische benehmen sich unterschiedlich. – Was Sie über das Fangen der Fische noch genauer wissen möchten, lesen Sie am Ende des Buches in den »Steckbriefen«!

Ihre Stationärrolle beim Blinkern hat eine einstellbare Bremse. Stellen Sie Ihre Rollenbremse am Gartenzaun ein: Haken in den Zaun, Schnur an Ihrer Gerte straff, Gerte horizontal, dann Pseudoanhieb nach oben, mit aller Kraft. Dabei darf die Schnur nicht reißen! – Noch mehr die Bremse anziehen. Erneuter Versuch. Und erst, wenn Sie das Empfinden haben, bei solcher Spielerei Ihre Gerte zu foltern, der Faden aber immer noch nicht reißt, dann haben Sie die Rollenbremse richtig eingestellt!

O ja, ich kenne die schweren Exemplare, die uns trotzdem Schnur von der Rolle ziehen, in die Strömung flüchten oder in die Tiefen des Sees. Lassen Sie ihn ziehen! Einmal wird er aufhören, wird er schwach werden. Kurbeln Sie, drillen Sie den Kapitalen zu sich heran! Auch dann, wenn Ihre Kurbelei keinen Erfolg hat, der Kerl – zum Beispiel tief unten im See oder in der Strömung, im Schwall des Flusses – so zieht, daß Sie keinen Meter Faden einholen können. Bleiben Sie dabei gelassen! Und kommen Sie dann

Überkopfwurf dort, wo beim horizontalen Wurf seitlich Hindernisse im Weg stehen (oder Menschen, zum Beispiel im Boot). Wurftechnik wie beim Horizontalwurf. Weitwürfe über Kopf schwieriger! Blinker setzt härter auf das Wasser.

niemals auf die Idee, die Bremse an der Rolle kräftiger zu stellen, denn dann reißt die Schnur, die Sie vorher am Gartenzaun (oder an der Stoßstange Ihres Autos) getestet und demgemäß die Bremse eingestellt hatten!

Nehmen Sie jede Atempause des Fisches wahr, um einzurollen. Das kann bei einem Kapitalen über eine halbe Stunde so gehen. Endlich haben Sie ihn immer mehr herangedrillt. Er ist schwach geworden. Er gleitet vielleicht mit der Flanke über das Wasser. Aber wehrlos ist er immer noch nicht! Läßt sich bis kurz vors Ufer drillen oder bis zum Bootsrand, reißt dann aber panikartig all seine Kräfte zusammen und damit auch Ihre Schnur.

Weg ist er!

Ich habe dabei einmal einen riesigen Kerl verloren, den Blinker dazu; der Abriß kam so unvermutet, daß ich ärschlings in den Kahn fiel, die Gerte schoß über meinen Kopf davon und versank mitsamt der englischen Rolle. Fischerisch nackt erhob ich mich vom Bootsboden, stieß wütende, unflätige Worte aus, die über den See hallten. Wollte nie und nimmer mehr fischen! Nach drei Tagen tat ich es doch wieder!

Wenn der Kerl aber kein Kerl ist, sondern nur ein Kerlchen: Mit der

Spitzzange ihm geduldig die Haken aus dem Maul operieren! So schnell stirbt kein Fisch in der Luft. Ihn aber nicht mit den Händen quetschen, besser mit einem Tuch anfassen, damit er sich nicht dauernd in Ihren Händen herumdreht. Sie ihn nicht vom Blinker freioperieren können. Und dann ganz sanft wieder ins Wasser setzen! Da steht er dann noch etwas gestreßt, schwimmt aber schließlich davon. Fische haben einen gesunden Optimismus. Und der ist auch nötig, seitdem die Menschen ihnen nachstellen!

Blinkerhaken, die oftmals Hänger wurden, muß man wieder mit der Flachzange zurechtbiegen, dann mit einem Schleifstein neu schärfen. – Über den Winter hinweg mit Waffenöl behandeln, in der nächsten Saison aber unter heißes Wasser halten, damit das penetrante Waffenöl weggespült wird!

Ich habe mich oft gefragt, warum manche Fischer methusalemisch alt werden. Ganz einfach: Sie rauchen nicht. Meist weil sie schon einen Infarkt hinter sich haben. Sie bekommen selten einen zweiten Infarkt, weil sie nun nicht mehr rauchen, aber mehr Fische an den Haken kriegen. Und das wiederum liegt daran, daß sie nicht rauchen: Fliege, Blinker, Käse oder Regenwurm nicht nach Tabak stinken. Und dann haben die alten Knacker so viele Erfolgserlebnisse durchs Fischen, daß sie noch viel älter werden, die Glücklichen.

Einen Blinker faßt man nicht mit Zigaretten- oder Pfeifenfingern an!

Ich schmauche dennoch – aber erst hinterher.

Kapitel XXIV

Über
keine Fische

Just komme ich von einem Fischzug zurück. Ich behaupte nicht, daß die Österreicher die besten Fischer sind, doch kommen so viele Fischer aus aller Welt als Gäste zu ihnen, daß die Österreicher die hohe Schule der Fischerei vollendet beherrschen. Sie sind Lehrmeister geworden.

Ich sah einem Fliegenfischmeister zu. Er schliff seine Jünger von 8 Uhr früh bis 20 Uhr abends. Er gab sich aus. Recht hart wurden da die Jungens gedrillt, und auch ein paar Mädchen waren mit von der Partie, und sie waren nicht die schlechtesten, sondern fragten zwischendurch naseweis.

Das alles fand auf einer Wiese statt. Liebster Leser, allerliebste Leserin: Das Werfen soll man nicht auf einem Asphaltweg lernen oder auf einer Wiese, sondern auf dem Wasser, und sei's nur ein Swimming-pool. Denn da klebt die Schnur auf dem Wasser, spannt ganz anders die Spitze der

Gerte, gibt ihr eine andere Aktion! – Wer angelt denn schon Fische auf einer Wiese?

Die Sonne schien. Hochwasser war noch. Kein Fisch stieg! Denn weil die Sonne ins Gebirge brannte, taute dort der Schnee, und das Resultat kommt dann als Schneewasser auch in die berühmtesten Bäche und Flüsse. Dabei tauchen die Forellen und Äschen – und sicherlich auch die Barben und andere Friedfische – hinunter zum Grund, unter die Steine, und mir stand der Schweiß auf der Stirn, weil ein süßes Mädchen mir erwartungsvoll zuschaute.

Der Hecht indessen ist auch bei Schneewasser hungrig, ebenso der Huchen. Die kann man bei Schneetreiben aus den tiefsten Gründen hervorlocken, und wenn einem dabei die Schnur auf der Rolle vereist.

Ich mietete mir also einen naturverbundenen Fischermeister, um auf Hechte zu gehen. Er kettete seinen Kahn los und stieß mit mir in den trägen Unterlauf des renommierten Flusses.

Bäume neigten ihre Wipfel über die Ufer. Lianengleiches Geflecht hing bis ins Wasser. – Dabei saß ich vorn in der Spitze des einbaumartigen Nachens, der Fischermeister trieb den Kahn mit einhändigem Paddeln. So glitten wir lautlos dahin. Dort stünde ein Zwanzigpfünder, sagte der paddelnde Fischermeister. Ich war mit mir ganz zufrieden, weil ich meinen Blinker sofort und präzise plazierte. Aber der Zwanzigpfünder war offenbar abwesend. Weiter glitten wir unter den Wipfeln am Ufer. Da stünde ein Fünfundzwanzigpfünder, flüsterte mein Eingeborener. Ich warf da hin, und wieder nicht schlecht, denn der Blinker flitschte nur leise unter die überhängenden Zweige, versank, und ich kurbelte: mal mählich, mal zuckend, mit allen Finessen.

Ich kam mir fast wie ein *Sahib* vor, wäre der Bootsmann nicht weißer Hautfarbe gewesen. – Schwäne stellten ihre Flügel hoch und zischelten uns an. Aber wir blieben hart, die Schwäne paddelten zu ihrem Nest zurück. Ich warf weiter.

Nach etwa fünf Stunden bat ich, der *Sahib*, meinen grüngekleideten Fischermeister, mich wieder am Ufer abzusetzen. Der Fischermeister war so deprimiert, als wenn er selber ein Riesenhecht sei, der aus Bosheit bei mir nicht angebissen hätte. Der Meister verweigerte die Entgegennahme des Entgelts für »Einweisung«, »Führung« und »Nachen«.

Wer konnte nun dafür?

Am gemütlichsten fischt man vom Kahn aus. Man hat alles dabei: sämtliche Geräte, Gerten, Köder, Hund, heißen Tee, Sandwiches und vielleicht auch Whisky oder ein paar der besten Freunde. Und kein Fremder kommt heranstolziert und fragt: »Haben Sie schon was gefangen?«

Keiner! – Denn es gibt einfach Tage, an denen kein Fisch beißlustig ist. Da mag man anstellen, was man will! – Hätte ich die Kahnfahrt auf dem romantischen Fluß ohne Fischermeister gemacht, aus eigener Kraft: Ich wäre voll überzeugt gewesen, daß ich des Fischens unkundig sei!

Diese Geschichte erzähle ich Ihretwegen: Es gibt Tage, an denen es scheinbar im ganzen Wasser keinen Fisch gibt. Oder man sieht die Fische am Grund stehen, rudelweise, man möchte fast dahin schießen, aber beißen wollen die nicht!

Und trotzdem ist das ein schönes Fischen. – Warum sollte man an manchen Tagen die Fische nicht einfach nur mögen? – Die Natur ist genauso schön, die Fische sind es auch. Und wenn der Mensch, der Angler, keinen Fisch an den Haken bekommt, dann war es trotzdem schön, ganz besonders für die Fische.

Auch Sie werden solche Tage erleben, ob mit Wurm oder Blinker oder Fliege. Gewiß, man wird dabei etwas verdrossen, gar vorzeitig müde. Komischerweise aber hört man doch nicht auf! Man verzieht sich vielleicht ans Ufer, schmaucht, kocht sich einen Tee – ich habe immer einen kleinen Kocher und ein Kesselchen dabei –, aber man versucht es schließlich immer wieder!

Bis der Abend herunterkommt. Und dann tut man es noch etwas weiter. Der Kreatur nachzustellen hält uns mobil! Und wenn wir uns in die Daunen wälzen, ohne einen einzigen Fisch gefangen zu haben – es war dennoch schön!

Es gibt zwei Sorten von Fischern:

Den einen ist es egal, ob sie fair, elegant, legal fischen, denen schlägt das Herz hoch, wenn sie nur Beute machen, und sei das mit einer Strategie, die am Wasser strikt verboten ist. Es sind keine schlechten Menschen, sie sind allenfalls besessen von der Beutegier, die so urmenschlich ist.

Die anderen fischen nach strengen, gar versnobten Regeln. Natürlich lacht auch deren Herz, wenn sie dabei etwas Kapitales an den Haken bekommen. Sie legen sich aber befriedigt schlafen, wenn ihre feine englische Art zu keinem Fisch führte, der ganze Angeltag allenfalls etwas Rheuma oder Bandscheibenbeschwerden einbrachte.

So oder so: Beide Typen sind glücklich!

Nur die Umwelt denkt anders: Sie bewertet den Angler nach Fischpfunden, nicht nach Fairneß. – Aber kommt es darauf an, wie die Dorfidioten über uns denken?

Ich habe das große Glück, eine Frau zu besitzen, die keine Deka oder Kilo von mir erwartet, sondern eisern darauf achtet, ob ich fair fische: Untermaßige behutsam abködere und zurücksetze. Aber sie schreit fast vor Lust, wenn ich einen Kapitalen trotz aller ihm gelassenen Chancen am dünnen Garn ins Trockene bringe und töte. – Und am Abend verzehren wir den genüßlich!

Ich bin Steilhänge heruntergerutscht, weil ich einen Kapitalen steigen sah, zum Kotzen war mir, weil ich mit dem Hintern unten zu hart aufbumste, ein Nackenwirbelsyndrom habe ich von da an bis heute behalten; aber das – meine Seele! – das war ein Fisch!

Der Chefarzt einer Frauenklinik sank mit einem Herzinfarkt tot in den Bach, weil er mit einem Kapitalen nicht zurechtkam. – Männer haben sich Beine gebrochen, weil sie mit den Watstiefeln auf dem Beton eines Wehrs abrutschten, aber sie hielten ihre Gerte in der Hand, parierten auch noch den Fisch, riefen zugleich um Hilfe. – So ist das mit dem Fischen! – Ein Greis in Wathose mit Luftblase schwamm schon fast leblos die österreichische Traun hinunter, aber seine Gerte hielt er fest, obgleich er mit der Luftblase hinten in der Wathose den Kopf schon unter Wasser hatte. (Notabene: den alten Herrn hat ein Aufseher herausgefischt, und der Herr seine sechspfündige Regenbogenforelle!)

Warum ich dies einschalte? Nun, damit Sie sehen, wie leidenschaftlich die Fischerei ausarten kann. Und Ihnen, lieber Freund, wünsche ich Leidenschaft! Gewitter sind über mir aufgezogen. Es schnallte sekundenschnell nach dem Blitz ins Wasser. Mein getreuer Begleiter, der Hund, bellte mir vom Ufer aus zu und schwamm dann zu mir, um mich an Land zu holen. Ein Blitz schlug wieder nahe ein, und der elektrische Strom im Wasser warf mich fast um. Aber vor mir stiegen die Fische, und ich konnte es nicht lassen. Und wenn mich der Blitz erschlagen hätte – ich weiß nicht!

Kapitel XXV

Über das Drillen

dem Wasser, wälzt sich auf der Wasseroberfläche. Irgendwie will er das spitze Ding aus seinem Maul bringen. Da kann ich ihn gut verstehen.

Ich verstehe aber auch Sie: Der Fisch soll am Haken bleiben! Der Fisch, wenn er im freien Wasser kein Glück hat, flüchtet unter überhängendes Astwerk, in Wurzelwerk unter Wasser, zwischen stehenden Stempen hindurch. – Da federt Ihre Gerte nicht mehr. Der Fisch reißt an der Schnur, und die reißt denn auch!

All dem müssen Sie bei den Fluchten parieren, mit der Gerte. Der Fisch darf nicht ins Kraut, nicht um Stempen, in kein Wurzelwerk hinein! – Er darf nicht einmal zu lange in die Schwallströmung entkommen. Er muß in seichtes Gewässer geführt werden!

Mich erinnert das Parieren mit der Gerte ans Florett.

Das fängt schon beim Haken an: sei's gespinnangelt oder sei's mit der künstlichen Fliege.

Es ist nicht die feine englische Art, als Fischer sich vom Fleck wegzubewegen. Aber die heutigen Fische sind auch nicht mehr von der naiven englischen Art, sondern kämpfen um ihr Leben.

a) Grundangeln: Als Angler schnell auf die Füße, an der Rolle kurbeln, bis Sie in Schnurkontakt mit dem Fisch sind. Den Fisch ins seichte Wasser führen.

b) Als Spinnfischer (vom Ufer aus): genauso!

c) Als Spinnfischer mit Watstiefeln im Wasser: Fisch ins seichte Gewässer ziehen, ihn sich dort austoben lassen, am Ende an sich heranführen, bis Sie ihn greifen oder keschern können.

d) Als Fliegenfischer: Fisch besonders lange austoben lassen, ihn dann über

Wenn Sie plötzlich einen Haken im Maul hätten, würden Sie mit der Hand danach greifen, sich den Haken aus dem Gaumen oder dem Kiefer ziehen. Ein Fisch hat aber keine Hände; er muß sich anders wehren. Wenn er auch angeblich keine Schmerzen spürt – jedenfalls nur wenig –, so vollführt er »Fluchten«; er haut ab, geht in die Strömung, den Schwall, springt aus

die Kiesel führen, zu sich heran. Ihn betrachten, ob er so groß ist, daß es sich lohnt, den Fisch »herauszunehmen«. – Im Ja-Fall: keschern, wie im Kapitel XV beschrieben. – Wenn er zu klein ist, abködern mit benäßten Händen; mit trockener Hand wird sein »Schuppenkleid« verletzt, da saugen sich bald Egel an, leben vom Fisch, bis er entkräftet stirbt. – Das wollen Sie doch nicht!

Zu langsames Drillen bringt ein Risiko: Der Fisch hakt sich aus. Zu schnelles Drillen bringt genausoviel Risiko: Der zu Ihren Füßen gezogene Fisch ist noch zu stark, zu lebhaft. Und dann hakt er sich auch aus.

Meine Meinung: Fisch an der Angel müde werden lassen, auch auf das Risiko des Aushakens. Ein ausgehakter Fisch ist zwar keine Beute, aber wieder ein freier Fisch! Nur: nach dem ersten Anhieb mit der Gerte noch einen kräftigen Anhieb nachsetzen, damit der Haken wirklich sitzt. Danach Gerte stillhalten, Fisch am Haken allen Zirkus im Wasser vollführen lassen, so parieren, daß er nirgendwo die Schnur umwickelt, ihn nur mählich herandrillen. Kopf mit der Gerte aus dem Wasser heben, damit ihm die Luft ausgeht. Dann keschern. Oder: Wenn er sich als zu klein erweist, abködern

mit nasser Hand (!) und nicht zurück ins Wasser schleudern, sondern sanft aus der Hand ins Wasser zurückgleiten lassen!

Ein Fisch, der in die Strömung flüchtet, muß ins Randgebiet des strömenden Gewässers geführt werden. Und dann erst herangedrillt werden.

Ein Fisch, der in die Luft schnellt, muß mit der Gerte und der Schnur unter Zug gehalten werden.

Ein Fisch, der einfach tief unter das Wasser zieht, soll tief ziehen dürfen, aber an harter Leine, damit er auch dort müde wird.

Wenn ein Fisch sich ins Krautbeet flüchten konnte, nicht mit der Gerte ziehen, sondern solange eine »Brotzeit« machen. Denn dieser Fisch kommt früher oder später wieder aus dem Krautbeet heraus. Dann schnell ziehen, damit er über das Kraut hinwegflutscht, her zu Ihnen.

Einen Fisch, der Ihre Angelschnur um ein Holz, einen Stempen, geschlungen hat, aber noch nicht abreißt, dort austoben lassen. Wenn er abgekämpft ist, können Sie sich zum Hindernis bewegen, die Schnur ausschlingen, den Fisch herandrillen und herausnehmen, ob nun mit dem Kescher oder der Hand.

Derjenige drillt am besten, der viel

Schnur auf der Rolle hat. (Bei kurzer Fliegenschnur eine Nylon-Unterschnur – *Backing* – auf die Rolle!) – Je weiter ein Fisch flüchtet, um so erschöpfter wird er, um so leichter läßt er sich zu Ihren Füßen drillen.

Hecht schnell herandrillen, »pumpen« mit der Gerte, denn ein Hecht wird schnell kopflos, gibt auf.

Eine große Barbe geduldig drillen!

Eine Äsche schnell drillen.

Eine deutsche Bachforelle konsequent drillen.

Eine Regenbogenforelle und die Seeforelle sich ganz austoben lassen.

Etliche Fische brauchen keinen »Drill«, die kurbeln Sie einfach zu sich heran und heben sie heraus.

Nur der Hecht kann Ihnen beim Herausheben Wunden versetzen, mit denen Sie zum Arzt oder ins Krankenhaus müssen, wenn Sie ihm durch die Kiemen greifen und mit Ihren Fingern in sein stachliges Gebiß geraten. Da wimmelt es von Fischleichenresten.

Nun lassen sich Riesenbiester nicht mit dem Kescher herausheben, das Gaff ist zu ungetüm. Man muß doch mit den Händen zupacken. Und wer hinterher keine eiternden Hände haben will, hebe den kapitalen Hecht mit dem Handschuh heraus! Das Gaff ist zu brutal.

Kapitel XXVI

Über das Spinnen in Begleitung

Ziehen Sie die Handbremse an! Warum sehen Sie so enttäuscht aus dem neuen grünen Hemd? Das ist doch ein niedlicher, kleiner Fluß! Was, keine Berge und so wenige Bäume? Mann, wenn Sie endlich Ihre Augen aufmachen, werden Sie im und am Wasser Reize finden, die Ihnen bisher verborgen blieben. – Wie, Schnaken? Ich bin ganz beglückt! Wenn diese kleinen, schwirrenden Viecher über dem Wasser schweben, steigen die Fi-

Wenn Mitmenschen in der Nähe sind, rate ich zum »Überkopf-Wurf«.

sche. Die kommen aus den Schilfstreifen in den Buchten. Gottlob, daß noch nicht alle Mücken vernichtet sind! Ich freue mich schon längst über jede däm-

liche Stubenfliege. Die gibt es ja kaum noch. In Franken wurde 1976 ein Dutzend Maikäfer gesichtet, fabelhaft, nicht wahr? – Wieso bin ich geschwätzig? Nein, hier fischen wir nicht; ein wenig sollten wir doch mit unseren Gerten zu Fuß am Ufer entlang wandern. Ach, das wissen Sie noch nicht: also, fast alle Angler kommen mit dem Auto, steigen aus und angeln vom »Parkplatz« aus. Das aber wissen die Fische, einfach aufgrund ihrer schlechten Erfahrungen in Nähe der Parkplätze am Ufer.

Natürlich, unsere Gerten montieren wir noch beim Auto, denn darin liegt ja alles Zubehör. – Verstellen Sie nicht die Bremse Ihrer Stationärrolle, um den Faden leichter durch die Führungsringe ziehen zu können! Die Bremse haben Sie doch zu Hause auf Gerte und Schnurstärke eingestellt – also . . .

Nein, lösen Sie auch nicht die Sperre an der Rolle, denn dann fängt die Spule beim Abziehen der Schnur das schnelle Rotieren an, das Garn verheddert sich. Ziehen Sie die Schnur von der gebremsten Rolle mit zugeklapptem Bügel ab, etwa einen Meter mehr, als die Gerte lang ist. Maulen Sie nicht!

Zwanziger Schnur haben Sie drauf; gut so für Forellen; man kann damit auch einen mittelmäßigen Hecht landen. Ja, hier gibt es Hechte, Forellen, Äschen – weiter unten beginnt die Barbenregion. Auf was, bitte, wollen Sie denn gehen? Auf Forellen?

Und Ihr Vorfach? 18/100 Millimeter, gut. Welchen Blinker? – Nein, das ist ein Taumellöffel für Hechte.

Warum reden Sie immer vom Hecht? Ich fange verdammt gern einen Hecht. Mit Hechten habe ich am wenigsten Mitleid; deren Visage ist so gemein! Aber ein Hecht wäre hier ein Zufall. Ja, da drüben, das da scheint vor fünfzig Jahren einmal eine Mühle gewesen zu sein, da drüben unter den verfaulten Planken und zwischen den Pfählen, da lauert vielleicht ein Riesenhecht. Bitte, spielen Sie nun nicht gleich verrückt! Von hier aus dem Hecht einen schweren Blinker vor das Maul zu knallen wäre sinnlos. Für den Hecht müßten wir drüben stehen, den Blinker in die Strömung auswerfen, ihn im Halbkreis durch die Strömung herankurbeln, so etwa zwei Meter an der Schnauze des Hechts vorbei. – Das ist es eben, im Leben steht man immer auf der falschen Seite! Kommen Sie mit und treten Sie behutsam auf, wir bleiben auf unserer Seite. – Sie, den Haken vom Blinker hängen Sie doch bitte in die kleine Öse über dem Handstück der Gerte; Sie sind so ja geradezu lebensgefährlich! Was, da ist an Ihrer Gerte keine Öse für den Haken? Jaja, das gibt es bei manchen Gerten. Hängen Sie den Haken in den nächsten Führungsring. – Alsdann!

Kommen Sie weiter; seien Sie doch nicht so ungeduldig! Wir haben so viel Zeit bis zum Abend. Und in der meisten Zeit beißt doch keiner.

Halt! Sehen Sie: Wir sind in einer Außenkurve des Flüßchens. Der Schwall hat hier sogar eine kleine Bucht ausgeschwemmt. Nun hören Sie doch mal mit den Hechten auf! Natürlich können auch Hechte in dieser Bucht lauern. Aber da stehen manchmal auch kapitale Forellen. Und sehen Sie da in der Mitte der Strömung die Untiefe, die Kiesbank, nur einen halben Meter überspült? Da stehen zuweilen Äschen. Meist sind es nur die kleinen. Die großen Exemplare stehen am Grund dieser Rinne, die so rauscht. Vergessen Sie das. Äschen fängt man mit der ganz kleinen Fliege, nur ganz selten mit winzigen Blinkern. Ausnahmen ausgenommen, wie alles bei der Fischerei.

Nun setzen Sie sich doch erst einmal! Was haben Sie bei sich? – Ich meine nicht die 28 Modelle von Blinkern – haben Sie keinen Schnaps dabei? Schade! Damit wird man viel ruhiger. Also schön, ein hartgekochtes Ei. Vielen Dank. Warum haben Sie das Salz vergessen? Ich mag kein Ei ohne Salz. Doch, das muß so sein: Erst einmal macht man sich mit dem Wasser vertraut. – Was starren Sie dauernd flußabwärts? Weil da ein Kiesbagger faucht und rumpelt und werkelt? Das macht den Fischen nichts. Komisch, ja. Mich indessen ärgert viel mehr der gelegentliche Schaum auf dem Wasser; das ist Pril oder sowas, zu Hause ganz prima, aber nichts für Fische. Sie halten es dennoch aus. – Haben Sie Feuer? – Danke!

Was da unter den Büschen Kringel im Wasser macht, sind jagende Fische. Aber nur ganz kleine, so nah am Ufer, noch ängstlich. Also bleiben Sie doch ruhig. Die »Exemplare« stehen mehr in der Strömung.

Jetzt diskutieren wir unsere Strategie: Als Anfänger knüpfen Sie einen Schwinglöffel (»Meps«) an, bei dieser mittleren Strömung zwischen acht und zehn Gramm schwer. Er rotiert zwar um seine Draht-Achse, verturnt dennoch Ihre Schnur. Also: einen »Wirbel« dazwischensetzen. Nein, der verspricht auch mehr, als er hält, aber ganz so schlimm verdreht sich Ihre Schnur dann nicht. – Sie werfen 45 Grad gegen die Strömung, schlagen gleich die Kurbel an der Rolle um, lassen den Löffel mit der Strömung etwas unter Wasser sinken, kurbeln dann. (Wie schon früher beschrieben.)

Sie sollen nicht peitschen! – Ja, der Mensch am Ufer gegenüber schwingt aus dem Handgelenk. Seien Sie anfangs nicht eitel! Werfen Sie nur kurz mit beiden Händen am Griff, ohne Schnall!

Hoppla, das war ein Fehlbiß. Nicht Ihre Schuld. Jedenfalls: Das ist ein Blinker, in den ein Fisch biß. Ich finde das sehr vielversprechend!

Nach einem Fehlbiß haut der Fisch blitzartig ab. Und die anderen Fische machen ihm das nach. Wir machen jetzt eine Pause von einer halben Stunde.

Haben Sie wirklich keinen Schnaps? Also, dann dösen wir ein bißchen. – Was, da kommt noch einer?

»Petri Heil!«

»Petri Dank!«

»Geht was?«

»Überhaupt nicht.« – Denn man soll andere Fischer entmutigen. Dann trotten die weiter oder packen ein.

Aber der Mann bleibt stehen. Er platscht seinen Blinker über »unsere« Wasserfläche und kurbelt wie ein Wahnsinniger.

Auch wenn er ein sanfter, guter Fischer wäre: Das geht gegen das gute Benehmen! Vom Nachbarn am Wasser hält sich ein gut erzogener Fischer 50 bis 100 Meter entfernt. Möglichst 500 Meter!

Probate Mittel zur Vertreibung: »Haben Sie früher schon mal gefischt?«

Antwort: Verdutztes Schweigen. Und dann bei jedem seiner Würfe laut lachen! Das hält keiner aus.

Der Andringling trottet weiter. Aber »unser« Wasser hat er beunruhigt. Also: noch etwas weiterdösen. – Mücken setzen sich auf das Wasser und auf unsere Nasen. Dagegen kann man sich mit Apothekermitteln einreiben.

Ich zünde mir die Pfeife an. Die Landschaft wird immer schöner. Die Büsche bekommen Konturen, jeder Grashalm wird zu einem Individuum. »Sollen wir nicht wieder?«

Ich wasche meine Hände mit unparfümierter Kernseife. Seife vertreibt keine Fische, das muß festgehalten werden. Nur nach Tabak darf der Blinker nicht stinken, oder nach Konservierungsöl. Ein Geschöpf in Jeans-Rock steht plötzlich hinter uns.

Freund, Sie wollen doch nicht das Mädchen, sondern einen Fisch. Wie schlecht Sie nun werfen! Drum stelle ich mich hinter Sie, da droht mir am

wenigsten Gefahr von Ihrem Drilling am Blinker.

Mag nun sein, daß der Schwinglöffel hier nicht der richtige Blinker ist, den haben Sie auch schon zu oft durchs Wasser gekurbelt. Warum dann gleich einen Wobbler, ein Gliederfischlein aus Plastik? Wissen Sie, daß ein Wobbler eine ganz andere Technik verlangt? Haben Sie nicht Kapitel zwanzig gelesen? – Wir sollten an eine andere Stelle gehen. Aber Sie, lieber Freund, wollen dem Mädchen imponieren. Sie schnallen den Wobbler über das Wasser, daß es spritzt. Das Mädchen pflückt indessen gelangweilt Wiesenkraut mit Blümchen drin.

Ich wende mich von Ihnen ab. Natürlich ist ein Mädchen beim Fischen genauso schön wie ohne Fische, ja beim Fischen wird es beinahe noch schöner. Aber wir stellen einer Kreatur nach und sind der Natur ganz nah! Erst nach der Beute soll das Mädchen drankommen, einverstanden?

Lassen Sie ihn toben, lieber Freund! Ja, Sie haben einen dran, und der ist nicht von Pappe!

Er zieht die Schnur in die Tiefe. Nur stillhalten, der Kerl wird da unten schon müde. – Er schnellt in die Luft. Kurbeln Sie, halten Sie die Gerte senkrecht, damit Sie federn kann. Wissen Sie noch, wie das beim Sitzangeln auch einmal war? Aber machen Sie's nun richtiger. Kurbeln Sie, der Fisch gibt nach. Kurbeln Sie langsamer, damit er sich noch austoben kann! Wenden Sie sich nicht um nach dem Mädchen, sondern bleiben Sie am Fisch, Mann!

Ja, nun holen Sie ihn heran.

Und nun haben Sie ihn im Kescher. Angefühlt und aufgeführt hat er sich wie ein Vierpfündiger, und ist doch nur ein Einpfünder, aber glitzernd. Sie haben die Schöne im Kescher durch zwei ungeschickte und dann doch durch einen geschickten Schlag mit dem Knauf betäubt. Das Mädchen hinter Ihnen hat gierig zugeschaut. Sie schlitzen die Schöne auf; das Mädchen schaut weiter zu. Frauen können Blut sehen. Und stolz reichen Sie dem fremden Mädchen die ausgewaidete »Regenbogen«, und das Mädchen nimmt sie, macht gierige Lippen und stiebt mit ihrer glitschigen Beute in den Händen davon, hat noch gerade gesagt: »Und vielen Dank auch!«

Wieso: Scheiße?

Sie haben einen Fisch erobert und ein primitives Mädchen glücklich gemacht, das nicht einmal weiß, wie man eine kapitale »Regenbogen« am heimischen Herd zubereitet. Das Mädchen wird Gräten ausspucken, weil es mit einem Fisch nicht Bescheid weiß. Aber darauf kommt es ja gar nicht an. Es war ein Fang!

Haben Sie tatsächlich keinen Schnaps bei sich? Oder noch ein hartes Ei?

Gut, dann rauchen wir ein bißchen. Bis zur Nacht sind es noch drei Stunden.

Was, Sie müssen um 19 Uhr zu Hause sein?

Man geht nicht zum Fischen, wenn man Termine hat oder pünktlich zu Hause sein muß. – Etwas weiter drunten sollten wir es jetzt versuchen. Wieso Ihre Frau? Nicht Ihre Frau – Kegelabend? Sie können mir nur leid tun. Kegeln kann bestimmt großartig sein, aber wer so am Busen der Natur liegt, den Fischen auflauert, der kennt vielleicht den Sonnenuntergang (oder -aufgang), aber keine Uhrzeit, keine Verabredung!

Sie sehen plötzlich so unlustig aus. Weil das Mädchen mit Ihrer »Regenbogen« davongerannt ist? Ja, was wollten Sie denn? Sie müssen wirklich nach Hause? Armer Teufel. – Hauen Sie ab. Ich bleibe hier. Bald kommt der Abendsprung. Bis dahin kuschele ich mich auf den Boden, auch wenn mir irgendeine Wurzel unter ein Schulterblatt drückt.

So ein saudummer Kerl!

Als er weg ist, zu seinem Auto, hänge ich einen schlanken Löffel an. Das ist keine Garantie. – Fische sind wie Frauen: Man weiß vorher nie, was zieht.

In einem dörflichen Gasthof bestellte ich mir zur Nacht – ein Wiener Schnitzel.

Kapitel XXVII

Über Einhänger, Wirbel und Knoten

Manchmal liegt es nur an einer Kleinigkeit. Zum Beispiel daran, wie Sie Ihre Schnur an den Blinker geknotet haben. Entweder geht kein Fisch an den Blinker, oder – häufiger – der Knoten geht auf, der Fisch mit dem Blinker im Maul entflieht.

Mit einem Blinker im Maul lebt es sich schwer! Es mag stimmen: Die Stahlhaken rosten schließlich durch, der Blinker fällt endlich dem Fisch aus dem Maul, aber – bis dahin ist der Fisch längst verhungert!

Wie man den richtigen Knoten am Ring (oder Wirbel) des Blinkers macht, wäre zu umständlich zu schreiben wie auch zu lesen. Das muß man sehen:

Wer viel mit erfahrenen Fischern verkehrt, kann sich noch einen besseren Knoten zeigen lassen. (Und dies gilt auch für alle weiteren Knoten in diesem Buch!) Ich zeige nur die einfachsten Knoten, auf die ich mich aber immer verlassen konnte. Kompliziertere Knoten haben nämlich einen Nachteil: Die Gefahr, daß man sie *falsch* knüpft, wird zu groß. Jeder Fischer hat das Recht, etwas schusselig zu sein; ohne jede Schusseligkeit wäre das Leben zu eintönig.

Wenn Sie zum vierten Mal den Blinker gegen einen anderen ausgewechselt haben, sind Sie die Knoterei leid. Damit kommen wir auf die »Einhänger«: kleine, manchmal sicherheitsna-

Drahtachse mit und würde – ohne einen vorgeschalteten »Wirbel« – Ihre Schnur so aufziehen wie ein Federwerk! Dieses Verturnen der Schnur soll der Wirbel verhindern. Nun, er tut in dieser Sache sein Bestes, aber der beste Wirbel tut es unvollkommen. Unvollkommen ist aber besser als überhaupt nicht!

Da gibt es Nadelwirbel und Tonnenwirbel. Der Tonnenwirbel ist zwar viel länger gebaut, für den Fisch »sichtiger«, aber er vereinigt in seiner Tonne die Wirkung von *zwei* Nadelwirbeln.

Ich sehe beim Einkauf mehr auf den »Einhänger«. In kleinen Geschäften haben Sie manchmal keine Auswahl, müssen nehmen, was gerade da ist. – Kaufen Sie sich lieber 20 bis 30 gut ausgesuchte Wirbel in einem größeren Angelsportgeschäft, in drei verschiedenen Größen. Kleinste Nummer für Spinnfischen auf Forellen, mittlere für Döbel (Aitel), Seeforellen, Zander etc., große für schwere Hechte, Huchen.

Aber welchen Typ?

Der »Nadelwirbel« ist zwar eine todsichere Befestigung des Blinkers an der Schnur, aber widerborstig, wenn man einen Blinker aushängen will. Ich mag ihn nicht.

Wirbel à la »Sicherheitsnadel« funktioniert am bequemsten, am schnellsten. Aber manchmal verbiegen sich diese Dinger, und dann lassen sie den Blinker los.

Beinahe ebenso ist es mit der »Agraffe«. Außerdem hinterläßt sie – schnell durch das Wasser gesponnen – eine glitzernde Spur von aufgewirbeltem Wasser.

Mein Liebling ist der »Karabinerwirbel«. Er läßt keinen Blinker los

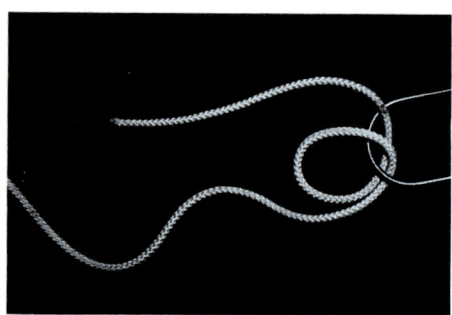
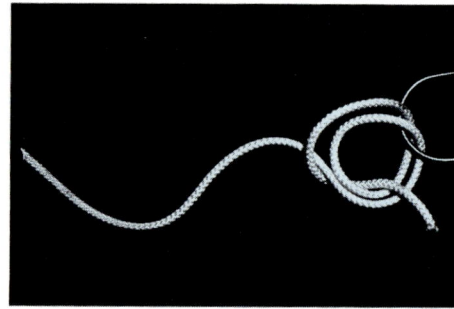

Links: Schnurende zweimal durch den Ring ziehen.
Rechts: Freies Ende einmal, besser zweimal durch die entstandene Schlaufe ziehen – dann zuziehen zum Knoten.

delförmige Stahlgebilde, an die Sie nur einmal das Ende Ihrer Schnur knüpfen und in Sekundenschnelle den Blinker auswechseln können, den einen aushaken, den nächsten einhängen.

Einhänger sind ausnahmslos kombiniert mit einem »Wirbel«. Fast alle Blinker verdrehen beim Spinnen Ihre Schnur. Das tun sogar die anscheinend nur so dahinwackelnden Taumellöffel. Und besonders der Schwinglöffel, obgleich sein Messingblättchen um einen Draht rotiert; er dreht doch diese

– auch dann nicht, wenn er durch gewaltsame Behandlung etwas verbogen ist –, und wenn Sie gelernt haben, durch Zwischenfahren mit dem Daumennagel die Karabinerschenkel zu spreizen, geht das Aushängen des Blinkers auch bei Nacht. Und dieser Wirbel zieht, durchs Wasser gezogen, am wenigsten Spuren!

Manchmal habe ich darüber nachgedacht, was ein Fisch denkt, wenn vor der »Schnauze« seiner Beute (dem Blinker) noch ein bis drei Zentimeter Undefinierbares schwimmt, nämlich der Einhängewirbel. Es kommt darauf an, resümierte ich bisher, ob das ein reiner Reizköder ist (zum Beispiel Schwinglöffel, Meps) oder ob der Blinker ein Fischlein möglichst naturgetreu vortäuscht, zum Beispiel der Taumellöffel (Heintz-Blinker, Zett-Blinker) oder gar der Wobbler! Im ersten Fall spielt der Einhängewirbel keine Rolle, im zweiten aber doch!

Darum für Taumellöffel und Wobbler mein Tip:

Jedem dieser Blinker ohne Einhänger und Wirbel das Vorfach fest angeknotet. Ans andere Ende des Vorfachs entweder eine Schlaufe geknotet oder einen kleinen Ring angeknüpft. Einhängewirbel am Ende der eigentlichen Schnur. Beim Blinkerwechseln wird also Blinker (Wobbler) plus Vorfach aus dem Einhänger gehakt.

Ob der Einhängewirbel, etwa 30 bis 40 Zentimeter vor dem Blinker, den Fisch nicht noch mehr irritiert? Nun, das ist dieselbe Sache wie mit davorgeschalteten Bleien. Schlimmstenfalls grapscht der Fisch nach dem Blei bzw. dem Einhängewirbel. Das tut dem Fisch nicht weh, aber gefangen wird er dann auch nicht. Das hat mich schon so geärgert, daß ich auf den Gedanken kam, am Vorblei (zum Beispiel Bleiolive) wie aber auch am vorgesetzten Einhängewirbel einen kleineren Drilling mitzubefestigen. Also: ganz fein ist das nicht, aber verboten auch nicht. So liegt nun die Entscheidung bei Ihnen. (Im Kapitel über das Schleppangeln verrate ich Ihnen die Konsequenz solcher unwaidmännischen Überlegungen und verderbe vielleicht Ihren Charakter.)

Wie Sie es auch anstellen: Nach einiger Spinnerei verturnt sich Ihre Schnur, trotz des besten Tonnen- oder Doppelwirbels. Erst merken Sie es daran, daß der aus dem Wasser gehobene Blinker sich in der Luft wie wild um seine Achse dreht: Wenn Sie dieses Signal nicht rechtzeitig erkannt haben und weiterspinnen, verheddert sich plötzlich die Schnur auf Ihrer Rolle. Es entsteht eine »Perücke«, der Faden wickelt sich wie lebendig gewordener Draht um die Führung des Bügels, will die Kurbel umschlingen und kommt auf allen möglichen sonstigen Unsinn.

Also: Beizeiten den aus dem Wasser gehobenen Blinker an möglichst tief herabgelassener Schnur sich zurechtschnurren lassen. Geduldig warten, bis er leblos am Faden hängt. Dann ist die Schnur zwar noch immer etwas verturnt, aber nicht mehr so tückisch. Als ich noch emsiger war, zog ich jeden Abend nach dem Fischen etwa 100 Meter Schnur von der Rolle, auf einer Wiese oder im eigenen Garten, kurbelte sie ganz langsam, leicht durch die Finger gebremst, wieder auf die Rolle (ohne Blinker oder Wirbel am Ende!). – Das ist natürlich perfekt!

Wegen der Perfektion müssen Sie nun auch noch lernen, wie man zum Fischen zwei Schnüre so miteinander verbindet, daß die Fäden scheinbar kontinuierlich vom einen in den anderen übergehen, der Knoten möglichst klein, »unsichtig« wird und die Geschichte trotzdem hält. (Unerläßlich beim Anbinden des Vorfachs an die eigentliche Schnur.*)

Das sieht so aus:

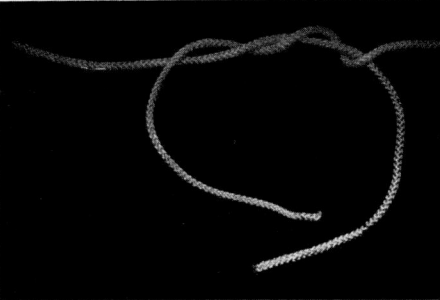

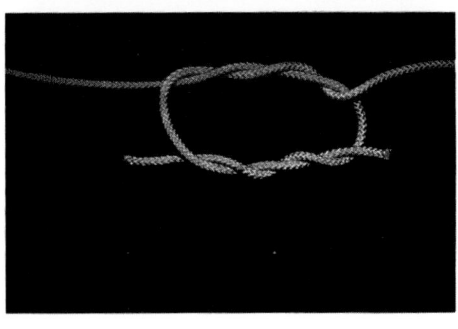

Nun hat sich ein Widerspruch ergeben: Einerseits riet ich Ihnen, Einhängewirbel zwischen Vorfach und Schnur anzuordnen, andererseits erkläre ich Ihnen nun, wie man einen möglichst »unsichtigen« Knoten knüpft.

Das ist eine Sache der Angelphilosophie:

Wer den Einhänger direkt vor den Blinker (oder Wobbler) setzt, möchte das Vorfach dezent an die Schnur knüpfen. – Und außerdem reißt auch mal die Schnur, ohne daß Sie das Ende verlieren. Und Sie möchten es behalten, weil sonst Ihre Schnur zu kurz würde. Hier ist der Knoten für Schnur an Schnur dann die Lösung. Dieses Knötchen gleitet recht gut durch die Führungsringe der Gerte, aber – es kann das Abgleiten der Schnur von der Rolle bremsen! (Weil zum Beispiel eine Schnurlage unter dem Knötchen auf der Rolle liegt.) Fazit: geknotete Schnur ist ein Notbehelf. Besser: ganze, neue Schnur auf die Rolle!

Wenn Sie einen Anbiß hatten, der dann aber ein Fehlbiß wurde, und wenn dabei die Schnur ohne Blinker aus dem Wasser kommt, sind Sie anfangs davon überzeugt, daß da ein Mordskerl angebissen haben muß, viel stärker als Ihre Schnur.

Manchmal fehlgeraten, mein Freund! Die Schnur ist nicht gerissen, sondern der Knoten hat nicht gehalten. (Welcher Knoten? Der am Wirbel oder der Knoten vom Vorfach zur Schnur?)

Was es war, ist sehr leicht zu sehen: Ist das Schnurende gerade, dann ist die Schnur gerissen. – Ist das Ende gelockt, hat es eine winzige Dauerwelle, dann hatten Sie einen schlechten Kno-

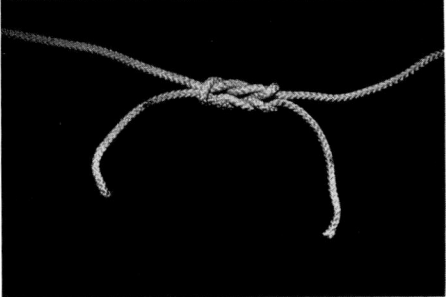

Links oben: Schnurende dreimal um sich selber wickeln.
Links unten: Die abgespreizten Enden unten zusammenführen und wieder dreimal um sich selber wickeln.
Rechts: Das Ganze zum Knoten zusammenziehen.

Andere Fischer, andere Knoten!
Man soll sich alle zeigen lassen, um
dazuzulernen (und gezeigt ist besser
als gelesen).

Oben: Anknüpfen eines Hakens mit Plättchen.
Unten: Anknüpfen eines Hakens mit Öhr.

ten gemacht. – Besserung geloben, nächsten Knoten ganz sorgfältig knüpfen, und wenn Sie noch so sehr vom Jagdfieber gepackt sind!*

Der patenteste Knoten hilft nichts, wenn die Schnur alt geworden ist. Nylon (Perlon) wird mit der Zeit brüchig. Dazu habe ich in einem Täschchen meiner Angelweste eine kleine Fadenlupe. Ist das gerade (also durch Überlastung gerissene) Schnurende stumpf abge-

brochen, dann war die Schnur altersmüde. Ist das Ende aber schräg, in eine feine Spitze auslaufend, dann war die Schnur noch jung und gut, nur der Fisch war zu groß und zu wild.

Auf die Stationärrolle soll jedes Jahr – vor der österlichen Zeit – neues Garn gespult werden! Dann brauchen Sie keine Fadenlupe in der Westentasche.

So, das war wieder etwas Gerätekunde. Sie muß zwischendurch sein. Ich

halte damit ja schon ziemlich an mich und warte damit so lange in diesem Buch, bis einige Pannen Sie reif für ein solches Kapitel gemacht haben.

Wo übt man knoten? – Nicht erst am Wasser! Sondern abends vorher zu Hause. Und ich übe verfeinerte Knoten, die mir ein Sportsfreund vielleicht am Wasser oder am Biertisch gezeigt hat, abends noch in der schlecht beleuchteten Schlafkammer des ländlichen Gasthauses. Vielleicht sogar noch am nächsten Morgen, bevor das Frühstück kommt.

---

* Dies gilt nun auch für Fliegenfischer, weil der Fliegenknoten ein besonderes Ding ist!

Unten: Diverse Wirbel.

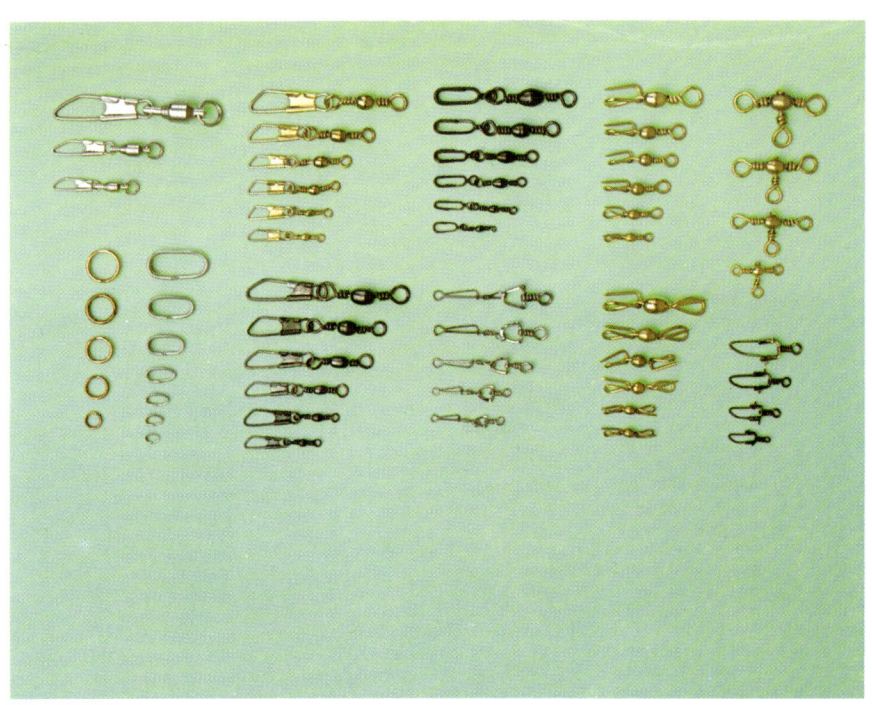

Kapitel XXVIII

Über das Schleppangeln

Auf die Dauer wird es mühselig, immer wieder den Blinker auszuwerfen und zu sich durchs Wasser heranzukurbeln. Fächerförmig hat man den Halbkreis im Wasser abgesponnen. Nun, Sie können weiter spinnen. Die Fische, die da anfangs standen, sind längst weg. Aber vielleicht kommt ein Neuer vorbei?

Der Standortwechsel ist auch nicht immer einfach. Da steht Schilf im Weg, woanders hing Gesträuch über das Wasser. Oder versunkenes Wurzelwerk oder alte Schuhe, ein aufgegebener Kinderwagen lauern unter Wasser darauf, aus Ihrem Blinker einen Hänger zu machen.

Was ist das doch für eine einleuchtende Sache, wenn man sich nicht am Ufer postiert, sondern sich in einen Kahn setzt, den Blinker nur einmal auswirft und dann gemächlich rudert! Dies heißt »Schleppangeln«.

So rudern Sie an allen Ufern entlang, an allen Raubfischen, die da auf Beute lauern oder sich reizen lassen. Und der Blinker blinkert unter Wasser immer hinterher.

Darum sind die Gebühren fürs Schleppangeln so hoch, und darum ist es auf vielen Gewässern überhaupt verboten! Was verboten ist, bringt offenbar zuviel Beute!

Und so ist es auch.

Aber es ist nicht so einfach!

Das Ufer müssen Sie kennen, nicht wie Sie es sehen, sondern wie es unter Wasser ist. Wissen, an welchen Stellen es steil abfällt und wo es flach ist. Wo Schlingpflanzen Ihrem Blinker auflauern. Also: wo den Blinker tief unter Wasser laufen lassen, wo dicht unter der Oberfläche?

Je tiefer man spinnt, um so erfolgrei-cher, das gilt als Regel. Sie stimmt nicht in der Mitte des Sees oder des großen Flusses – ich schrieb schon darüber! –, aber sie stimmt an steil abfallenden Ufern. Und besonders an »Scharen« (Ufer, die erst unter Wasser plötzlich abfallen). In der Tiefe erbeuten Sie zwar geringere Stückzahl, dafür aber die kapitaleren Exemplare! Die Dicken nämlich lauern unten auf die weniger Dicken, die unter der Oberfläche, im Seichten, leichte Beute machen und dann in die Tiefe tauchen.

Wie reguliert man die Tauchtiefe des Blinkers?

Drei Faktoren spielen da mit:

1. Schwere und Form des Blinkers. – Ein schwerer Blinker läuft natürlich tiefer unter Wasser. Oder ein leichter Blinker mit Vorblei an der Schnur. Oder ein Wobbler mit Tauchschaufel.

2. Die Länge der ausgelassenen Schnur. Je mehr Schnur, um so tiefer läuft der Blinker bzw. Wobbler.

3. Die Geschwindigkeit des Bootes. Je langsamer es treibt, um so weniger Zug an der Schnur, um so tiefer taucht der Blinker hinab. (Hier ist es beim Wobbler anders: mit optimaler Bootsgeschwindigkeit, die man ausprobieren muß, taucht er tiefer als bei leichtem Schnurzug vom mählich treibenden Kahn aus. Der Wobbler will etwas hart gezogen werden, um tief zu tauchen.)

Zu Punkt eins:

Je schwerer der Blinker an sich, um so träger bewegt er sich. Das ist zum Beispiel gut für Hechte. Da also massiver Taumellöffel. Schwinglöffel sind von Natur aus leicht, auch die großen Exemplare. Sie brauchen zum tieferen Tauchen immer ein Vorblei.

Zuckender als schwere Löffel bewegen sich leichte Löffel, vielleicht aus Kupfer (innen) und mit Perlmutt beschlagen (von außen). Denen ein Vorblei 50 Zentimeter voran an die Schnur knüpfen!

Wie auch immer: Schwere Blinker laufen tief unter Wasser, ob selbst schwer oder durch Zusatzblei. Bald haben Sie heraus, wie tief bei mäßigem Rudern der Blinker läuft.

Zu Punkt zwei:

Als Anfänger schleppangelte ich mit etwa 100 Meter ausgelassener Schnur. Der Fisch sollte mein Ruderboot schon längst vergessen haben und dann erst meinen Blinker sichten, sich darauf stürzen. Manchmal tat das ein Fisch. Aber ich hatte unentwegt Hänger! – Denn beim Schleppangeln rudert man immer etwas Zickzack, zum Beispiel um kleine Buchten auszufahren, Untiefen zu umschiffen. Der Blinker an 100 Meter Schnur pfeift auf Ihr Zickzack, der fährt mehr geradeaus, gerät ins Krautbeet, macht die Kurven in der Bucht nicht mit, verhängt sich in einer Untiefe an einem verfaulten Ast, verkrallt sich in Grünzeug oder Steinen.

40 Meter ausgelassene Schnur genügen! – Bei mäßigem Rudern eines ollen Kahns auf einem ordentlichen See taucht ein Blinker von 30 Gramm Ge-

Kopf und Kiemen einige Minuten über den Boden halten. So geht dem gefangenen Fisch noch mehr der Sauerstoff aus, er schlägt nicht mehr so wild um sich, wenn man ihn greift, um ihn zu betäuben.

Links: Gebräuchlichstes Gleitblei.
Läßt sich bei ausgeworfenem (geschlepptem) Blinker nachträglich an die Schnur setzen. (Schnur etwas anziehen, Schlaufe bilden, durch den Schlitz dieses Gleitbleies stoßen, gerade ziehen.)
Dieses Gleitblei rutscht bei weiterem Schleppen von selbst zum Blinker hin und stört nicht beim Drill.
Unten links: Der Rutenhalter (links) wird am Bootsrand befestigt. Die anderen drei Exemplare sind in den Boden zu stecken.
Rechte Seite: An solchen Seen fallen die Ufer jäh ab (ohne eigentliche Scharen!). Hier hilft nur Schleppfischen an 200 Meter langem Faden mit schweren Vorbleien.

wicht (Vorblei mitgewogen!) etwa 1,50 bis 2,50 Meter tief.

Zu Punkt drei:

Was tun, wenn Ihre Kahnfahrt über eine seichte Stelle hinwegführt, der Blinker höher fahren soll? – Sie rudern dazu schneller! (Oder holen mit der Rolle Schnur ein.) – Zügiges Rudern würde den obigen 30-Gramm-Blinker gleich auf einen Meter unter der Wasseroberfläche hochziehen.

An den ganz langsam gezogenen Blinker gehen zwar oft Kapitale, aber haben Sie niemals Angst, zu schnell zu rudern! Auch mit voller Muskelkraft – die Gertenspitze biegt sich unter der Kahngeschwindigkeit! – läuft der Blinker doch nicht so schnell, daß ihn ein gieriger Raubfisch nicht schnappen könnte.

Sobald Sie mit dem Kahn eine Kurve rudern, müssen Sie Muskelkraft zulegen. Jetzt nämlich ziehen Sie schief an der Schnur, der Blinker läuft langsamer, sinkt tiefer nach unten – vielleicht bis zum Grund, wo er sich verhakt. Nehmen wir im Extremfall an, Sie würden Ihren Kahn plötzlich um 90 Grad wenden. Dann würde überhaupt kein Schnurzug mehr sein, der Blinker sofort auf den Grund sinken. Und dann geraten Sie mit dem Kahn wieder über sehr tiefe Stellen! – Nun ganz langsam rudern, damit der Blinker tiefer sinkt. Vielleicht noch mehr Schnur von der Rolle lassen (aber um Himmelswillen nicht durch Aufklappen des Fangbügels, sondern Entsperrung der Rolle, die nun gemächlich abwickelt, entsprechend dem Schnurzug).

Das läßt sich kaum plausibel machen in Wort oder Bild, das müssen Sie vom Kahn aus ausprobieren. Dann erst merken Sie, was ich meine!

Besser als irgendein Kahn ist ein großväterliches Paddelboot. Es strengt nicht so an, weil es leicht ist. Nur ist

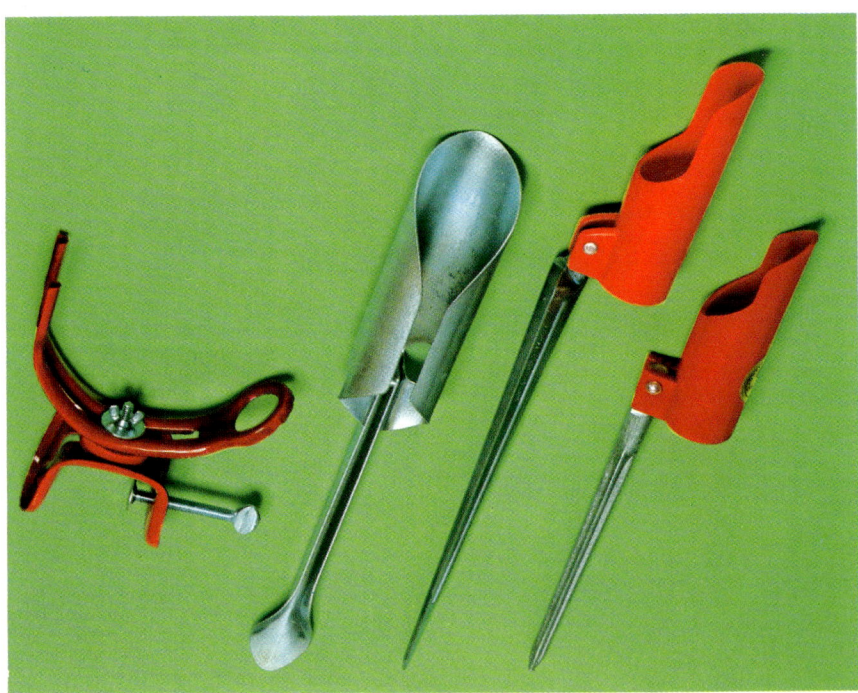

darin wenig Platz für einen Superfisch, den Sie schließlich ins Boot »gelandet« haben, zwischen Ihren sonnengeröteten Beinen, und der dahin schnappt, wo Sie es gar nicht so gern haben.

Wann immer ich zu einem fremden See fahre, habe ich mein altes Paddelboot auf dem Autodach. Denn nicht überall findet man einen Menschen, der einem einen Kahn vermietet. Oder nur zu unverschämten Stundengebühren!

Womit hält man die Gerte, wenn man mit beiden Händen rudert oder paddelt? – Legen Sie die Gerte vor sich ins Boot, aber so, daß sie sich mit ihrer Rolle an einer Sitzbank oder an einem Sonstwas verfangen würden, wenn plötzlich ein kräftiger Bursche anbeißt. Oder legen Sie die Gerte an eine dünne Hundeleine!

Nur noch südlich der Alpen ist es erlaubt, den Kahn (oder das Paddelboot) mit einem Außenborder zu fahren.

Je kleiner der Außenborder, um so besser fürs Schleppangeln. Ein winziger Außenborder kann dann wenigstens mit Halbgas laufen; ein großer müßte im Leerlauf tuckern und bald seine Zündkerzen verrußen.

Für einen alten Ruderkahn allenfalls einen 3-HP-Motor! – Wer sein Fischerhäusl oder gar sein Domizil an einem südlichen See hat, wo Außenborder noch erlaubt sind: einen 3-HP zum Schleppangeln, dazu noch einen 7,5- bis 10-HP zum schnelleren Heimfahren.

Und eines Tages kamen die Elektro-Outborder auf! Die waren eine Wucht,

so schien es anfangs! – Die erste Wucht wurde gleich von den Behörden in deutschstämmigen Landen abgefangen: Auch elektrische Außenborder sind auf unseren Seen verboten.

Naja, schade. Also fahren wir damit in den Süden. Kein Fisch hört mein Boot – das wird eine Hatz!

Nichts wurde es. – Die elektrischen Außenborder haben feine Obertöne, die alle Fische vertreiben! (Es geht so weit, daß in manchen österreichischen Seen die elektrischen Leihboote 200 Meter Abstand zum Ufer halten müssen, weil sonst die Hechte und Seesaiblinge an Neurosen verenden.)

Zurück also zum »Benziner«: laut oder leise? Die leisen Motoren lassen ihre Auspuffgase unter Wasser ab, und für die Fische hört sich das sehr laut an. Die alten, lauten Motoren bellen in die Luft, kaum erträglich für unsere Ohren über Wasser, aber sie erzeugen im Wasser keine Druckwellen.

Wenn Sie Ihren benzingefeuerten Außenbordmotor zum Schleppfischen einsetzen: Kerzen mit geringerem Wärmewert, weil Sie vorwiegend mit ganz wenig Gas fahren, die Kerzen dennoch sauber bleiben sollen (zum Beispiel statt Ww 225 zum Fischen Ww 145 oder 175).*

Mit dem Boot ins Fischgebiet fahren, Vollgas oder mit aller Muskelkraft. Die letzten 200 Meter Muskeln oder Motor herunterstellen. Blinker (oder Wobbler) auswerfen, Schnur lassen,

---

* Bosch-Skala.

117

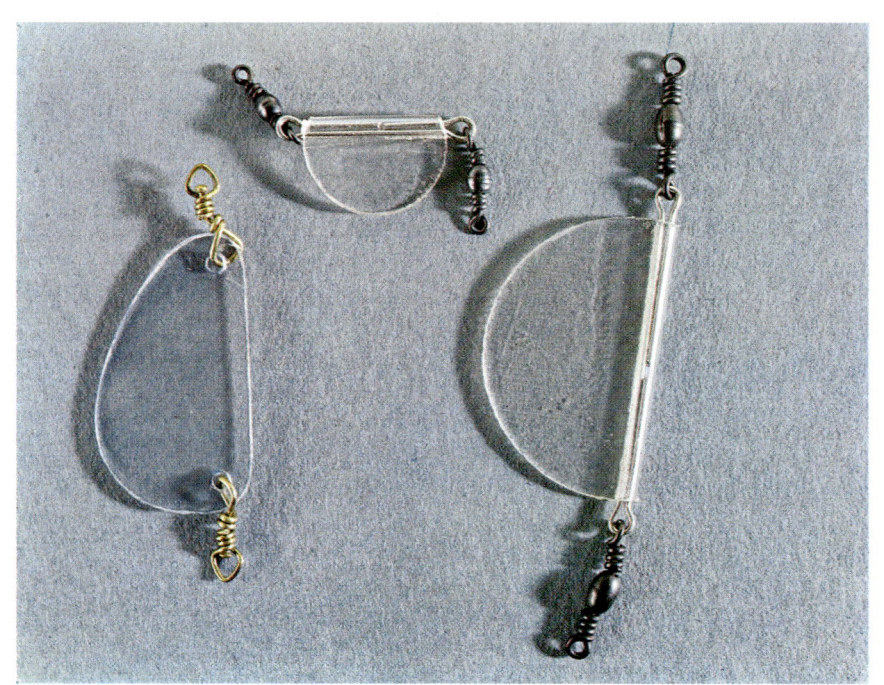

Die Doppelwirbel mit Plexiglas-Kiel verhindern wirklich das Verturnen der Schnur, ohne sehr »sichtig« zu sein.

Rolle blockieren. Nun träge rudern oder mit ganz wenig Gas fahren. Zuweilen an der Gerte zupfen, damit der Blinker unter Wasser ein paar mutwillige Seitenbewegungen oder Zuckungen macht. Und nun das Gebiet ausfahren! Blinker tiefer lassen, wo nötig, verführerisch. Blinker höher ziehen, wo es seicht wird oder Unterwassergewächs lauert!

Manchmal weht am Ufer entlang ein günstiger Wind. Muskeln oder Motor ganz abstellen, dem Blinker das Vorblei nehmen, das Boot am Ufer vorbeitreiben lassen. Auf keinen Fang hoffen, sondern sich ausruhen. Und dann passiert's!

Kapitel XXIX

Über Vorbleie beim Schleppangeln

Schwere Taumellöffel (massive Heintz-Blinker oder Zett-Blinker und ähnliche) brauchen Vorblei nur für ganz tiefe Tiefen.

Leichte Taumellöffel (blecherne Heintz-Blinker, Perlmuttlöffel) brauchen beim Schleppen Vorblei, etwa 40 bis 50 Zentimeter vor die Nase geschaltet.

Der Vorbleie gibt es mannigfaltige! – Ich erwähne nun lediglich die gebräuchlichsten:

1. Die Bleiolive ist exzentrisch. Durch ihre Exzentrizität verhindert oder dämpft sie wenigstens das Verdrehen der Schnur. Ihr Nachteil: Sie aus der Schnur zu scheren oder auszuwechseln macht Lästigkeiten. Die meisten mir bekannten Exemplare haben als Einhänger nämlich einen Nadelwirbel, den der Teufel holen soll! – Also nur da vorschalten, wo Sie gewiß sind, die Olive nicht plötzlich aushaken zu müssen (zum Beispiel an seichten Stellen).

2. Die »gerillte« Olive. – Sie scheint ganz patent zu sein: Dazu muß nicht die Schnur durchschnitten werden. Die »Gerillte« läßt sich beliebig von der Schnur umwickeln und zieht wenig Wasserwirbel hinter sich. Und ausdrehen läßt sie sich auch ganz einfach und jederzeit! – Aber ach: Mitunter ist die Gerillte ein Luder: überschlägt sich unter Wasser, läuft dann quer oder »rillt« sich aus, und weg ist sie.

3. Das Gleitblei. Das hat eine immense Verführung: Bei ausgelassener Schnur läßt es sich immer noch auf die Schnur bringen, rutscht langsam weiter, bis dahin, wo Sie vielleicht vorausschauend eine Schlaufe in die Schnur geknüpft oder ein Schrotkorn leicht angeklemmt haben. Und wenn Sie den gehakten Fisch drillen, rutscht das

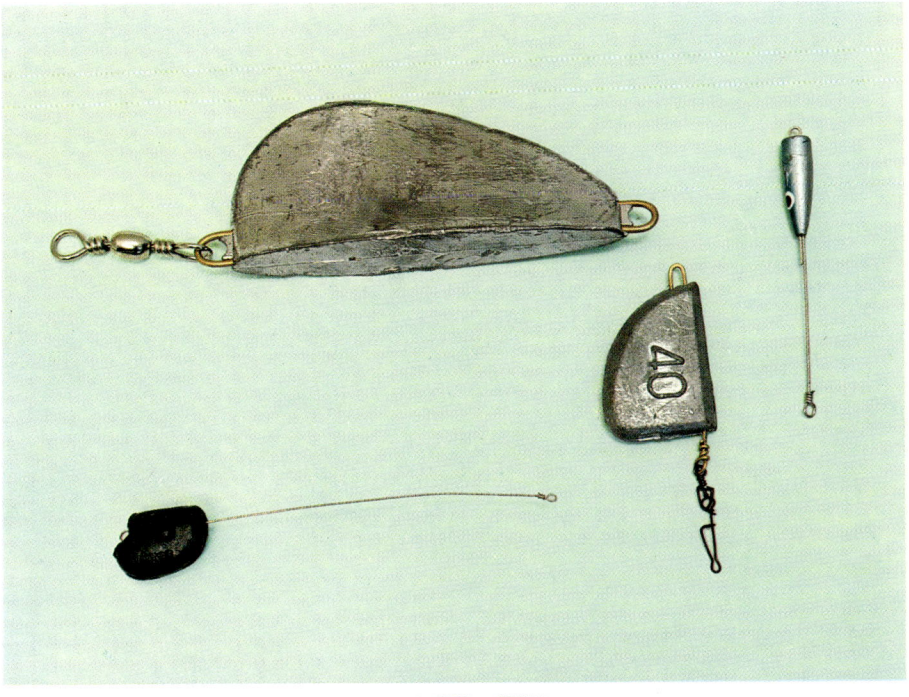

Gleitblei unter der Gertenspitze noch weiter zurück zum Blinker, behindert nicht den Drill! Aber man weiß nie genau, wie weit es gerutscht ist, hat es nicht unter Kontrolle.

Fazit: leichte Bleiolive. – Nur bei besonderem Bedarf ein einschlaufbares Gleitblei anbringen! Es läßt sich schnell wieder ausschlaufen.

4. Das Kopfblei ist nicht zum Schleppangeln gedacht, sondern zum Werfen des Blinkers. – Beim Schleppen hakt es sich – in Kraut geraten – aus, und Sie verlieren den Blinker. Es gehört nicht in dieses Kapitel übers Schleppangeln.

Exzentrische Blei-Oliven verhindern beim Schleppangeln das Verturnen der Schnur. Die Kopfbleie aber sind fürs Werfen.

Unten: Spiral-Olive läßt sich ohne Zerschneiden der Schnur nachträglich einschalten, auch wieder abnehmen.

Kapitel XXX

Über verkrauteten Grund beim Schleppangeln

Wenn auf dem Grund Schlingpflanzen wachsen, werden Sie vor eine sogenannte Alternative gestellt: Blinker hoch, nur wenig unter der Wasseroberfläche gezogen, oder tief hinab, wo er sich dauernd in Gewächsen verfängt, dauernd hochgekurbelt und entkrautet werden muß.

Im ersten Fall erwischen Sie nur untermaßige Tierchen. Ganz selten stehen die Kapitalen dicht unter der Wasseroberfläche. Wir sprachen schon davon.

Wo das Schilf aufhört, lauert unter Wasser immer noch Kraut. Das gibt »Hänger«! – Kahn rückwärts fahren, versuchen, den Blinker zu lösen. Sonst lies Kapitel »Über Hänger«!

Im zweiten Fall kriegen Sie kaum einen der unten lauernden Kerle. Denn wenn Sie nur einmal den Blinker aus dem Kraut heraufgezerrt, ihn neu ausgeworfen, sich wieder »in die Riemen gelegt« oder den Outbord gestartet haben, sind längst alle Biester verbiestert oder davongeschwommen. Dagegen gibt es den Krautblinker. Am Vorderteil sind ihm zwei Abweis-Drähte angenietet, die über den Haken hinausragen und das Verfangen im Kraut verhindern sollen. Sie tun das auch weidlich, aber nicht waidlich: Wenn in den Haken ein Fisch hineinbeißen will, stößt er sich die Abweis-Drähte in die Nase. Allenfalls kommen

Ausnahmen vor. Weder Sie noch ich wollen unsere Beute solchen Ausnahmen anvertrauen. – Also, was gibt es Besseres?

Da ist der Wobbler aus leichtem Balsaholz (zum Beispiel »Rapala, schwimmend«)*. Einen Meter davor

---

* Im Zweifelsfall Farbe: Silbern. In Reserve nur: Gold. Rot oder sonstige Farben nur für spezielle Gewässer. Und was »speziell« ist, können Sie nur ausprobieren.

ein 100-Gramm-Blei angeklemmt. Nun läuft das Vorblei tiefer als der Wobbler, schürft am Boden, unten durch das Kraut. – Auch das Vorblei verfängt sich da, es bildet sich ums Vorblei schließlich ein Krautschwamm, aber der Balsaholzblinker schwimmt immer noch oben und über alle Widernisse hinweg.

Zugegeben: nach 100 bis 300 Metern müssen Sie auch das verkrautete Vorblei hochkurbeln, es wieder entkrauten, neu beginnen. Aber das sind dann jedenfalls 100 bis 300 Meter. Oder noch mehr!

Und mancher Bursche unter Wasser beißt auch dann, wenn vorher ein Gemüse-Schwamm an ihm vorbeigezogen wurde.

Vielleicht wundert er sich, aber dann kommt Ihr Balsawobbler! Der Fisch vergißt das Wundern und beißt – vielleicht – in den glitzernden, zuckelnden Balsafisch!

Kapitel XXXI

Über die Spekulation auf Futterneid

Jetzt treibe ich Ihre treue Fischerseele ins Verderben, wenn Sie ein Schleppangler sind, und zwar bis ins Mark hinein:

Das kommt daher, daß ich schon auf manchem Gewässer schleppangelte, wo nichts mehr herauszuholen war – wenn man den Einheimischen glauben durfte, die tatsächlich das Angeln längst eingestellt hatten.

Ich dachte etwa: So ein Raubfisch – ob nun Barsch, große Forelle (zum Beispiel auch Seeforelle) oder Hecht oder Forellenbarsch oder nur ein Aitel – also, der weiß um die Blinkerei längst Bescheid, der geht nicht einmal mehr an das tote Köderfischlein, auch nicht mehr an das lebendige. Das hat mich maßlos gereizt!

Aber in einem – soweit glaubte ich doch die Fische zu kennen – ist in ihnen etwas Menschliches zu finden, und dieses eine muß doch noch in den Fischen wach sein: der Futterneid!

Vielleicht geriet ich auf diesen Gedanken, weil ich vorher zuviel Fernet, hinterher zuviel Chianti und am Schluß zuviel Cognac getrunken hatte. Am nächsten Morgen hatte ich einen Kopf, als hätte mir ein Fischer eine Bleikappe vorgesetzt. Aber die Idee blieb erhalten:

In die Schleppleine knüpfte ich am Ende einen Taumellöffel à la »Heintz«, 50 bis 60 Zentimeter davor knüpfte ich einen kleineren Perlmuttlöffel. Nicht genug damit: 50 Zentimeter vor den Perlmuttlöffel knüpfte ich einen blechernen Minilöffel.

Und das ganze System ließ ich hinter meinem fahrenden Boot von der Rolle spulen.

Der Erfolg ließ nicht lange auf sich warten: Erst gab es einen kleinen Ruck. Ich verlangsamte die Fahrt und kurbelte sachte. Und dann fuhr etwas Schwereres ins Garn, und das Garn fuhr kreuz und quer hinter dem Boot durchs Wasser. – Es wäre gelogen, wenn ich nun erzählen würde: und nun biß der dritte Fisch an!

Aber zwei Fische genügten mir: ein mittelmäßiger Barsch und ein herangewachsener Hecht!

Der Barsch hatte von der Blinkerprozession gedacht: Da jagt einer den anderen; der ganz dünne, vorn, ist mir zu mager, aber sein Jäger ist schon fetter. Also biß er in den Perlmuttlöffel.

Der Hecht hatte dann gedacht: Was will der Weißfisch (Heintz-Löffel) hinter dem Barsch? Traute sich aber nicht an den Barsch, weil der so stachelig ist, und biß aus Verlegenheit in den Heintz-Blinker am Ende meines Systems.

Kein Patent beim Fischen ist ein Patent! Meist funktioniert es gar nicht oder erst dann, wenn man viel Geduld damit aufbringt, daran glaubt. – Ergo: Versuchen Sie es beim Schleppangeln doch mal hin und wieder mit den hintereinandergeschalteten Blinkern an der Leine!

Es ist der zivilisierten Menschheit abgeguckt: Der Handwerker beißt den naiven Schriftsteller, der Großhandel beißt den Handwerker, der Konzern beißt den Großhandel. Den Konzern beißt keiner. (Aber innerhalb des Konzerns wiederum beißen sich alle!)*

Verwandt mit dem Futterneidsystem ist das »Heben und Senken« der »Hegene«: am Ende der Schnur ein schweres Endblei (es kann auch eine verrostete Mutter von der Bundesbahn sein). Am Vorfach seitlich leiterartig Seitenäste angeknüpft mit je einem Häkchen daran. Jedes Häkchen mit ein wenig Lametta und sonst gutem Garn unterschiedlicher Farbe umwickelt. – Sie lassen Ihr Boot treiben, das Gewicht am Schnurende etwa drei bis fünf Meter tief im Wasser, lassen sich weiter treiben und heben und senken dabei gemächlich die Gerte. Alsbald zuckt es, sofern es Mai oder Juni ist, der See südlich der Alpen oder ganz dicht im nördlichen Voralpengebiet liegt. – Wenn die Zuckerei nachläßt, haben Sie fast an jedem Häkchen einen winzigen Fisch. – Diese Fischchen werden in heißes Öl geworfen und mit Kopf und Kiemen zu delikaten Salaten verzehrt. – Es handelt sich um untermaßige »Maifische«. Im Süden ist das erlaubt.

Es ist nicht erlaubt und ganz unwaidmännisch, mit der Taschenlampe bei Nacht zu schleppangeln. Das geht so:

---

* Mehr darüber beim Flugangeln, »Springer und Strecker«.

Jagende Barsche an einer Schar. Daher meine unwaidmännische Idee, beim Schleppangeln verschieden große Blinker hintereinander zu montieren. Der größere immer hinter dem kleineren!

Am Ende der Schnur der Blinker. 50 Zentimeter vor ihm die winzigste elektrische Stablampe vorgeknüpft. Die Stablampe vorher von einer Wachskerze so beträufelt, daß kein Wasser in sie eindringt. Nun beleuchtet die Stablampe den im schwarzen Wasser blitzenden Blinker. Und alle, alle kommen und wollen an den Blitz!*

Solche Gemeinheiten sind nur den Berufsfischern erlaubt, die mit Karbidlampen oder elektrischen Birnen hinten im Boot die Fische anlocken und dann mit Dreizacken auf die Fische zielen. Denn bei den Berufsfischern geht es um die Existenz!

Bei uns beiden aber geht es mehr ums Sportliche.

---

* Elektrisch beleuchtete Blinker jetzt im Handel.

Kapitel XXXII

Über Heben und Senken

Manchmal stehen herrliche Fische da, wo Sie nicht herankommen, auch nicht mit dem geschicktesten Wurf oder mit raffiniert geführter Schleppangel. Ich meine Krautbeete, tiefe Kolke unter Wasserfällen, Wasserstreifen vor dem Schilf oder überhängendes Gebüsch am Ufer. Und das wissen die Fische, und darum stehen sie da oder schwimmen als Rudel etwas unbesorgter vorbei.

Es gibt auch Fische, die durch lange Lebenserfahrung einfach »unten« bleiben. Dazu rechne ich die ganz kapitalen Forellen in Gumpen (Kolken). Die ignorieren den oberflächlichen Blinker, die kichern über eine künstliche Fliege.

In solchen Fällen kann man nur noch »heben und senken«.

Am Vorfach der Spinnangel befestigt man etwas Flirrendes, das reizt, einem nach Luft schnappenden, nach oben strebenden Fischchen ähnlich sieht.

Das senkt man ganz behutsam bis auf den tiefen Grund hinab. Läßt es da geraume Zeit liegen, bis der Fisch den Fremdkörper vergessen hat. Und dann hebt man die Gertenspitze. Der Köder steigt vom Grund auf. Und dann senkt man die Gertenspitze wieder, etwas schneller; der Köder taumelt wieder auf den Grund.

Zuerst stoßen kleine Fische darauf, finden das Spielchen sehr lustig und stupsen mit den Schnauzen daran, um-

spielen das Ding. Es artet zu einem Fischballett aus. Aber der, auf den Sie es nun angelegt haben, ist griesgrämig. Und dann gibt es zwei Reaktionen:

1. Er verduftet oder geht noch mehr auf den Grund, mit einem unwilligen Flossenschlag, bleibt da stehen, fest wie ein Denkmal. – Da winkt Ihnen kein Glück, und wenn Sie bis in die Nacht hinein weiter heben und senken.

2. Er macht eine nervöse Bewegung zur Seite, stößt einmal gereizt etwas stromaufwärts, läßt sich später wieder zurücktreiben, hält aber die Höhe über dem Grund ein. – Freund, dieser Fisch befindet sich in einem inneren Konflikt! Und wenn der zu Ihren

Rechts: Wem hier das Werfen zu schwierig wird, kann zwischen den Steinen »heben und senken«.

Linke Seite: Verlockender als die konventionellen Zocker sind beim Heben und Senken Wunderfischli mit Propeller oder starre Wobbler, die dabei rotieren.

Gunsten ausgeht, beißt der Fisch schließlich in Ihren Köder.

Ich muß gestehen, daß der erste, traurige Fall der häufigere ist. Aber das Schöne beim Fischen ist ja das Versuchen und das Unhäufige!

Und wenn Sie dann einen kriegen, den keiner mehr zu kriegen glaubte, jubelt Ihnen ein ganzes Wirtshaus zu. Oder gar die heimische Gattin.

Womit hebt und senkt man?

Der konventionelle und billigste Typ ist der Kosak aus gegossenem Blei. Er sieht mehr aus, als wenn er zum Bleigießen an Silvester bestimmt wäre. Genauso denken die Fische! Ich habe noch keinen erlebt, der auf das matte Bleifischchen angebissen hätte. Bei mir hielten alle Fische das Ding nur für einen blöden Plumps; sie schwammen nicht einmal davon.

Schon besser ist ein leicht eiförmiges, aber mit Ecken versehenes Gebilde aus Kupfer oder Messing. (Immer wieder blank putzen!) Es ist bestimmt nicht besonders reizvoll, aber es verjagt auch keine Fische.

Am meisten reizt der massive Perlmuttspinner mit Propellerschwanz oder abhebendem Propellerkopf. Er dreht sich beim Heben, schlägt oben lustige Volten, dreht sich dann wieder beim Senken. Der macht auf sich aufmerksam! Aber – wenn von einem gewitzten alten Biest unter Wasser erkannt –, flitzt das Biest davon, und alle anderen flitzen mit. Und dann ist gar kein Fisch mehr da!

Daraus ein allgemeines Fazit: Was am meisten reizt, kann die Fische auch am schnellsten verjagen. Dies gilt für alle Blinker, und es sei hier nachgeholt.

Ganz selten zu kaufen sind massive, vernickelte Zylinder mit Rillen; in diesen Rillen sitzen Gummiringe mit Barteln. Diese Gummienden oder -wimpern machen beim Heben und Senken Flimmerbewegungen. Ich als Fisch würde gleich darauf losgehen! Und viele Fische tun das tatsächlich.

(Leider wird Gummi nach drei Jahren morsch, die »Wimpern« brechen ab. Aus Bürogummibändern kann man sie neu basteln.)

Egal – damit habe ich wahrlich schon manchen großen Kerl aus der Tiefe gelockt! Selbst »Kuchenbrückenforellen«! – Das sind alte Forellen, so groß wie Torpedos, die unter vielbegangenen Brücken stehen und von herabgeworfenen Kuchenkrümeln der tierliebenden Bevölkerung leben. Wenn Sie zu denen eine künstliche Fliege hinunterwerfen, reagieren sie nicht. Wenn Sie es mit einem echten Regenwurm am Haken versuchen, gehen die auf Tiefstellung. Wenn Sie Erdbeertorte auf den Haken spießen, hilft das auch nicht, obgleich – ohne Haken allerdings – sonst gern von ihnen »genommen«. Mühlkoppen ohne oder mit Bleikappe läßt die alten Burschen sauer davonziehen, obgleich es doch das Beste ist. Aber auf den Gummiwimpernblinker beim »Heben und Senken« geht manchmal doch eines der Torpedos!

Und dann? – Sie können den Burschen nicht aus dem Wasser hochleiern. Der macht solche Kapriolen in der Luft, daß die Schnur reißt.

Was sonst? – Ihn am Haken halten, mit senkrechter Gerte (senkrecht, damit es federt, während der Kerl seine Fluchten im Wasser veranstaltet, über die Oberfläche schnallt) dem Ufer zuwandern, die Böschung hinunterklettern. Drillen! Nun stehen Sie unten am Bach, lassen den Fisch noch etwas toben – bis er ermattet ist. Das geht aber nicht immer, weil etwas im Weg ist. Nun müssen Sie Ihre Gerte einem kundigen Zuschauer in die Hand geben, der den Fisch zum Ufer dirigiert, und Sie selbst rutschen die Böschung runter und keschern vom Ufer unten. Oder auch umgekehrt: Sie behalten die Gerte in der Hand und geben einem intelligenten Jungen Ihren Kescher.

Es ist gar nicht wahr, daß riesige Forellen unbedingt herausgefischt werden müßten, weil sie gefräßig seien, zu viele andere Fische verspeisen. Nicht einmal ein gieriger Hecht gefährdet den übrigen Bestand an Fischen. Gefährlich ist immer nur der Mensch! Nicht der mit der Angel, auch nicht der Fischdieb, sondern die Abwässer! Die kommen aus Waschmaschinen und Aborten (weil es von letzteren viel zu viele gibt, die direkt ins Wasser münden), auch aus gewinnträchtigen Unternehmen, denen wir alles Gute gönnen, was Arbeitgeber und Arbeitnehmer betrifft, die aber sehr rigoros Flüssigkeiten von sich lassen können. Und einmal genügte nur eine faule Apothekersgehilfin, die überaltete Medikamente nicht in Plastiktüten füllte, sondern durchs Klo spülte. (Das Gaswerk mit seinem abgelassenen Ammoniak war allerdings noch wirkungsvoller!)

Torpedogroßes Stück hin oder her: Wenn es auch keinen merklichen Schaden unter Wasser anrichtet, so macht es doch Spaß, einen Super-Kapitalen am Haken zu haben! Das ist eben der Jagdtrieb in uns! Und Trieb ist schön. Er kommt aus der Natur, damit direkt aus Gottes Hand.

Kapitel XXXIII

Über das Tippfischen

Wenn Sie vom »Heben und Senken« her nun schon eine besonders lange »Stange« haben (fünf bis sieben Meter) und wenn Sie an das Vorfach (um 18/100 Millimeter) nicht einen Kosak oder Zocker knüpfen, sondern eine leichte, künstliche Fliege, dann sind Sie beinahe schon ein Fliegenfischer (Flugangler)!

Damit die Schnur mit der federleichten Fliege nicht in die Führungsringe Ihrer Stange zurückschlüpft, müssen Sie dem Vorfach (etwa 50 bis 100 cm vor der Fliege) ein Bleischrot anklemmen. Bei spürbarem Wind darf das Schrot etwa drei Gramm schwer sein.

Eine Fliege knüpft man ans Vorfach so:

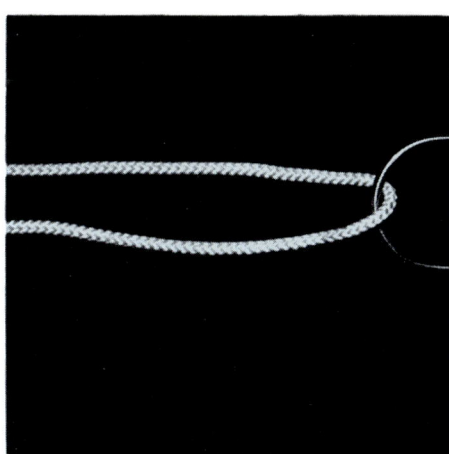

Oben: Vorfach durchs Öhr führen.

Mitte oben: Vorfachende fünfmal um das einlaufende Vorfach schlingen.

Mitte unten: Spitze des Vorfachs durch die Schlaufe stecken.

Rechts: Das Ganze zum Knoten zusammenziehen.

Diese Fliege wird von Ihnen da aufs Wasser getupft, wo Kringel anzeigen, daß die Fische steigen. Wenn keine Kringel da sind, können Sie es trotzdem tun. Manche Fische schwänzeln faul im Wasser, werden durch eine tupfende Fliege aber plötzlich beißhungrig.

Tippen Sie mit der Fliege nur so sanft, daß sie nicht plumpst, sondern auf der

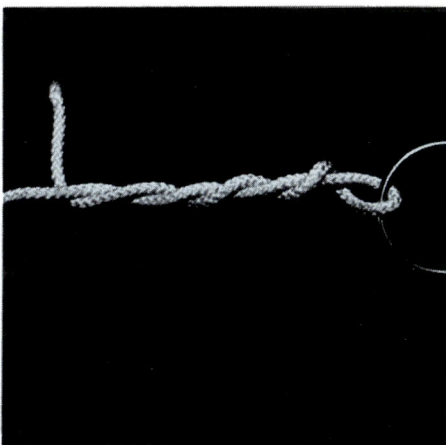

Wasseroberfläche »spielt« wie ein wahrhaftiges Insekt, das vom Wasser immer wieder abhebt. – Je zittriger Sie dabei sind, um so lustiger »spielt« Ihre Fliege auf dem Wasser. Zwischendurch im Tippen eine Pause einlegen, Fliege über dem Wasser herumschwirren lassen (pendeln, manchmal vom Wind etwas seitwärts treiben lassen) und dann erst wieder aufsetzen!

Wenn Sie dabei den Fisch sehen können, kann er Sie genausogut sehen. Der Anblick Ihrer Person nimmt ihm jede Beißlust.

Also ist das Tippfischen mit der Fliege von einer Brücke oder hoch vom Ufer an einer Gumpe (Kolk) aus oft vergebliche Mühe. Der Fisch beißt nicht, schwänzelt entweder tiefer oder davon. Fünf Jahre lang hatte ich einen romantischen Bach in Tirol gepachtet. Die

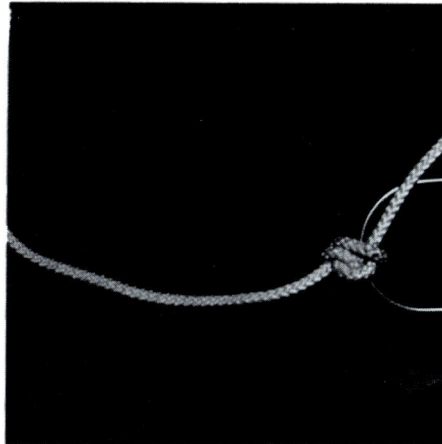

Beute war kärglich, denn der Eigentümer fischte elektrisch für seine Gäste. Aber in einer seitlichen, tiefen Gumpe residierte ein Prachtexemplar samt Hofstaat. Und die »Lakaien«

waren auch nicht von Pappe! – Ich tippte da mit allen Exemplaren der europäischen künstlichen Fliegenindustrie. Ganz selten biß einer vom Hofstaat an, doch das Prachtexemplar schwänzelte nicht einmal. – Nun gut, ich schlängelte mich zum überhängenden Ufer auf Ellenbogen und Knien und »tupfte«. Aber das Prachtexemplar sah dabei mein Gesicht und dachte sich sein Teil.

Ich ließ mir Lederflecken auf die Knieteile der Angelhose nähen und auf die

Ellbogen der Jacke, hielt mein Gesicht zurück, tippte blind. – Nichts!

Am letzten Tag der fünfjährigen Pacht platschte ich mit meinen Watstiefeln durchs Wasser, platschte auch an der Gumpe vorbei, schnellte eine Fliege zum Abschied in jene Gumpe hinein, aber nun von der Wasserseite. Und da sang meine Fliegenrolle, und es wurde ein langer, aufregender Drill. Ich hatte die Prächtige!

Warum? Weil die Fliege von einer Seite kam, von der dem Prachtexem-

plar noch nie eine Fliege plaziert worden war.

Fast ausnahmslos wird vom Ufer aus getippfischt. Nun, das haben die Viecher bald heraus, und wenn Sie auch mit der Nase im Gras liegen. Eine getippte Fliege vom Land her kündet menschliche List!

Zum Tippfischen gehören darum Watstiefel, die man sonst nur zum Fliegenfischen kauft.

Damit wandern Sie ins Wasser hinein und tippen um sich herum. Auch

Ganz links: Nur Fischbabys dürfen mit der Gerte aus dem Wasser gehoben werden. Und auch das gilt als »unfein«.

Oben: Zum Schilfrand führen nur Watstiefel!

Rechts: Und dahin gehört der ganz langstielige Kescher! So wie im Bild macht es nur ein Anfänger.

stromaufwärts in einen Wasserfall hinein! (Lassen da Ihre Fliege getrost vom Wasserschwall unter Wasser drücken, das wirkt so gut wie ein richtiges Insekt, von der Gewalt des Wassers nach unten gezogen.)

Tippfischen auch von verbuschten Ufern aus.

Tippfischen nicht nur auf Salmoniden (Forellen aller Art, Äschen, Saiblinge), sondern sogar auf Verdacht: Es gibt nur wenige Fische – und damit meine ich die Friedfische –, die schließlich

nicht auch einmal auf eine Fliege steigen und zuschnappen. (Nur der Aal tut es nie.)

Welche Fliege? – Eigentlich kommt die Wahl der Fliege erst in einem späteren Kapitel vor. Aber soviel vorweg: zum Tippfischen irgendeine größere Trockenfliege, gut geölt, Haken-Nummer 12 bis 14. Das richtige »Spielen« der Fliege, Ihr Unsichtbarbleiben für den Fisch, beides ist wichtiger als die Farbe oder Form der Fliege! – Universell ist hier die primitive »Behms-

Trockenfliege« in Braun. Ihre überzahlreichen Hecheln glitzern auf der Wasseroberfläche beim Tippen.

An langer Stange ist ein gewitzter Raubfisch, wenn er angebissen hat, nur träge zu parieren. Beim Drill ist Ihnen die Länge Ihrer Tippangel lästig. Beim Heben der so langen Gerte geraten Sie vielleicht ins Geäst. – Lassen Sie den Fisch sich möglichst lange an der Schnur müde toben! Waten Sie in den hohen Gummistiefeln schließlich an eine Stelle, die oben frei von Ästen ist! Holen Sie erst dann den ermüdeten Fisch durch senkrechte Gerte an sich heran!

Sie fluchen beim Tippen, wenn ein steifer Wind Ihre Schnur – trotz Beschwerung des angeklemmten Schrots – davonweht. Fluchen Sie nicht! Das nämlich ist die Angelkunst mit der »geblasenen Leine«. Nur so haben unsere Großväter fliegengefischt! Der Wind weht die Schnur über das Wasser, und durch Senken der Gerte lassen Sie die Fliege aufs Wasser tupfen. Heben wieder die Gerte, lassen den Wind die Leine weiter davonblasen, senken abermals die Gerte, und irgendeinmal schnappt der Fisch nach Ihrer so auf dem Wasser tanzenden künstlichen Fliege! (Mit der Fliegenschnur geht das natürlich noch besser, weil sie dicker ist als Ihr Nylongarn auf der Stationärrolle, sich weiter vom Wind davonblasen läßt.)

Mit der vom Gewitterwind geblasenen Leine habe ich von der Mündung eines kleinen Flusses aus in einen weiten See immer dann, wenn wieder dieser Wind blies, die schönsten Exemplare aus dem See gefischt. Nicht nur Salmoniden, sondern auch Fische, die sich sonst nur mit Regenwürmern und Kartoffeln begnügt hatten. – Das Tippfischen mit der über dem Wasser spielenden Fliege, das Tupfen, macht manche Fische verrückt, ob nun mit langer Stange vom ruhigen Ufer aus oder ob vom heftigen Wind, vom Sturm weit über das bewegte Wasser hinausgetragen.

Wenn das bei Ihnen nicht funktionieren sollte, dann liegt es nicht an mir, sondern ganz einfach daran, daß gerade kein Fisch da ist. Und heutzutage kommt das immer häufiger vor. Der Mensch hat immer besseres Gerät, aber die Fische werden zunehmend scheuer.

Kapitel XXXIV

Über das Fliegenfischen

Fliegenfischen heißt nicht, daß man nach Fliegen fischt, sondern nach einem Fisch. Das Besondere besteht darin, daß der Angler eine über seinem Kopf hin- und herschwirrende (künstliche) Fliege mit besonders gearteter Gerte, einer erstaunlich dicken

Nicht mit der Gerte wird die Schnur zum nächsten Wurf vom Wasser gezogen, sondern durch Handzug an der Schnur vor der Rolle. – Beachte im Bild dementsprechend die falsche Stellung der Gerte!

Schnur mit erschreckend dünnem Vorfach dem vorher gesichteten Fisch »anbietet«, also vor dem Fisch auf die Wasseroberfläche schweben läßt, so zart und so leicht, als sei die Fliege ein Schneeflöckchen. Weil die künstliche Fliege bis dahin oben in der Luft

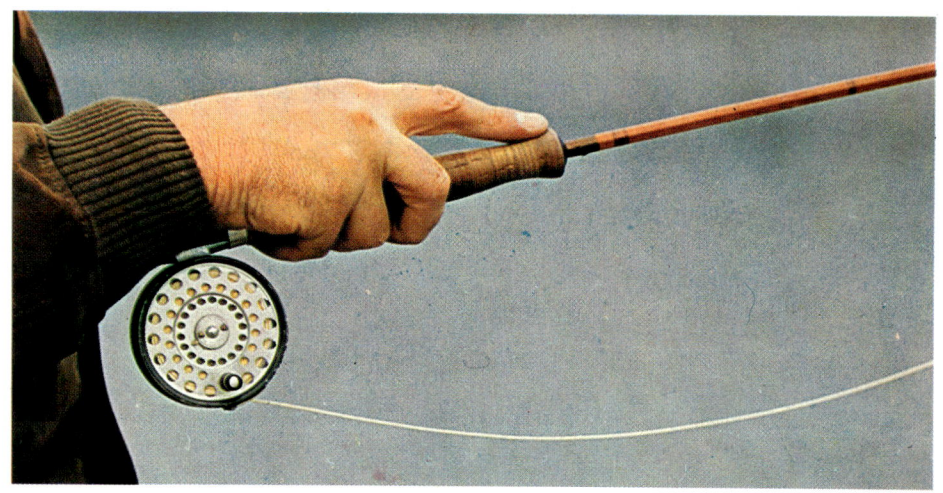

Links: Die Gerte ist nicht Wurf-, sondern Zielgerät! Mit dem Zeigefinger am Handstück zielt man besser als mit dem Daumen.

Unten: Der Anblick ist nicht nur wunderschön, sondern auch verheißungsvoll. — Bestimmt sind hier auch Fische (typisches Salmoniden-Wasser). Mit dem Blinker ist hier gar nichts zu machen, allenfalls Heben und Senken in die Gumpen (Kolke) hinein. — Die Naßfliege verlangt einen Meister an der Gerte.

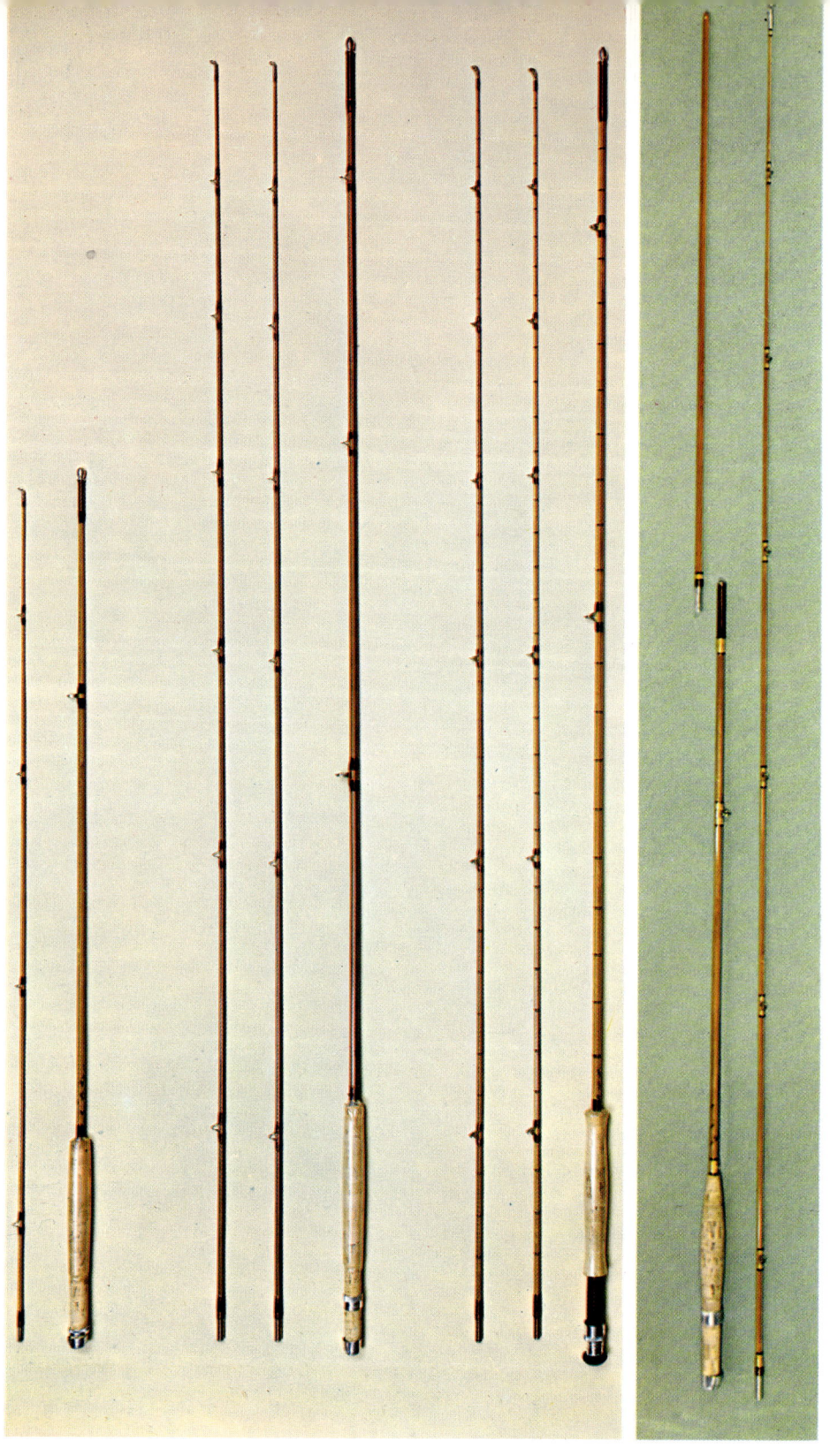

Ganz links eine moderne, kurze
zweiteilige Fliegengerte.
In der Mitte: lange, dreiteilige,
allenfalls zum Tippfischen.
Rechts eine längere, dreiteilige
(mit besonders langer Spitze!).

schwirrt, nennt man das auch »Flugangeln«. Solche Angler verbitten es
sich, »Angler« genannt zu werden,
sondern wollen »Fischer« heißen —
da ist alles etwas *snobbish*.
Aber auch schön!
Wenn man es ganz »snobistisch«
nimmt, muß man seinem Begleiter
— zum Beispiel dem »Lagelträger« —
den vorher gesichteten Fisch ansagen.
(»Bachforelle, links unter dem überhängenden Zweig, nein, der noch davor,
ja der!«) Und wenn statt dessen ein
anderer Fisch in den Haken der Fliege
beißt, gilt der nicht, und der andere
muß wieder abgeködert (befreit) werden. — Beim *snobbish drill* darf sich
der Flugangler nicht von der Stelle
rühren; der gehakte Fisch muß bei
Fuß kommen. — Allein ob ein Fliegenfischer den Fisch mit dem Kescher
aus dem Wasser nimmt oder mit der
Hand, löst zuweilen heftige Diskussio-
nen aus. Oder ob ein Flugangler ein
Körbchen mitträgt oder die herausgenommenen Fische an einer gepflückten
Astgabel durch die Kiemen aufspießt.
Aber wir — Sie und ich — wollen
auch beim Fliegenfischen etwas natürlich bleiben!
Da stellt sich vorerst die Frage: Warum macht man es sich beim Fische-
fangen so schwer?
*Erstens, weil manche Fische nur mit
der Fliege zu kriegen sind. (Gewitzte
Forellen, eingeschüchterte Saiblinge,
immer Äschen.)*
*Zweitens, weil es mehr Geschick ver-
langt, kunstvoller ist.*
*Drittens, weil ein untermaßiger Fisch
kaum »verangelt« werden kann; die
Fliege mit dem winzigen Haken sitzt
in einer Lippe des Fischmauls und läßt
sich leicht wieder aushaken.*
*Viertens, weil der fliegegefischte
Fisch mehr Chancen hat. Das wird
wirklich ein ehrliches Duell zwischen
Fischer und Fisch!*
*Fünftens — aber das ganz subjektiv
aus meiner Sicht —, weil die Technik
des Werfens so schön ist, daß man am
Werfen allein seine Freude hat (sich*

Links: Der macht es richtig: er drillt noch nicht, sondern fühlt an gehobener (und damit federnder) Gerte, was der gehakte Fisch nun anstellen will. Läßt den Fisch sich in der Strömung austoben, pariert den Fluchten, wird ihn allmählich auf seine Uferseite dirigieren — aber nicht zu nah, damit der Fisch samt Schnur nicht zwischen die Steine flüchtet. — Dann härter drillen! Bei Tauchversuchen des Fisches kurz den Drill einstellen, bis der Fisch wieder oben ist.

Oben: Die Polaroidbrille des Fliegenfischers soll über den Augen abschirmen, eventuell auch gegen seitliches Licht (Reflexe vom Wasser), und — sie soll schwimmen können!

sitzen!). — Ich weiß nicht, ob ich mich hier genügend verständlich gemacht habe.

Eine vom Golfunterricht aufgemopte Kleinbürgerin eröffnete mir auf einer Party, daß jedes Golfloch in ihr Ekstase erwecke. Was ich da geantwortet habe, hätte auch Ihnen auf der Zunge gelegen. Meine Frau wurde rot, das Silberne Hochzeitspaar bereute, mich eingeladen zu haben. Aber ehrlich: Was soll mir ein lebloses Loch in einer Wiese, wenn ich mit vielleicht noch mehr Kunst nicht auf ein Loch, sondern auf ein gewitztes Wesen anlegen kann? Mit der ausgeschossenen Schnur ebenso meine Sensibilität wie meine Gelassenheit, Selbstsicherheit, aber auch Nervosität über das Wasser fährt?

Über das Gerät schrieb ich bereits in den Kapiteln III und IV. Über das Zubehör im Kapitel V.

zwischendurch, bei einem schlechten Wurf, auch einmal verflucht).
Ein ausgeworfener Wurm mit oder ohne Pose verschafft keinerlei Wurfgefühl. Ein immer wieder ausgeschleuderter Blinker macht anfangs etwas

Spaß, aber bald wird es lästig. Eine immer wieder plazierte Fliege indessen ist *l'art pour l'art:* Auch wenn der Fisch nicht anbeißt, war es doch ein schöner Wurf (oder auch nicht, aber der nächste soll dann wieder eleganter

Unabdingbar dabei sind die Watstiefel, wenn es ein Wasser ist, in das Sie hineinmarschieren können. Denn die meisten Ufer sind für die Fliegenfischerei ungeeignet: Da wuchert Gebüsch, da wachsen Bäume, und die haben Äste, in denen sich die nach hinten schwirrende Fliege verhakt. Selten ist für die Fliegenwürfe das Ufer hinter Ihnen frei. Selten sind auch

Den Fisch aus dem Wasser führen durch gute Paraden mit der Gerte, durch Schnureinholen und schließlich Heben der Gerte ganz heranholen. Kescher erst unter Wasser tauchen, dann unter den Fisch führen, gelassen heben.

breite Kiesbänke, die Raum geben. Raum ist für die schwirrende Fliege eigentlich erst, wenn Sie mehr oder weniger im Wasser stehen.
Ehe Sie sich ans Fliegenfischen machen, muß ich wieder etwas Gerätekunde einschalten: Über Watstiefel und Wathosen, über ihre Gefahren und über die Flugschnüre und deren Vorfächer.

Kapitel XXXV

Über die Watstiefel

Sie haben andere Schuhnummern, als sonst Ihre Schuhe. Denn in die Watstiefel gehören Watsocken, und die machen zumindest zwei Schuhnummern aus! – Watstiefel also nur mit Watsocken anprobieren!

Watstiefel sollen Ihnen etwa bis zum Schritt reichen. Jeder Zentimeter ist von Wichtigkeit, denn manchmal können Sie noch einen vollen Meter weiter ins Wasser, aber dafür ist ein Zentimeter mehr Schafthöhe des Watstiefels nötig!

Watstiefel gibt es aus gummiertem Textil und aus solidem, dickem Gummi. Die dicken Gummistiefel sind an Land (also über Wasser) schwer, und wenn man sie zu Hause nicht richtig an den Schäften aufhängt, bilden sich winzige Risse, durch die im nächsten Frühjahr Wasser eindringt. Dann brauchen Sie neue Watstiefel. – Die aus gummiertem Textil sind da längst nicht so heikel, aber im Wasser sind sie auch kälter!

Die dicken Gummistiefel bleiben auch dick unter Wasser; in der Strömung wollen die Ihre Beine wegziehen. – Die textilenen schmiegen sich um Ihre Beine, das strömende Wasser zieht Ih-

Unten: Dies ist ein Mannequin, keine Fischerin; man sieht es am Halten des Keschers. Aber hier geht es ja nur darum, die Watstiefel zu zeigen. Auch der Superfischer rechts posiert heroisch für die Kamera. (Warum zieht er mit hart gekrümmter Gerte noch am Fisch, der längst im Kescher ist?) – Lassen Sie sich von keinem Fotografen zu solchen Albernheiten verleiten!

re Beine nicht so stark unter Ihnen weg!

Fazit: im Frühjahr die dicken Gummistiefel. Erst im Sommer die textilenen. Und wenn die aus gummiertem Textil Ihre Waden zu kalt werden lassen, dann können Sie dickwollene Zöpfchenstrümpfe unterziehen, wie sie die Bajuwaren zu ihren Krachledernen tragen.

Es gibt auch Wathosen: gummierte Strampelhosen bis hinauf zu Ihren Brustwarzen. Damit können Sie noch tiefer ins Wasser hineinmarschieren. Aber damit wächst auch eine Gefahr: Wenn in Wathosen Wasser über den Rand läuft, werden Sie unter Wasser gezogen, können nur noch wie ein Molch ans Ufer kommen, dürfen sich nicht von Panik überfallen lassen. Und am flachen Ufer müssen Sie auf allen vieren zum Land emporklettern, denn Sie haben etwa 30 Kilo Wasser um Beine und Bauch.

Fazit: Watstiefel für schnelle Gewässer am Alpenrand. – Wathosen für träge fließendes Wasser im Flachland.

Auf Kieseln rutschen Watstiefel (wie-hosen) immer wieder aus, wenn es keine ganz blankgewaschenen Kiesel sind, sondern bemooste, veraltge. Deswegen haben diese Stiefel ein grobes Stollenprofil. Das hilft nur wenig! Auf glitschigen Brettern hilft es überhaupt nicht. Platsch, liegen Sie da im Wasser. Darum gibt es Watstiefel mit Spike-Sohlen. Damit stehen Sie gut auf bemoosten Brettern (z. B. hinter Wasserfällen, Wehren etc.), aber rutschen auf den Unterwasserkieselsteinen ab, auch wenn die voller Algen sind. Die Spikes schurren die Algen einfach weg!

Am universellsten sind Sohlen mit Filzbelag. – Allerdings: der rubbelt sich bald weg. Nun, dann muß man neuen Filz aufkleben. Dazu ist Ihnen immer Zeit genug gegeben. Zu Hause, vor der nächsten Angeltour, im abgelegenen Gasthof, wenn unten noch gekegelt und tarockiert wird (Karten gespielt).

Zu diesem Behufe führe ich im Koffer mit:

zwei einen Zentimter starke Brettchen, das eine so groß wie die Watstiefelsohle von unten, das andere etwas kleiner, so wie die Sohlen innerhalb des Watstiefels; einen Alleskleber »elastisch«; eine Holzzwinge; und natürlich Reservefilz und eine Blechschere, um den Filz schneiden zu können.

Und nun gibt es zwei Möglichkeiten für die Filzsohle:

1. Sie haben noch das grobstollige Profil unter den Stiefeln, schneiden den Filz in dünne Striemen und kleben ihn zwischen die Stollen; das größere Brettchen von außen drunter, das kleinere Brettchen von innen, mit Zwinge fest anpressen! (Auf den gehörigen Zwingendruck kommt es beim Kleben an, weniger auf die Dauer. – In einer halben Stunde haben Sie den Filz fest unter der Sohle. In der nächsten halben Stunde den zweiten unter dem anderen Stiefel. – Inzwischen Krimi lesen oder dieses Buch!)

2. Sie haben vom Schuster ein etwa handflächengroßes Stück aus dem Sohlenprofil wegfräsen lassen (Profil also nur noch an den Rändern). Dann müssen Sie beim Neubefilzen keine Striemen schneiden, sondern ein Oval, und das dann in die Mitte der Gummisohle kleben. (Nicht »Gummi-Cement« zum Kleben verwenden, denn der ist für Autowerkstätten, für Gummi auf Eisen.)

Im geschäftstüchtigen Davos können Sie umklappbare, zweizackige Krallen kaufen, gedacht für alte Damen, die auf dem vereisten Trottoir nicht ausrutschen möchten. Diese »Glispar« (für Watstiefel: Größe 1) bilden – ausgeklappt – zwei Zacken unter dem Absatz Ihrer Watstiefel. Damit rutschen Sie nicht so aus wie mit bespiketen Watstiefeln, weil die Zacken ja nicht unter der Fußsohle stecken! Und – die »Glispar« zurückgeklappt – können Sie damit getrost über das feinste Parkett watscheln, ohne irreparablen Schaden anzurichten.

Nach jedem Fischertag sollen die Watstiefel schaftunten aufgehängt werden. Dafür gibt es besondere Klammern. Nicht daß ich meine, Sie hätten Schweißfüße, aber: jedenfalls geben Ihre Füße und Beine pro Stunde einiges an Wasserdampf ab, der in den Stiefeln nicht verdunsten kann. Das kann der nur des Nachts, wenn Sie schlafen und die Stiefel mit offenen Schäften aufgehängt sind.

Die Watsocken – meist aus Perlon – sollen ebenso ausdünsten können. Nicht immer reicht dazu eine Nacht. Ergo müssen Sie zumindest zwei Paar Watsocken mit sich führen, wenn Sie tagtäglich in Watstiefeln fischen.

Watsocken aus Perlon sollen nicht mit Seife oder Waschpulver behandelt, sondern nur in lauwarmem Wasser geduldig ausgewrungen werden. Und dann lege ich sie auf einen Tisch oder auf den Schrank. Ausgespülte Watsocken riechen nämlich nicht!

Und weil wir gerade vom Riechen reden: Der Kescher im Schlafgemach stinkt, aber er stinkt herrlich: nämlich nach Fisch.

Kapitel XXXVI

Über die Flugschnur, das Fliegenvorfach und das Backing

Die Flugschnur soll in sich so schwer sein, daß sie durch die Bewegungen der Gerte »ausschießt« (nach heutiger Wurftechnik genauer: Sie soll durch kurzen Zug per Hand die Spitze der Gerte wie eine Feder spannen, um von der Gerte wieder nach vorn geschnellt zu werden, dabei noch weiter ausschießen); und doch soll diese »schwere« Schnur sich sanft über der Wasseroberfläche abrollen und danach auch noch schwimmen! (Über »sinkende« Schnüre später!)

Beides tut eine gewöhnliche (monofile) Nylonschnur niemals. Auswerfen allein wäre mit ihr unmöglich, weil die Fliege nichts wiegt und die leichte Schnur auch keine Wucht hat.

Die klassischen Flugschnüre waren zwar gewichtig, hatten beim Werfen also genügend Schwung in sich selbst. Damit sie aber auf dem Wasser schwammen, mußte man sie unentwegt einfetten, andernfalls versanken sie und zogen die Trockenfliege mit sich in die Tiefe.

Die heutige Flugschnur für die Trockenfliege (das ist eine Fliege, die auf dem Wasser aufhockt und da schwimmt) ist mit winzigen Luftbläschen im Innern durchsetzt. Sie schwimmt auch ohne Fett. Sie dürfe nicht einmal gefettet werden, schreiben dazu die Hersteller. Das ist ein wenig Angeberei! Nach längerem Gebrauch wird zumindest das Schnurende des Schwimmens müde und taucht ein. Ich vermute, daß durch die vielen Strapazen die Luftkämmerchen im Innern aufgeknackt worden sind. — Und nach emsigem Fischen über ein Jahr wird auch die beste *Air-Cell*-Schnur rissig. Dann reibt sie sich an den Führungsringen der Gerte, will nicht mehr aus-

schießen! Weitwürfe werden immer schwieriger. Erst denkt man, nicht gut in Form zu sein, aber es ist gealterte Schnur!

Außerdem ist sie schmutzig, schmierig geworden.

Geben Sie Ihrer neuen Flugschnur schon zu Beginn einen Hauch von Schnurfett. Einen »Hauch« erreicht man, wenn man nach dem Fetten (es gibt dazu besondere Fettbüchsen mit einem Filzflecken) die Schnur durch einen Wollappen zieht. Dadurch wird die von Haus aus schon glatte Flugschnur noch aalglatter und gleitet ungebremst durch alle Führungsringe der Gerte.

Nach acht ganzen Angeltagen ist jede Schnur schmierig, auch im klarsten Wässerchen. — Dagegen gibt es Schnurreinigerpasten. Seien Sie nicht zu faul, denn die Reinigung lohnt sich! (Sie ist zugleich ein neues Fetten. Danach geraten Ihre Würfe wieder eleganter und — so nötig — auch weiter.)

Früher waren alle Flugschnüre grün. Heute wissen wir, daß dem Fisch die Farbe völlig wurscht ist, solange die Schnur nicht ins Wasser eintaucht, sondern oben schwimmen bleibt. Aber *Sie* wollen Ihre Schnur sehen — auch in der Dämmerung. Also haben sich die Farben Weiß, Gelb oder Orange eingebürgert. Und ich rate dazu. So sehen Sie, ob Sie die Fliege richtig plaziert haben (die weit geworfene Fliege läßt sich nicht immer sofort mit dem Auge finden!), ob Seitenwind Ihre Schnur abgetrieben oder Gegenwind Ihre Schnur auf dem Wasser gekräuselt hat, wie die unterschiedliche Strömung die schwimmende Schnur ausbuchtet, abtreibt und so weiter.

Flugschnüre gibt es in über acht verschiedenen Gewichten. Was über AFTM 8 liegt, findet bei uns kaum Verwendung. Früher wurden sie mit Buchstaben benamst, heute durch die AFTM-Norm in Ziffern. Es kommt auf Ihre Gerte an. Eine biegsame, leichte Gerte — oder eine Gerte mit sehr biegsamer Spitze — verlangt allgemein eine leichtere Schnur (die meisten AFTM 4 bis 5). — Eine harte Gerte verlangt AFTM 7 bis 8. (Auf heutigen Gerten ist die AFTM-Zahl aufgepinselt!) — Die »harte« Gerte gebrauche ich für die Naßfliege, gar den Streamer oder für Flugangeln bei leichtem Gegenwind. (Bei starkem Gegenwind werfe ich nur noch quer zum Wind oder mit dem Wind; wir kommen noch darauf.)

Es hat sich gezeigt, daß man mit einer Flugschnur, die sich zum vorderen Ende hin verjüngt, besser werfen kann als mit einer Schnur, die von vorne bis hinten gleich dick ist.

Eine heutige, ordentliche Flugschnur ist deshalb immer verjüngt. (Nur die ganz billigen sind es nicht.) — Dann haben sich aber wohl die Fliegenfischer beschwert: Wenn das vordere, verjüngte Ende verschlissen sei, müßten sie die ganze Schnur wegwerfen, obgleich die am hinteren Ende auf der Rolle noch taufrisch sei.

Das ist wahr: Meist wirft der Flugangler nur kurz, benutzt also nur das vorderste Drittel seiner Flugschnur. Weitwürfe sind selten; jeder gewitzte Flugangler vermeidet sie, wenn möglich, denn die Reaktion, der Anhieb, kommt dann träge, der Fisch, der nach der Fliege schnappt, wird verpaßt, weil er die Fliege schon wieder ausspucken konnte.

Die Sache mit dem ungenutzten Hinterteil der Schnur wurde von der Industrie auch eingesehen, und bald gab es die doppelt verjüngten Schnüre. Ist das eine Ende rissig, verschlissen, wird die Flugschnur mit dem alten Ende auf die Rolle umgespult, und nun hat der Angler vorn das noch unstrapazierte Ende.

Natürlich ist das nichts für extreme Weitwürfe. Aber wann werden Sie in den ersten Jahren Ihrer Flugangelei schon über 15 m weit werfen? Und wenn Sie trainierter sind, können Sie auch an die 20 Meter »doppelt-verjüngte« Flugschnur aus der Gerte schießen lassen, wenn auch nur mit etwas Gewalt.

Wenn Sie ein tüchtiger Fliegenfischer geworden sind – oder längst sein sollten –, die »doppelt Verjüngte« Sie bei Weitwürfen ärgert, Sie nicht an einem kleinen Bach fischen, sondern im Fluß oder am See, dann kaufen Sie möglichst nicht eine »einfach Verjüngte«, sondern gleich eine kostbare »Keulenförmige«; sie läuft am dünnen Ende konisch aus und ist für Virtuosen bestimmt.

Das Mädchen, das Ihnen im wohlsortierten Spezial-Sportangelgeschäft eine Flugschnur verkauft, muß das alles nicht wissen. Es legt Ihnen gelangweilt verschiedene quadratische Kartons vor mit englischen Aufschriften, auch wenn die Schnüre aus Deutschland kommen. Darauf steht vielleicht HDH, eine alte Bezeichnung für eine doppelt verjüngte Schnur vom Gewicht AFTM 5. Darum nachfolgende Tabelle:

Dazu noch eine Tabelle:

L heißt:
    von vorn bis hinten gleich dick, parallel (oder *Level*)
DT heißt:
    doppelt verjüngt (*Double Taper*)
ST heißt:
    einfach verjüngt (*Single Taper*)
WF heißt:
    Keulenform (*Weight Forward*)

Eine keulenförmige Schnur mit Gewicht 5 würde dann heißen: WF 5.
Wenn sie auf dem Wasser schwimmen soll, heißt sie: WF 5 F (F = *Floating*).
Wenn sie im Wasser untertauchen soll, heißt sie: WF 5 S (S = *Sinking*).
Warum soll eine Schnur untertauchen, wenn man sich sonst soviel Mühe gab, Flugschnüre schwimmend zu machen, sei es ehedem durch Einfetten, sei es heute durch Luftbläschen darin?
Wegen der Naßfliege!
Es gibt nämlich Tage oder Stunden, an denen die Fische nicht steigen, nach ihren Mücken nicht über die Wasseroberfläche springen, sondern nur so dahinschwänzeln und abwarten, ob nicht ein ertrunkenes Insekt vorbeitreibt. Die Naßfliege taucht unter. Natürlich tut sie das auch an der schwimmenden Schnur, aber nicht so schnell und nicht so tief! Da soll die sinkende Schnur etwas nachhelfen.
(Die Wurftechnik gehört noch nicht hierher, denn wir sind ja noch beim Einkaufen!)
Weil ich Ihnen in einem späteren Kapitel vor das geistige Auge führen werde, warum Sie mit der Trockenfliege anfangen sollen – vorweg: sie ist reizvoller, schärft den Blick, gibt mehr Erlebnis –, kaufen Sie zu Anfang:
Eine weiße oder leuchtend gefärbte schwimmende Schnur, doppelt verjüngt, zum Beispiel DT . . .* F. (Dazu ein Döschen Schnurreiniger, eventuell auch Schnurfett.)
Eine zu leichte Schnur – gemessen an der Härte Ihrer Gerte – führt zu schlechten Würfen; die Schnur kräu-

selt sich über das Wasser oder schnuckt beim Auflegen wieder zurück.
Eine zu schwere Schnur macht teure, gesplißte Gerten bald lahm, lädiert ihnen vorzeitig das Rückgrat. Bei leichter Brise allerdings ist sie verführerisch, zugegeben. Auf Fiberglasgerten ist sie aber nicht für Weitwürfe geeignet, weil die Gertenspitze nicht die Kraft zum federnden Vorschnellen aufbringt.
Schnur und Gerte müssen nun einmal aufeinander abgestimmt sein! Versuchen Sie nicht, klüger zu sein als die Fabrikanten. Die Angelindustrie hütet sich, Falsches an den Mann zu bringen, weil Angler kritisch sind, sozusagen selber vom Fach!
An die dicke Flugschnur kann man keine federleichte Fliege binden. Von der Schnur zur Fliege gehört das Vorfach.
Manchmal werden Ihnen zum Trockenfliegenfischen fertige Vorfächer mit angeknüpften Seitenarmen angedreht. Das kommt von einstmals: an die Seitenarme wurden Trockenfliegen geknüpft (»Springer«), an den geraden Schwanz eine schwere Naßfliege (»Strecker«). So landeten bei jedem Wurf fünf Fliegen im Wasser, vier blieben auf dem Wasser, eine sank unter. Aber das ist den heutigen Fischen zu »gescheit«: Sie flitzen vor diesem Bombenteppich davon. Unsportlich ist es überdies.
Kaufen Sie ein Vorfach mit nur einem Ende! Diese fertigen Vorfächer sind auch wieder verjüngt. Das dicke Ende wird an die Schnur geknüpft (siehe Kapitel über »Knoten«), an das eine dünne Ende kommt die Fliege.
Im Wasser ergraute Fliegenfischer aber halten nichts von diesen verjüngten Vorfächern; sie knüpfen ihre Vorfächer stufenweise aus Vorfachgarn zusammen: 40 Zentimeter Stärke 35/100, 40 Zentimeter Stärke 22, 40 Zentimeter Stärke 18 und 50 Zentimeter Stärke 12 bis 15. – Das ist eine beruhigende Beschäftigung abends im Schlafgemach des Gasthauses. (Siehe wieder Kapitel »Knoten«!)
Ich bin davon wieder abgekommen, so preisgünstig und sportlich dies auch sein mag. Ich kaufe Fertiges, »verjüngt«, und dazu ein Röllchen Vor-

Alte Bezeichnung:	HEH	HDH	HCH	GBG	GAG	GAAG	G3AG
AFTM, heute:	4	5	6	7	8	9	10

(In obiger Tabelle die zu 90 Prozent gebrauchten doppelt verjüngten Schnüre. Erster Buchstabe ist Stärke am vorderen Ende, zweiter Buchstabe die Stärke in der Mitte der Schnur, dritter Buchstabe die Stärke am hinteren Ende. – Die AFTM-Bezeichnung gibt das Gewicht nur des Schnurendes über etwa einen Meter an.)

Nun gut, Sie kaufen die Schnur nach AFTM-Gewicht, wie es auf Ihrer Gerte vermerkt ist. Aber wie erfahren Sie auf dem Karton, welcher Typ das ist?

_____

* hier AFTM-Ziffer, zum Beispiel 5, wie es auf Ihrer Gerte steht!

Fertig gekaufte Vorfächer haben eine Schlaufe. Dann muß das Ende der Flugschnur auch geschlauft werden. Das gibt bei

jedem Wurf einen harten Plitsch auf das Wasser. – Nur in stark strömendem, wirbelndem Wasser erträglich.

fachgarn der Stärke 16 bis 18/100. Wenn nämlich einmal das Vorfach reißen sollte (durch Hänger oder zu starken Fisch oder eigene Dämlichkeit beim Drill), dann knote ich an das fabrikgefertigte, verjüngte Vorfach wieder etwas Garn an.

Wie dünn soll denn eigentlich das Vorfach am dünnsten Ende sein?

Je stärker (dicker) es ist, um so leichter sieht es der Fisch. Und justament die großen Exemplare sehen am genauesten hin. Für die müßte man ganz dünnes Vorfach nehmen. Aber das dünne Vorfach ist wiederum schwach, die Großen, Gewitzten reißen dann leichter ab.

Ich habe mich auf Stärke 16 bis 18 eingependelt. Denn die Dicke des Vorfachs ist gar nicht so ausschlaggebend, sondern zwei andere Sachen:

1. Das Vorfach darf nicht eine Spur von Fliegenfett mitkriegen. Auf und auch unter dem Wasser setzen sich daran Wasserperlen, und das Ganze glitzert dann und vertreibt auch den beißlustigsten Fisch.

2. Das Vorfach darf durch das Einknüpfen der Fliege keine Locken haben, denn jede Locke taucht ins Wasser, irisiert dort mit vielfältiger, optischer Brechung. Und dann weiß der Fisch wieder Bescheid, der Appetit vergeht ihm.

Gelocktes Vorfach können Sie versuchsweise durch einen Gummilappen straffziehen (Stück vom ausgedienten Fahrradschlauch), aber richtig gerade oder nur mit einer sanften Welle wird es dadurch selten! Besser: ein neues Vorfach (oder Vorfach-Ende!).

Bei allem dürfen Sie ein wenig knausern: Es muß nicht die teuerste (Koh-

Schnurfetter in Büchlein-Form, innen befilzt. Dahinein einen Klatsch Schnurfett, dann Schnur durchziehen. Hinterher sanft durch einen Wollappen ziehen (damit es nicht zu fett bleibt).

lenfaser-)Gerte sein, die keulenförmige Flugschnur, die englischste Rolle, – nur beim Vorfach dürfen Sie nie geizig sein! – Ja, verdammt, ich kenne das: Vorfach plötzlich gekrüngelt, gerade Beißstunde, Fische springen. Bald ist das vorbei. Und dann sollen Sie die Nerven haben, ein neues Vorfach anzuknüpfen (oder sein Ende abzuschneiden, von der kleinen Plastikspule dünnes Garn abzuziehen, vorzuknüpfen) und danach wieder den Patentknoten mit der Fliege zu veranstalten?

Tun Sie es dennoch! Nehmen Sie sich die Zeit. Es kommt bestimmt noch eine weitere Beißstunde. Und wenn es zu lange ruhig bleibt, versuchen Sie es mit der Naßfliege! – Gerte und

Flugschnur sind zum Werfen da, die Fliege zur Verführung, aber das Vorfach, das ist Ihr eigentlicher Kontakt zum Fisch!

Wenn Sie die Flugschnur auf Ihre Rolle gespult haben, mögen Sie sich wundern, weil Ihnen die Rolle zu groß erscheint für etwa 28 Meter Flugschnur. – Nun, diese Rolle hat bei ihrer Herstellung damit gerechnet, daß hinter der Flugschnur noch Hinterschnur (*Backing*) aufgespult wird. Da hat die Rolle recht:

Es könnte der glückliche Moment kommen, da Sie einen massiven Burschen an der Fliege haben. Der zieht Ihnen Schnur von der Rolle, daß es nur so singt! Sie könnten die Rolle mit der Hand bremsen, aber dann reißt der Bursche einfach ab. Der Klügere gibt nach. Mit 30 Yards Flugschnur geht Ihnen nach 28 Metern die Klugheit aber aus; die Schnur ist an ihrem Ende.

Darum das *Backing*! – Erst spulen Sie 50 Meter monofiles Nylon Stärke 30/100 auf die Fliegenrolle, daran erst knüpfen Sie die Flugschnur! Nun kann der Bursche 50 Meter weiter davonziehen. Sie werden ihn bis dahin schon müde gemacht haben, können einrollen, wieder – wenn er erneut wild wird – Schnur abziehen lassen (immer gebremst, aber doch nicht so, daß das Vorfach reißt!) und wieder heranholen. Je mehr man einem »Wilden« nachgeben kann, um so müder macht er sich!

Also kaufen Sie zur Flugschnur noch sechs Vorfächer und eine kleine Spule mit Vorfachgarn 16 bis 18/100 und noch 50 Meter einfache Nylonschnur der Stärke 35/100 fürs Backing.

Kapitel XXXVII

Über die Wasserkugel (Buldo)

Der feine Fliegenfischer greift nicht zum Buldo. Aber der Buldo ist für verzweifelte Fliegenfischer erdacht: eine Wasserkugel, die man mehr als halb mit Wasser füllen kann. Sie gehört nicht an die Fliegengerte, sondern an die leichte Spinnangel mit Stationärrolle.

Die Wasserkugel ist für Stellen, an die man mit der Fliege an der Fliegengerte einfach nicht hinkommt, wo aber prächtige Exemplare stehen. Und sie ist für Weitwürfe, die – zum Beispiel wegen des aufkommenden Windes – einfach mit der Flugschnur nicht aufzubringen sind.

An das Ende der Nylonschnur die Wasserkugel. An die Wasserkugel ein

Linke Seite: Vom Wasser (oder Ufer) aus gegen den Wind stromaufwärts eine Fliege zu plazieren verlangt besondere Kunst. Das geht einfacher mit dem Buldo (Wasserkugel, unten).

Fliegenvorfach. Und daran die Fliege! Die Wasserkugel wird vom Fisch schwer gesichtet. – In Bach oder Fluß plaziert man sie oberhalb der Strömung. Dann treibt sie am Fisch vor-

bei und zieht die Fliege mit sich. Man muß nicht blitzschnell beim Anbiß reagieren, denn die Wasserkugel leistet meistens soviel Widerstand, daß der Fisch sich den Haken ins Maul zieht. *Studieren Sie genau Ihre Fischerei-Erlaubnis, denn oftmals ist die Wasserkugel an einem Gewässer verboten. Zu Recht: Sie hat wenig mit Sport zu tun, nur mit Beutemachen. Weil die dicksten Fische da stehen, wo sonst keiner hinkommt.*
Wenn Sie als Gast eines fischwasserbegüterten Freundes fischen, nehmen Sie niemals die Wasserkugel! Sie wür-

den von Ihrem Freund nie wieder eingeladen. Es sei denn, Ihr Freund sagt: »Mein Lieber, diese alte Standforelle mußt Du mir wegfischen. An das Luder bin ich noch nie herangekommen.« – Ich schrieb es schon früher: alte Standforellen (oder andere Raubfische) dezimieren selten den übrigen

Bestand, aber sie vertreiben ihre Artgenossen auf mehr als hundert Meter Wasser. So wäre die Bitte Ihres Gastgebers verständlich.
Wie auch immer: ich greife nie zur Wasserkugel – aber ich habe immer eine bei mir. – Jetzt wissen Sie um meinen Charakter.

Kapitel XXXVIII

Über die Fliegen

Um die Wahl der künstlichen Fliege wird viel zuviel Gedöhns gemacht. Jeder will sich da wichtig machen. Die richtige Fliege ist Glückssache und manchmal auch Sache des Gespürs.

Festgestellt muß erst einmal werden, daß die künstlichen Fliegen kaum noch Nachbildungen aus der Natur sind, sondern Phantasie-Gebilde! Und das ist gut so, denn warum sollte ein vernünftiger Fisch in eine künstliche Fliege beißen, deren Naturexemplare in der Luft zu Tausenden herumschwirren?

Also ist es auch kein Patentrezept, erst

Die meisten heutigen Fliegen sind keine Nachbildungen, sondern Phantasiegebilde. Ebenso ihre Namen. Die Namen haben deshalb nur Katalogwert, sind Codes für die Bestellung. Wenn man sich am Wasser nicht beraten lassen kann, muß man selbst ausprobieren!

Linke Seite: »Königskutscher«.

Rechts oben: »Weiße Motte«.

Rechts unten: »Blaue Kielmücke«.

die über dem Wasser schwirrenden Fliegen auszukundschaften und dann eine Nachbildung ans Vorfach zu knüpfen.

Es wurde auch schon empfohlen, dem getöteten Fisch den Magen aufzuschlitzen und eine Beschauung des Mageninhalts zu veranstalten: Welche Fliegen der Fisch im Bauch habe. Dazu muß man erst einmal einen Fisch gefangen haben! Und wenn einem das mit irgendeiner Fliege gelingt, ist das für dieses Wasser, an diesem Tage und zu dieser Stunde nicht unbedingt eine besonders fängige Fliege, aber auch keine ganz falsche.

Jeder Ratgeber für die Fliegenwahl ist Humbug.

Bevor wir uns an diesen Humbug heranwagen, wollen wir die künstlichen Fliegen grob in Kategorien einteilen:

A. Die *Trockenfliege* schwimmt auf dem Wasser, hockt sich, elegant und zart geworfen, auf die Oberfläche und schwimmt in der Strömung davon, zieht dann einen furchenden Halbkreis über die Strömung. – Einer hat's vom anderen fortlaufend abgeschrieben: Daß eine übers Wasser furchende Fliege nicht angebissen werde, gar die Fische verscheuche. Wahr daran ist nur ein bißchen: Die still auf dem Wasser liegende beziehungsweise davontreibende Fliege erregt bei den Fischen am wenigsten Argwohn. Aber neugierig, gar beißlustig macht sie auch nicht.

Freund, wenn Sie die Fliege plaziert haben, für ein von Ihnen gesichtetes Exemplar unter Wasser bestimmt oder – auf Verdacht – oberhalb einer Stelle, an der Wasserringe anzeigen, daß dort die Fische steigen, nach »Flugnahrung« jagen, und nichts beißt dann, und Ihre Fliege treibt wei-

Je vergrämter die Fische, um so transparenter soll das Puschelkleid der Fliege sein.

Oben: »Rotspinner«.

Mitte: »Märzbraune« (gibt es männlich und weiblich).

Unten: »Gordon Quill«.

ter abwärts, lassen Sie sie treiben. Und wenn die Fliege durch den Strömungszug an Ihrer Schnur nun über das Wasser gleitet, über kleine Wellen hüpft, schließlich unterhalb von Ihnen Zickzack auf dem Wasser macht, dann geben Sie bitte noch längst nicht auf! – Ich habe Stunden kennengelernt, wo nur mit der über das Wasser gleitenden, »furchenden« Fliege die bis dahin so faul unter Wasser stehenden Burschen doch stiegen; eben von dieser Fliege am Gemüt gekitzelt, und nur so nach meiner Fliege schnappten. Auf stillem See – also ohne Strömung – habe ich Fliegen durch Wippen der Gerte geradezu hüpfen lassen. Und gerade dann konnten es manche Exemplare einfach nicht mehr lassen, obgleich sie – das möchte ich wetten – vorher überhaupt keine Beißlust verspürten.

Eine billige Trockenfliege taucht beim dritten Wurf schon unter. Eine gute Fliege läßt sich stundenlang aufs Wasser werfen und schwimmt weiter. Aber keine Trockenfliege schwimmt ewig. – Darum muß sie gefettet werden. – Da gibt es Silikon-Spray, herrlich praktisch. Aber nach dem Spray bilden sich an den Hecheln der Fliege unter Wasser winzige Luftbläschen, die keinem Fisch einleuchten, ihm vielleicht verdächtig vorkommen. Und außerdem hält der Spray nicht so lange wie schmieriges Silikonfett bester Herkunft.

Fliege zum Einfetten am Öhr anfassen (damit kein Fett auf das Vorfach gerät!), genüßlich zwischen den fettigen Fingern zwirbeln, bis Leib und Hecheln garantiert fettig sind. Nur nicht die Flügel fetten!

Eine durchs Einfetten verzwirbelte

Fliege sieht nicht mehr ladenneu aus. Schade drum? Im Gegenteil: Nun sieht sie viel natürlicher aus. Am besten fing ich immer mit Fliegen, die durch Einfetterei am Ende aussahen wie gerupfte Hühnchen. Nur darauf achten, daß die Hecheln nach dem Fetten etwa gleichmäßig gespreizt sind, sich nicht zu Pinselchen verkleben. Denn die Fliege soll ja aufrecht mit ihren Hecheln auf dem Wasser hocken, Haken nach unten, Köpfchen hoch, Schwänzchen auf dem Wasser.

Ist die Trockenfliege schon einmal in ein Fischmaul geraten, dann ist sie verschleimt und keine Trockenfliege mehr. – Geduldig die Fliege im Wasser auswaschen. Dann mit der Gerte so lange über Ihrem Kopf durch die Luft schwenken, bis sie knochentrokken ist. Erst dann wieder neu fetten! Über manche Trockenfliegen wird geschimpft, weil bei ihnen der Haken abbräche. Tatsächlich gibt es sehr sprödes Hakenmaterial. Aber der eigentliche Fehler liegt beim Fischer: Er hat die Gerte falsch geführt, die Fliege ist beim Ausholen hinter ihm auf Kieselsteine geprallt. – Darüber im nächsten Kapitel (XXXIX).

Auch die beste »geflügelte« Trockenfliege hat nach ein bis zwei Stunden keine Flügelchen mehr. Die Flügel sind aufgebrochen zu einem Strahlenkranz. Fischen Sie getrost damit weiter! Die Fische kennen ja nicht die Bilder aus dem Fliegenkatalog mit den schönen Flügelchen an den Fliegen.

Und nun blättern Sie bitte nochmals zurück zum Kapitel XXXVI (über die Flugschnur, das Fliegenvorfach und das Backing), weil die schönste Fliege nichts einbringt, wenn es mit Schnur und Vorfach nicht stimmt!

Und nun endlich nähern wir uns dem »Humbug«: Über a) Größe, b) Form und c) Farbe der Fliege.

a) Anfangs denkt man, daß große Fliegen besonders verlockend seien. Aber unsere heutigen Fische haben die dicken Fliegen längst satt; es ist immer ein Haken dran.

Oben: »Traunfliege«.

Unten: »Light Cahill«.

Die nach unten ragenden »Haare« der Fliege kürze ich mit der Schere, damit die Fliege besser »aufhockt«.

Links: Das sind Nymphen. Ich greife danach bei anhaltendem schlechtem Wetter, wenn kein Fisch »steigen« will.

Unten: »Schwarzer Zulu« (rechts schwarzer Zulu als Albino). Die beiden sind keine Nymphen, aber man kann sie rasieren, dann werden es solche!

Fliegen mit Hakengröße 12 bis 14 sind in ausgekochten Gewässern auch schon zu groß. Also fischen da die ganz gewitzten Angler mit Hakengröße 16 bis 18 (Fliegen auf Hechte und Lachse hier natürlich ausgenommen!). Beachten: Je größer die Nummer, um so kleiner der Haken. – Je kleiner die Fliege, um so argloser der Fisch. Die meisten natürlichen Mücken über dem Wasser würden im Katalog die Hakengröße 28 erhalten, wenn sie künstlich wären.

An jedem Fischwasser aber kommt der Tag, da die Fische auch bei Hakengröße 18 unlustig werden. Und da habe ich zuweilen mit Erfolg auch wieder große Fliegen (12 bis 14) angeknüpft, mit Flügeln so groß wie sonst nur an Schmetterlingen.

An einem Ihnen unbekannten Wasser knüpfen Sie Größe 16 an. Diese Fliegen sind auch für Äschen nicht zu groß. – Nur der dumme Döbel (Aitel) schnappt seltener danach. – Wenn sich damit gar nichts rührt, wechseln Sie aus gegen eine kleinere Fliege (18). Diese winzige Fliege hat nur einen Nachteil: Sie kann vom gehakten Fisch leichter ausgespuckt werden; damit müssen Sie also schneller reagieren, »anhauen«, die Fliege und das Wasser unter ihr dauernd und fest im Auge behalten. (Was übrigens keine schlechte Betätigung ist, denn dann denken Sie weniger ans Finanzamt und trainieren Ihre Augen.)

Wenn Sie aber gewahr werden, daß andere Fischer auch mit winzigen Fliegen anlegen, und wenn die beim näheren Kennenlernen, beim abendlichen Umtrunk darauf schwören, daß es hier nur noch mit den ganz kleinen Fliegen »ginge«, dann halten Sie die Klappe und folgen still meinem Rat: Am nächsten Tag die Fische in diesem Wasser mit einer großen Fliege (12 bis 14) überrumpeln!

b) Trockenfliegen haben die unterschiedlichsten Formen. Dicke Leiber und dünne. Puschelig oder die Hecheln nur als zarter Strahlenkranz. Aufrecht stehende Flügelchen oder angelegte oder eben gar keine. Schwänzchen oder keines. Es ist, wenn nicht lange an einem Wasser durchprobiert, nur eine Glaubensfrage.

An einem Wasser mit spiegelglatter Oberfläche knüpfe ich die feingliedrige Fliege (ohne dicken Bauch) mit zartem Strahlenkranz an, zum Beispiel aus dem Ritz-Sortiment. – Auf welligem, bewegtem Wasser auch eine mit dünnem Leib, aber etwas puschelig, mit vielen Hecheln (aber keine, die durch Hecheln ganz verigelt ist, denn die wird selten von einem Fisch ernst genommen). – In der prallen Mittagssonne binde ich geflügelte Fliegen an. Ich habe eine unbegründete Vorliebe für Sedges*: Fliegen mit angelegten Flügelchen.*

c) Am problematischsten ist es mit der Wahl der Farbe. Wenn man bei Größe und Form noch vom »Humbug« reden kann – die Farbe spielt tatsächlich eine Rolle. Aber darüber gibt es keine Tabellen. Es ist von Wasser zu Wasser verschieden, und auch von der Tageszeit hängt es ab.

Ich kenne einen Bach, in dem es nur mit schwarzen Fliegen »geht«. Ich kenne einen kleinen Fluß, in dem graue Fliegen am erfolgreichsten sind. Ich kenne einen ausgewachsenen Fluß, der morgens braune Fliegen für seine Fische will, mittags bläuliche und am Abend tiefrote oder schwarze. – Ich habe nur noch kein Wasser erlebt, dessen Fische auf Lila anbissen (solche Fliegen erhielt ich in Frankreich), und kaum einen Fisch, der Hunger auf eine grüne Fliege gezeigt hätte. Natürlich mag es solche Gewässer geben, aber bei uns kommen solche Fische nach meiner Erfahrung nicht vor.

Am neutralsten ist die braune Fliege. Mit der fangen Sie nicht immer gut, aber doch zu jeder Zeit und an jedem Wasser einigermaßen. – Wenn Sie unzufrieden sind, versuchen Sie eine Fliege mit rotem Leib. – Erst danach versuchen Sie es mit einer grauen. Die grauen Fliegen verjagen keine Fische, das ist ihr Gutes! – In schattigen Bächen mit wenig Wasser sollten Sie es auch mit einer schwarzen versuchen. Nun soll die Fliege nicht nur vom Fisch gesehen und ersehnt werden, sondern auch von Ihrem Auge verfolgt, wenn sie über das Wasser treibt.

Aus all diesen Forderungen (a, b, c) und der Sichtigkeit für den Fliegenfischer, kreierte ich eine Mischfliege:
Eine *Sedge* mit rotem Leib, schwarzen Hecheln vorn und weißen, angelegten Flügelchen (um für mich in der Dämmerung noch sichtbar zu bleiben). Die gibt es nirgends zu kaufen. Die können Sie sich nur selber binden, und dafür gibt es wiederum ein Werksortiment von den Angelgerätefirmen.
In den guten alten Zeiten wickelte sich der Flugangler all seine Fliegen selbst. Dann gab es die Fliegen fertig zu kau-

»Alexandra«. Ein solches Federkleid auf einer Fliege lockt selten einen Fisch. Aber es gibt keine Regeln! Damit habe ich auch schon gefangen, wenn eine veritable Fliege »nicht ging«.

fen. Aber künstliche Fliegen verlangen teure Dienstleistung von geduldigen Mädchen, die sich bei Fliegen nicht von Maschinen ersetzen lassen. So sind die Fliegen heute entweder sündhaft teuer oder sündhaft schlecht geworden. Das Selberbinden lohnt sich schon wieder und soll für die Nerven gesund sein.

Auf den Bildern dieses Kapitels finden Sie auf dem Markt befindliche Fliegen, nicht alle – Gott steh mir bei! –, sondern diejenigen, die zum Beispiel ich einkaufe und mit mir führe. – Und die reichen!
B. Die *Naßfliege* soll nach dem Wurf untertauchen. Darüber war schon im Kapitel XXXV (Flugschnüre und Vorfächer) zu lesen. Sie spielt ertrunkenes Insekt. Sie treibt also auch an einem unlustigen, tief stehenden Fisch vorbei, der eigentlich keine Fliege, im Augenblick nur seine Ruhe haben will, der es aber nicht lassen kann, weil eine ersoffene Fliege nun einmal leicht zu schnappen ist.

Die Naßfliege ist einzige Hilfe auch dann, wenn Sie beim Trockenfischen Wind gegen sich haben, die Schnur nur noch mit quasi Peitschenhieb ausschnellen können, wobei die Fliege sich dann nicht sittsam und zart aufs Wasser hockt, sondern da fast einen Plumpser macht. Alle Fische stieben davon!
Die Naßfliege wird quer über die Strömung geworfen, taucht schnell unter Wasser (vor allem mit »sinkender Schnur«), wird nicht mehr vom Wind abgetrieben. Auch sie schlägt

schließlich einen Halbkreis um den Fischer. Bleibt, in der Strömung gehalten, vielleicht weiter unter Wasser, oder steigt, weil die Strömung zu hart ist, nun auf die Oberfläche, zieht da Furchen, läuft hin und her. Und kann dann doch einen Anbiß bringen! (Lassen Sie sich das von keinem Besserwisser ausreden!)

Ich werfe quer, gebe Schnur von der Rolle nach, sobald ich das Empfinden habe, daß die Fliege aus dem Wasser aufsteigt, gebe noch mehr Schnur – sehr unsportlich! –, und so treibt die Fliege unter Wasser über weitere Gründe hinweg stromabwärts. Das treibe ich immer wieder, und beim nächsten Mal gebe ich noch mehr Schnur von der Rolle, ehe ich die Fliege wieder einhole.

Die Naßfliege verlangt von Ihnen mehr als die Trockenfliege: Sie können selten den nach der Fliege steigenden Fisch sichten. Sie sind ganz angewiesen auf das Gefühl an der Schnur. Und diese Schnur fühlen Sie zwischen Daumen und Zeigefinger Ihrer linken Hand (Rechtshänder).

Um die Schnur als Informanten stets zu spüren, gehört zum Wurf der Naßfliege, daß Sie mit der freien Hand sofort etwas an der Schnur (am Handstück der Gerte) zupfen, etwas einholen, die Schnur auf leichte Spannung (Kontakt) halten.

Beim Trockenfischen können Sie anhauen, sobald Sie sehen, daß der Fisch nach Ihrer Fliege steigt, anbeißt. Bei der Naßfliege können Sie das nur über die Schnur fühlen, also muß die Schnur immer »straff« bleiben. Eine Naßfliege an laxer Schnur wird vom Fisch gleich wieder ausgespien.

Der Naßfliegen gibt es – bei aller babylonischen Sprachverwirrung in den Angelbüchern und Katalogen – drei Arten.

1. Die wirkliche nasse Fliege schlechthin. Sie kann Hecheln haben, puschelig sein, sogar Flügelchen besitzen – nur muß sie nicht schwimmen können. – Übrigens: Eine fettlos gewordene, malträtierte Trockenfliege wird von selbst eine solche Naßfliege, eben weil

Oben: »Zimtfliege«.
Unten: »Blue Winged Olive«.

sie untergeht. So gestehe ich ungeniert, nach erfolglosem Trockenfischen an einem Wasser, in dem sich offenbar nichts aus der Tiefe emporlocken ließ, schließlich meine Trockenfliege nicht mehr gefettet zu haben. Ich habe einfach weitergeworfen, die Trockenfliege tauchen lassen. Was soll's? Schließlich hat doch einer angebissen!

2. Die Nymphe gehört schon in die Sprachverwirrung. Oftmals wird jede Naßfliege als »Nymphe« bezeichnet. Eine Naßfliege aber imitiert ein ertrunkenes Insekt. Eine Nymphe imitiert eine vom Grund aufsteigende Nymphe, ein frisch geborenes Insekt, noch voller Hoffnungen. – Beim Naßfischen ist die Nymphe fast ohne Hecheln und bestimmt noch ohne Flügel.

Aus jeder Naßfliege kann man eine Nymphe machen, wenn man ihr alle Haare wegschneidet. Zur Nymphe genügt ein blanker Angelhaken, den Sie mit rotem oder gelbem Wollfaden umwickeln.

Immer wieder lese ich, daß Nymphen nur im Frühjahr »gingen«. Aber Insekten unter Wasser werden auch noch im Herbst geboren.

Wann denn sollen Sie mit einer Nymphe fischen?

Es gibt Schlechtwetterzeiten, lange Regenperioden, Kälteeinbruch. Und da wissen die Fische, daß keine Insekten über das Wasser schwirren. Und daß folglich auch keine Insekten im Wasser ertrinken (Naßfliegen). Aber – unter Wasser sind Nymphen nun reif geworden, und die müssen einfach nach oben steigen, wie auch das Wetter sei! Dann sind auch Ihre künstlichen Nymphen den Fischen glaubhaft.

Nymphen auch quer oder leicht stromaufwärts werfen, treiben lassen. Aber nicht in den Schwall der Strömung werfen, sondern eher in verkrautete Randregionen. (Nymphen gedeihen selten auf Kiesgrund, eher an Pflanzenstengeln unter Wasser oder im Sand.)

Im Handel bekommt man manchmal künstliche Nymphen, die etwas verdickte Leiber haben und mit Bartstop-

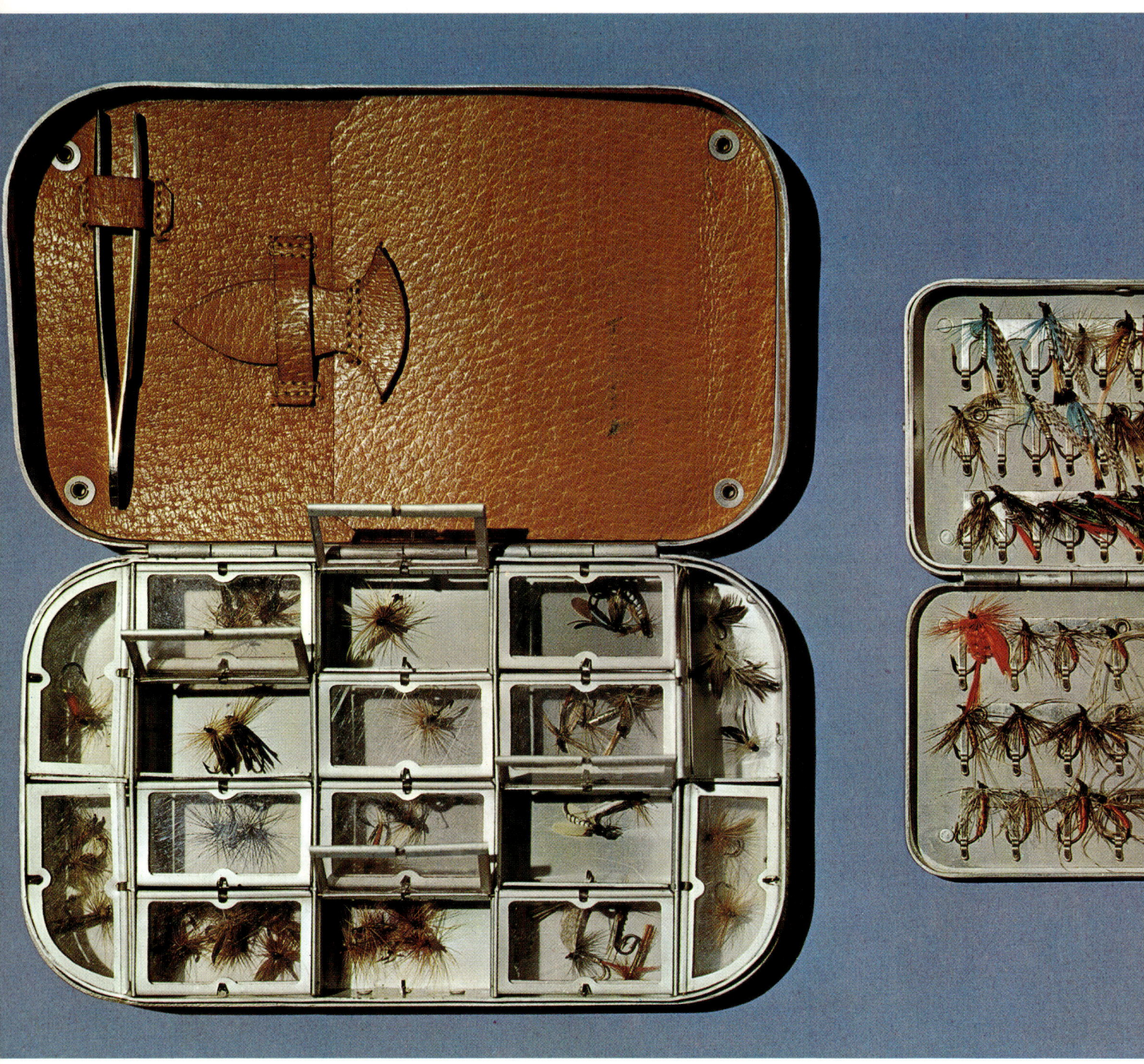

Für Trockenfliegen Kästchen mit aufklappbaren Fächern (links). – Für »nasse« Fliegen genügt Kästchen mit Federklemmen (rechts).

peln ausgestattet sind. Nun, alles vertretbar, kaum etwas falsch.

3. Der Streamer ist zwar als Fliege konstruiert, nämlich zusammengesetzt aus Haken und Haaren. – In Wirklichkeit ist er ein »Spinner« (Blinker). Schelme knüpfen Streamer an die Flugleine, nämlich da, wo das Spinnen verboten ist. Und die Schelme sagen, das sei doch eine Naßfliege!

Dabei gehören Streamer an die leichte bis mittlere Spinngerte. In harter Strömung wird dem Streamer noch ein Bleischrot vorgeklemmt, damit er tiefer taucht, auch im Wasserschwall unten bleibt. – Schlaue Fabrikanten setzen dem Streamer sogar noch einen flirrenden Propeller vor die Nase, damit kein Raubfisch widerstehen kann. Und das geht bis zum Metallkörper, obenauf nur noch ein kleiner Gamsbart aus Nylonhaaren. – Nun haben aus der Sicht der Waidgerechtigkeit diese Streamer doch ein Gutes: ihren kleinen Haken! Ein untermaßiger Fisch läßt sich also leichter abködern, ins Wasser zurücksetzen als am Blinker. Und es beißen in den Streamer vorwiegend große Exemplare, bis hinauf zum

Hecht. Aber niemals Äschen, dafür gelegentlich nach Insekten schnappende Friedfische.

Trockenfliegen gehören entweder in kleine Plexiglasdöschen oder Aludosen mit aufklappbaren Fächern. Darin müssen sie sich ganz locker tummeln können, ansonsten werden sie platt und hocken sich hinterher nicht graziös aufs Wasser.

Naßfliegen kann man in besonders flachen Aludosen mit Klemmfedern unterbringen. Wenn die platt werden, tauchen sie auch schneller.

Streamer gehören – jedes Exemplar für sich – in Plexidosen. In einer Fliegendose würden sie die anderen Fliegen zerdrücken.

Muß man überhaupt die vornehmen Fliegendosen aus Alu kaufen?

Diese Dosen sind ein ästhetischer Genuß und verbürgen Übersicht über das, was man zur Auswahl in der Tasche der Wathose oder der Fischerweste trägt. Alte, bequem gewordene Fischer indessen packen ihre Fliegen irgendwie und manchmal recht durcheinander in Plexidöschen. Und tatsächlich genügt das!

Wenn Ihnen ein teures Alubehältnis mit 24 Fächern und Kläppchen aus der Hand rutscht und unter Wasser verschwindet, sind Sie nicht nur das Behältnis los, sondern auch alle darin befindlichen Fliegen, etwa 150 Mark. Wenn Ihnen dasselbe Malheur nur mit einem (kostenlosen) Plexidöschen passiert, sind es nur sechs Mark (die Fliege mit 1,20 DM gerechnet). Und es passiert Ihnen bestimmt einmal!

Die meisten Fliegen aber verlor ich im Geäst. Zwar wußte ich stets, daß hinter mir Bäume mit Ästen lauern – oder über mir –, und deshalb warf ich nur kurz. Und dann war nichts. Aber etwas weiter stieg ein Fisch, und ich ließ doch etwas mehr Schnur auslaufen . . . Und so weiter. Und schließlich saß die Fliege fest verhakt auf einem Ast. – Abreißen?

Nein, hinstiefeln, den Ast durch Zug an der Schnur (nicht mit der sensiblen Gerte!) so weit herunterbeugen, bis man ihn mit der linken Hand am Zipfel erhaschen kann. Nun noch mehr daran ziehen. (Niemals ohne Brille!) Entweder der Ast bricht ab, dann hat man die Fliege wieder, oder er bricht nicht. Dann kommt man nur *vielleicht* an die Fliege. Fliege danach neu fetten, eventuell den Haken mit Minischleifstein aus der Hosentasche neu anspitzen!

Die lästigsten Fliegen sind die natürlichen. Erstens machen sie unserer künstlichen Fliege auf dem Wasser Konkurrenz, und zweitens setzen sie sich uns in den Nacken oder frech auf die Nase. Sie versuchen einen Totschlag, und just hat ein Fisch gebissen, Sie aber haben den Anhieb versäumt.

Es gibt Öle, Pasten und Stifte, die Mücken von unserer Haut abweisen. Aber mancher ist dagegen allergisch. Das beste Mittel gegen Insekten ist Waschen mit einer unparfümierten Seife (zum Beispiel Kernseife) oder sich tagelang überhaupt nicht waschen. Letzteres bringen aber nur Fanatiker über sich.

Kapitel XXXIX

Über das schwierigste Kapitel

Damit meine ich das Ausschießen der Flugschnur. – Hier ist Ihre Gerte nur bei den ersten Metern Schnur ein Wurfinstrument. Bei weiterem Wurf ist sie nurmehr Zielgerät. (Allenfalls bei ganz weiten Würfen kann Ihre Gerte der Schnur noch etwas hinterhergehauenen Schwung versetzen.)

Vor dem ersten »Wurf« ziehen Sie das Vorfach so weit durch den Endring der Gerte, daß schon etwa 50 Zentimeter Flugschnur mitkommen.

Alsdann schwingen Sie mit senkrechter Gerte, so, als wenn Sie zarte Peitschenhiebe versetzen würden. Zugleich ziehen Sie Schnur von der Rolle – mit der linken Hand – und lassen also die Schnur beim Schwingen der Gerte immer weiter ausfahren. Aus den 50 Zentimetern werden nun drei bis fünf Meter Schnur.

Schwingen Sie nie nach hinten! Die Gerte darf nicht über die Senkrechte hinaus nach hinten geführt werden! Hier beginnt die verdammte Disziplin beim Flugangeln! Denn wann immer Sie die Gerte über die Senkrechte nach hinten schwingen, beginnt die Peitscherei. Sehen Sie bei den Anfängen auf Ihre Gerte, und reißen Sie sich zusammen. Andernfalls schlittern Sie in einen fatalen Stil und kriegen später keine Fische an die Fliege. Oder die Fliege haut hinter Ihnen auf Kiesel, bricht den Haken weg, oder sie verhängt sich im niedrigen Gesträuch. – Und – einmal verdorben – werden Sie es auch nie zu sanften und doch weiten Würfen bringen!

Die erste Kunst des Fliegenfischens besteht einfach darin, die Gerte nie nach hinten zu hauen.

Fein, wenn Sie das nun so üben! Aber tun Sie das mit aller Lässigkeit. Reden Sie sich ein, ganz müde zu sein. Und schwingen Sie müde, wie ein Faulpelz. Reden Sie sich ein: »Ach, das ist aber eine blöde Arbeit!« – damit es nicht zur Arbeit ausartet. Sie merken es daran, daß Sie keine Kraft im Arm oder im Handgelenk aufbringen müssen. Die Gerte hat ihre eigene Schwingungszahl – mitsamt der ausfahrenden Schnur –, und die Gerte bestimmt das »Schwingungstempo«.

Währenddessen zieht die Flugschnur über Ihrem Haupt Schlaufenbewegungen; die Fliege bleibt in der Luft.

Schauen Sie noch immer nicht auf die Fliege, sondern schielen Sie auf die Gerte! Und bleiben Sie weiter faul und müde im Handgelenk!

Fünf Meter ausgefahrene Flugschnur sind schon ganz schön. – Wenn Sie sich strikt an das halten, was ich Ihnen oben eintrichterte, haben Sie die fünf Meter schon bald »draußen«. Damit kann man schon gut fangen!

(Wie schnell Sie »schwingen«, hängt von der Steife Ihrer Gerte ab. Sie spüren es aber im Handgelenk; es darf keine Kraft kosten!)

Ich kenne exzellente Fliegenfischer, die sich auf fünf Meter an den Fisch heranmachen und damit prächtige Exemplare an die Fliege kriegen.

Also: Endlich senken Sie die Gerte nach vorn in die Waagerechte. Die Schnur legt sich aufs Wasser, die Fliege hockt auf. Das tut die Fliege um so besser, je müder, gelassener Sie bis fünf Meter geschwungen haben.

Nehmen Sie sofort die Fliege ins Auge, linsen Sie etwas unter die Fliege. Wenn es da spiegelt, blitzschnell Gerte heben. Denn da stieg ein Fisch nach Ihrer Fliege.

Was über fünf Meter hinausgeht, läßt sich nicht mehr »schwingen«; der Schwung soll nicht mehr aus der Gerte kommen, sondern aus der Schnur.

Vorerst einige Meter Schnur von der Rolle ziehen, im Wasser schwimmen lassen oder auf dem Ufer gekräuselt; Flugschnur verheddert sich selten.

Und dann gibt es zwei Techniken:

Bei jedem Rückschwung der Gerte ziehen Sie energisch mit der linken Hand (hier Rechtshänder, sonst umgekehrt) an der Schnur. Dadurch biegt sich die Gertenspitze, wird zur Feder, zum Energiespeicher. Beim nächsten Vorschwung schnellt die Gerte die Flugschnur nach vorn, und Sie lassen aus der linken Hand freie Schnur ab. Die Schnur »schießt aus«.

Entweder senken Sie gleich die Gerte, die Schnur legt sich aufs Wasser und plaziert die Fliege, oder Sie führen die Gerte wieder hoch in die Senkrechte, zupfen wieder energisch an der Schnur über der Rolle, die Gerte wirkt erneut als Feder, die Schnur mit der Fliege bleibt in der Luft. Und so lassen Sie immer mehr Schnur ausschießen, bis sie lang genug ist, um mit der Fliege dem Fisch serviert zu werden. Dann Gerte senken, Flugschnur sich über das Wasser legen lassen. Fisch beißt; meist beißt er noch längst nicht.

Die andere Technik: Erst dann an der Schnur ziehen, wenn die Schnur sich über Ihrem Kopf schon nach hinten bewegt. Der Effekt ist derselbe: Auch nun wird die Gerte (an der Spitze) zur Feder und schnellt die Schnur von hinten wieder nach vorn.

Auch beim Senken der Gerte (Zielen) gibt es zweierlei Techniken:

Die einen senken nur knapp in die

Die vier »Takte« beim Fliegenfischen:

1. Anheben der Schnur durch Zug an der Schnur, leichtes Heben der Gerte.
2. Mit kaum über die Senkrechte gehobener Gerte verharren, bis Schnur ihren »Achter« in der Luft fast vollendet hat.
3. Gerte gemächlich nach vorn neigen, das heißt: zielen.

4. Schnur ausschießen lassen (im Bild etwas verfrüht fotografiert): linke Hand führt Schnur zum ersten Führungsring (oder läßt sie durch die Hand gleiten), Gerte weiter senken bis zur Horizontalen.

Waagerechte. Die Schnur strafft sich etwas oberhalb der Wasseroberfläche und setzt dann in ganzer Länge matt auf, meist aber etwas gekräuselt. (Kurz und sanft die Schnur gerade ziehen – linke Hand! –, damit der Anhieb schneller sitzt.) – Bei dieser Technik setzt die Fliege besonders sanft auf. Sie wird nicht ins Wasser geplumpst. Die anderen senken die Gerte weiter nach unten. Die Flugschnur rollt sich nun über das Wasser ab. Es sieht eleganter aus, zugegeben, aber die Fliege wird damit ins Wasser forciert.
Die erste Technik (waagerechte Gerte) bis zu mittelweiten Würfen, die zweite

An einem solchen Wasser entweder: Trockenfliege über die Wellen springen lassen. Oder: Nasse Fliege an sinkender Schnur in den Schwall werfen.

Technik (gesenkte Gerte) bei Weitwürfen.
Erst bei extremen Weitwürfen wird zu dem Schnurzupfer noch die Gerte forciert, wie eine leichte Peitsche.
Weitwürfe sind zuweilen unvermeid-

bar. Es gibt Gewässer, in denen die Fische zu gut die Menschen kennen. Man watet hinter ihnen her, und immer huschen sie zehn Meter weiter. Oder huschen zum anderen Ufer des Flusses. – Da hilft wirklich nur der Weitwurf! Beim Heben der Gerte kräftig an der Schnur ziehen, lange Pause, denn die Gerte muß sich unter der Wucht der Schnur weit nach hinten biegen, ihre ganze Federkraft aufbringen – dann die Gerte nach vorn schnellen und Schnur schießen lassen. Und dann? Auf Verdacht Gerte gleich etwas heben. Wenn Sie bei einem Weitwurf warten würden, bis etwas blinkt oder blitzt, käme über die lange Schnur Ihre Reaktion (»Anhauen«) viel zu spät!

Lassen Sie sich von keinem Flugfischerlehrer verleiten, diese Wurfübungen an Land zu veranstalten. Eine Flugschnur auf dem Rasen reagiert völlig anders als auf der Wasseroberfläche! Auf der Wasseroberfläche nämlich »klebt« sie und verleiht Ihrer Gerte eine völlig andere Aktion.

Probieren Sie das an einem *Swimming-pool,* aber bitte ohne Fliege, wenn im *Pool* Menschen herumschwimmen. Denn die verzeihen Ihnen keine Fliege mit Widerhaken in Po oder Busen. (Siehe Kapitel XII »Wie man sich selber abködert«.)

Die Sache ist so vertrackt, weil sie sich kaum in Worte fassen läßt; ich meine das »Werfen«. Am besten lernen Sie es dadurch, daß Sie erst dieses Kapitel gelesen haben, sich dann am Wasser damit versuchen, und dann nochmals dieses Kapitel lesen.

Es ist nämlich eine Sache des Trainings. Jedes Frühjahr trainiere ich neu. Meine ersten Würfe geraten ganz gut. Danach werde ich zu selbstsicher und mute mir zu weite Würfe zu. Komme endlich wieder zur Vernunft. Und eigentlich fängt man jedes Jahr wieder von neuem an.

Dabei ist das Rezept ganz einfach: Nicht ehrgeizig werfen, sondern entspannt, geradezu faul!

So sind Fliegenfischer diejenigen, die ohne Fitneß-Training und mit der geringsten Kraftanstrengung dennoch am ältesten werden. Sie fischen bis zu ihrem Ableben – so gesund bleiben die!

Kapitel XL

Über die Widrigkeiten mit der Fliegengerte

Weil da so schwer zu werfen ist, sind dort Fische zu erwarten. Entweder: Flache Würfe parallel zum Ufer. Oder: Überrollwurf.

Es funktioniert nicht immer alles so, wie es in »klugen« Büchern geschrieben steht. Eher im Gegenteil:

A. Vom gegenüberliegenden Ufer beugen sich romantisch Zweige über das Wasser mit vielen Fangarmen für Ihre dort hingeworfene Fliege. Durch Wurf mit tiefer gesenkter Gerte (Schnur rollt sich über die Wasseroberfläche ab) können Sie die Schnur vielleicht trotzdem unter das Buschwerk bringen. Dort stehen, gewissermaßen in Deckung, die älteren, größeren Burschen. Aber auch am Ende der sich flach über das Wasser abrollenden Schnur ist noch das Vorfach angeknüpft: Die Fliege schnellt etwa 1,50 Meter höher und verfängt sich in überhängenden Ästen. (Schnur in die linke Hand nehmen, ganz langsam, konsequent und fest ziehen, bis die dünne »Spitze« des Vorfachs abreißt.) Damit haben Sie zwar die Fliege verloren, die schweren Burschen aber noch nicht verscheucht. Neue Fliege ins gerissene Vorfach knüpfen, notfalls noch etwas dünnes Vorfach (18/100 oder 16/100) dazwischenknüpfen. Jedenfalls: sich Zeit lassen!

Sollen Sie nun zur Wasserkugel (»Buldo«) greifen? Wo haben Sie Ihre feine Spinngerte? Im Auto? Nein, das wäre auch mir zu umständlich. – Ich schwinge dann die Fliegengerte nicht senkrecht, sondern waagerecht, vollführe also Seitenwürfe, quasi aus der Hüfte heraus. Das ist ganz leicht. Nur muß man dann etwas forcierter werfen, die Gertenspitze beim Ausschießen der Schnur nicht nach unten senken, sondern in der Waagerechten bleiben; dann legt sich die Flugschnur nach kurzem, fast erstauntem Verharren sanft auf das Wasser auf, und die Fliege gerät nicht ins Buschwerk, sondern ein bis zwei Meter vor den Fisch. – Kaum daß die Fliege am Fisch vorbeischwimmt, sanft anheben. Das strafft die Schnur und läßt den Fisch sich gleich die geschnappte Fliege ins Maul reißen. (Bei »nasser« Fliege sogar etwas Schnur mit der Linken einholen!)

B. Sie stehen am Ufer mitten im Ge-

Ich sage Ihnen gleich: Hier ist nicht viel zu erwarten. Die verbauten Ufer geben den Fischen keine Laichmöglichkeit. Und die Gegend sieht nicht danach aus, als daß hier viel Fischbrut eingesetzt würde.

sträuch, und hinter Ihnen steht auch Gesträuch, höher, als Sie lang sind, oder es stehen da sogar erwachsene Bäume. Wie nun sollen Sie die Flugschnur werfen, die nach hinten fast so viele Meter Raum braucht, wie sie nach vorn ausgeworfen werden soll? Jeder Wurf würde ins Geäst führen! Dagegen gibt es den sogenannten Überrollwurf. Den kann man auch durch Lesen erlernen, aber der ergibt sich ganz von selbst. Sie müssen nur genügend Angst vor den Ästen neben und hinter sich haben.

Der geht so:

Sie pumpen sich voller Bescheidenheit, was die Wurfweite angeht. Schwingen nur etwa ein bis zwei Meter Schnur aus der Gertenspitze. Heben dabei die Gerte nur um 45 Winkelgrad nach oben, eben immer voller Angst vor einem Hänger in den Zweigen. – Damit können Sie schon einmal einen Halbkreis vor sich befischen.

Natürlich möchten Sie so gern ins Wasser steigen, aber ach, es ist zu tief. Sie erinnern sich der Wathose, die bis unter die Achseln geht. Aber ich warne Sie. In einer Strömung werden Sie umgeworfen und versaufen. Und in einem See geraten Sie unversehens in Modder oder Glitschiges unter Wasser; Ihre Füße geben vorn nach. (Für eine Wathose auch im stillen Wasser muß man den Grund lange vorher kennen, um nicht in diese Gefahr zu geraten!)

Dann erspähen Sie einen korpulenten, begehrenswerten Fisch mehr als zwei Meter entfernt. – Schwingen Sie die Gerte nur noch bis 30 oder 40 Grad hoch und peitschen Sie voreilig nach vorn, noch mehr in der Furcht, Ihre Fliege hinter sich an einem Ast zu verhaken. Dieses Schwingen muß blitzschnell gehen, der Vorschwung muß schon erfolgen, wenn die Fliege – vom Wasser zurück – Ihnen entgegenfliegt. Die Angst vor einem Hänger hinter Ihnen beschleunigt das Schwingtempo Ihrer Gerte. Es sieht dann fast so aus, als wollten Sie – sanft – das Wasser verhauen. Es geht aber nicht anders.

zum dritten Mal die Fliege hinter Ihnen im Geäst verhakt. (Abreißen? Neues Vorfach? Neue Fliege?) – Etwas vor dieser »Grenze« müssen Sie sich bescheiden, und wenn die schuppigen Viecher unter Wasser noch so sehr locken. Aufhören mit dem Werfen! Eine viertel bis halbe Stunde Pause einlegen. Warten, bis die Fische wieder mehr zu Ihrem Ufer driften, in Reichweite des kurzen Überrollwurfes. In dieser Pause keine schnellen Bewegungen Ihrerseits am Ufer, vor allem kein Trampeln! Belegte Brote mit langsamen Handbewegungen sind erlaubt, auch gemütliches Anstecken der Pfeife. Die schönsten Äschen und die unverschämtesten Forellen fing ich an einem verbuschten Ufer der österreichischen Traun; da fühlten sich alle Kapitalen so sicher! – Dabei muß ich aber auch gestehen, teure Fliegen dutzendweise verloren zu haben – als Hänger im Gezweig –, weil ich da noch nicht so klug war, wie ich es jetzt von Ihnen verlange; ich wollte dann doch immer mehr in die Flußmitte werfen, gar darüber hinaus.

C. Eine Brise haucht bachabwärts Ihnen entgegen. Aber die Fische stehen bachaufwärts. Sie peitschen verbiestert Ihre Flugschnur gegen den Wind. Und die Schnur kräuselt sich schon im Wasser. – Theoretisch könnten Sie es nun mit einer noch steiferen Gerte und noch schwereren Schnur versuchen. Aber das ist vergebens: Wenn Sie auch gegen den Wind die Flugschnur stracks auf das Wasser bringen – das Vorfach mit der leichten Fliege wird zurückgeblasen. Die Fliege schwimmt neben der auffälligen Flugschnur.

Also: Quer übers Wasser werfen? Das

Und so entsteht automatisch der Überrollwurf! – Der gelingt um so besser, je weniger man vorher drüber gelesen, je weniger man geübt oder gelernt hat. Der bildet sich von selbst, wenn man unbefangen bleibt, mit der Fliege zum Fisch will und alle Pflanzen hinter sich zugleich fürchtet!

Natürlich sind dem Überrollwurf Grenzen gesetzt. Sie beginnen da, wo sich

ist schon besser. Aber aus der Brise ist wirklicher Wind geworden.

Oder: umwechseln zur Naßfliege? Stromabwärts werfen? Meist das vernünftigste. Aber vielleicht stehen da gar keine Fische, die stehen einfach nur vor Ihnen, flußaufwärts, vielleicht unter einem Wehr? Und dahin wollen – ja, das wollen Sie –, dahin wollen Sie Ihre Fliege bringen. Ich versteh's! Seitenwurf aus der Hüfte, dicht über die Wasseroberfläche. Da bläst der Wind etwas weniger. Und wenn es mit der Trockenfliege trotzdem noch nicht geht, mit der Naßfliege stromaufwärts, entgegen allen Regeln der Fliegenfischerei, und mit »sinkender« Schnur, die relativ schwer ist. Notfalls Gerte strapazieren.

Hinein mit der nassen Fliege in den Wasserfall oder in die vom Wind gewellte Strömung. Aber – dann sofort heftig an der Schnur ziehen, zugleich Gerte heben. Fliege nur wenig auf Sie zukommen lassen, schnell wieder aus der Tiefe reißen, erneut peitschen.

Ja, das ist Peitscherei! Aber wenn der Wind das Wasser wild macht, merken die Fische Ihr Peitschen nicht. Hauen Sie ungeniert mit der nassen Fliege gegen Wind und Wellen um sich. Vielleicht wird doch irgendein Fisch verrückt, weil da immer wieder eine »versoffene« Fliege einplumpste und an ihm vorbeitrieb, und er schnappt danach.

Im Kapitel über die Fliegenrollen habe ich von der »Automatic« abgeraten, weil sie für eine gute Gerte zu schwer ist. Aber für diesen besonderen Fall ist die »Automatic« wie geschaffen: Fingerdruck auf den Auslösehebel, die Schnur schnurrt in die Rolle, so schnell, wie Sie es mit der Hand kaum können. Schneller Schnurzug ist hier nötig!

D. Beim Auftakeln oder Abtakeln Ihrer Gerten legen Sie die mit der Spitze auf den Autositz und fummeln. Dabei schlägt die Autotür zu und guillotiniert die Gerte. – Wenn es nur die Spitze ist, haben Sie entweder eine Reserve-Spitze bei sich oder können eine nachbestellen (dreiteilige Fluggerten kommen diesbezüglich billiger). Sie können aber auch Ihre Gerte – die keine Schuld an diesem Mißgeschick trägt – degradieren: Wenn es nur die obersten zehn oder zwanzig Zentimeter sind, binden Sie den obersten Führungsring an den übrigen Stumpf der Gerte. Meist ist sie dann noch gut genug zum Flugangeln mit dem Streamer.

Zum wirklichen Fliegenfischen brauchen Sie dennoch ein neues Spitzenteil oder eine neue Gerte.

Ich besitze eine uralte, dreiteilige »Hardy«. Das eine Spitzenteil ist noch unversehrt, und es dient mir zum Fliegenfischen, sosehr die ganze Gerte auch ein gebrochenes Rückgrat hat und querwedelt. Das gekappte Spitzenteil stecke ich zum Fischen mit der Naßfliege auf, mit Schnur AFTM 8. Und das nur, weil ich obstinat bin und die liebe alte Hardy doch immer einmal wieder versuche. Ein verquerer Fliegenfischer treibt es doch immer wieder mit seinen alten Gerten – gegen alle Einsicht.

Und eine solche alte Fliegengerte, längst in Rente geschickt, zwar noch aufbewahrt, aber doch lange nicht mehr benutzt, mit gekappter Spitze, die ist richtig, um bei Gegenwind mit schwerer Flugschnur eine Naßfliege in den Schwall oder die Strömung zu peitschen!

Zielgenauigkeit mit einer seitwärts wackelnden Gerte? Bei Gegenwind gibt es keine Zielgenauigkeit mehr, sondern nur noch das Nach-vorn-Peitschen!

Oder Sie geben gleich auf und fahren resigniert wieder nach Hause.

Kapitel XLI

Über die Fische überhaupt

In einem Punkt unterscheiden sich die Fische von einigen wenigen Menschen: Sie lesen keine Angelbücher. Darum halten sie sich auch an keine Regeln. Da findet man eine Seeforelle im Bach, eine Äsche in reiner Forellen- region, einen Hering* im Tegernsee (der dann allerdings Renke heißt), Süßwasserfische in der Kieler Bucht. Und sie sind nicht nur da, sondern sie tun auch Sachen, wie sie nirgends ge- schrieben stehen. Seien Sie also immer auf Überraschungen gefaßt! Vielleicht ist auch schon einmal ein Aal an die Fliege gegangen.

* Er hat auch nichts mit dem Hering zu tun, wird aber oft »Süßwasser-Hering« genannt. – Heringe in Seen sind »Maifische«.

Seien Sie froh, wenn Sie nicht Pächter oder Eigentümer eines Fischwassers sind: die Hege und Pflege ist mit vielen Mühen verbunden. Hier: beim Umsetzen von Fischen.

Im übrigen aber haben Fische einiges mit anderen, höheren Kreaturen gemeinsam, und sogar mit dem Menschen: Sie können neugierig sein, gar verspielt, sie lassen sich reizen, sie können provozieren, es gibt faule Exemplare und beutegierige, und ich bin auch überzeugt, daß die meisten Fische am Leben hängen.

Anderes wiederum unterscheidet die Fische vom Menschen. An ihnen kann man zum Beispiel keine Ohren entdecken! – Trotzdem können sie hören; sie empfinden Erschütterungen bis in höhere Frequenzen hinauf, vorwiegend durch ihre Nervenlinie an den Flanken. Ob sie Sinn für Hi-Fi haben, weiß ich nicht, es ist auch unerheblich, jedenfalls spüren sie große Amplituden: Schwere Schritte am Ufer, Platschen, Husten, Knallen. Angeblich können sie auch den Ton von Glocken hören. (Uninteressant, ich bimmle am Wasser nicht!)

Ihre Augen sind in Ruhe auf »Nah« eingestellt. Scharf sehen sie nur in einem engen Blickwinkel; außerhalb dieses Winkels bemerken sie nur Bewegtes! Wenn sich da etwas bewegt, sehen sie genauer hin. Vorwiegend sind ihre Augen seitlich gerichtet – wie bei Fluchttieren! –, also soll der Köder nicht vor ihrer Nase schwimmen, sondern seitlich. Soweit die Theorie, denn ein Fisch steht nicht stocksteif im Wasser, sondern schwänzelt. Dadurch streifen seine Augen auch ein wenig mit dem Blickfeld durchs Wasser. (Unbeweglich aber lauert zum Beispiel der Hecht.)

Auch ich dachte lange Zeit, daß der Fisch mit den Flossen rudert. Die »Fischologen« aber wissen es besser: Der Fisch bewegt sich durchs Schlängeln im Wasser; die Flossen sind nur Steuer- beziehungsweise Stabilisierungsorgane. Meinetwegen.

Eine scharfe Rassentrennung gibt es bei den Fischen nicht. Darum gibt es auch keine exakten Abbildungen! Immer wieder geraten Sie an eine Übergangsform. Natürlich können sich Fische nur dann kreuzen, wenn Braut und Bräutigam etwa dieselbe Laichzeit haben. Somit könnte niemals eine Forellen-Äsche geboren werden. Beschwören will ich aber auch das nicht, nachdem ich in der bayrischen Valepp verschiedentlich Forellen mit fahnenartigen Rückenflossen fing und mit gröberen Schuppen.

Auch daß es Forellen-Saiblinge gibt, will ich nicht abstreiten, weil ich in der Ache mehrmals eindeutige Bachforellen mit rotem Bauch und knallroten Brustflossen fing.

Jedenfalls sieht ein bestimmter Fisch in einem bestimmten Gewässer, was Form und Farbe angeht, meist anders aus als in einem anderen Gewässer. Fische modifizieren sich offenbar selbst. Oder sie passen sich der Umwelt an. Oder mutieren eifrig.

Wenn Sie auf einer Schautafel einen Huchen sehen, dann sei die Abbildung möglichst kein Foto von irgendeinem Huchen! Der nächste Huchen sieht nämlich auch wieder anders aus, nicht im allgemeinen, sondern in Details, und ginge es nur um die Färbung des Rückens – grau, grünlich, weißlich oder sonstwie. Darum sollen Fischbilder gemalt werden, nicht fotografiert. (Das ist genauso wie bei Pilzbildern!) Fischnamen sind irreführend. Ein Forellenbarsch hat sicher keine Forellenahnfrau. Das Volk hat ihn nur so getauft. – Der Hechtbarsch im Italienischen (»Lucio-Perca«) hat nichts mit einem Barsch zu tun, noch weniger mit einem Hecht, und bei uns heißt er drum Zander. Eine Lachsforelle gibt es nicht, sosehr auch die Forelle eine Verwandte des Lachses ist (»Salmonide«). Gemeint ist bei »Lachsforelle« meist eine Seeforelle mit rötlichem Fleisch. Rötlich ist das Fleisch, weil dieses Exemplar sich vorwiegend von winzigen Krebstierchen ernährt, sagen die »Fischologen«, und ich glaube es.

Das Neunauge hat keine neun Augen und ist – streng genommen – nicht einmal ein Fisch. Allerdings: Die Zubereitung ist dieselbe, und Neunaugen leben unter Wasser und lassen sich fischen.

Ich meine, daß Fische sich nicht einmal einteilen lassen.

Einstmals kategorisierte man sie in

Angler am Ufer stehend

So sieht ein Fisch den Angler am Ufer

So sieht der Fisch den watenden Angler

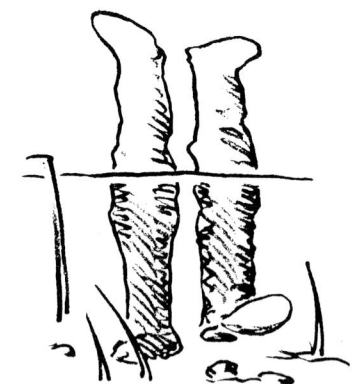

Schädellose, Rundmäuler, Knorpelfische, Schmelzschupper und Knochenfische. (Aus »Süßwasserfische«, Fackelträgerverlag, Hannover.) – Heute in: Neunaugen, Störe, Heringe, Salmoniden, Cypriniden, Schmerlen, Welse, Aale, Hechte, Hundsfische, Barsche, Grundeln, Groppen, Stichlinge, Plattfische, Schellfische (auch aus »Süßwasserfische«).

Für Sie ist das nur bedingt bedeutungsvoll! – Wenn Sie nicht wissen, wie dieser Fisch heißt, den Sie an der Angel haben, dann vergleichen Sie ihn mit der Schautafel. Und Genaueres lesen Sie dann im »Steckbrief« am Ende des Buches.

Raubfische lassen sich reizen. Friedfische können neugierig sein, umspielen den Köder, vor allem wenn der sich bewegt, gar blitzt. Aber sie beißen dann nicht.

Fische können lernen. Jeder kleine Fisch lernt vom großen Fisch. Zum Beispiel, was ein Mensch ist. Der gute Schüler drückt sich vom gesichteten Menschen weg oder schießt gar davon, vorwiegend strömungsabwärts, weil es so schneller geht.

Wenn der Mensch am Ufer steht, sieht er vom Fisch aus etwa so aus wie ein Mensch, wegen der unterschiedlichen Brechung des Lichts in Luft und Wasser nur etwas gedrungener, nicht schöner. – Wenn der Mensch indessen mit Watstiefeln im Wasser steht, sieht er für den Fisch zweigeteilt aus: Unter der Hüfte stehen die Beine nach oben. Der Mensch soll nicht meinen, daß er vom Fisch nun nicht mehr als Mensch erkannt wird; der Fisch kennt auch diesen – besonders gefährlichen Typ – Menschen und schwimmt auf Abstand. Weil ein Fisch nach hinten keine Augen hat, nähert man sich ihm am unauffälligsten von hinten. Grundsätzlich steht der Fisch stromaufwärts. Manchmal aber macht die Strömung Wirbel, das Wasser kreist. Dann steht der Fisch mit den Augen bachabwärts! Im See stehen Raubfische mit den Augen zur Mitte des Sees hin oder ein wenig schräg.

Friedfische knabbern vielleicht Winziges von Schilfstengeln oder Seerosen und stehen mit den Augen zum Ufer hin. Einige schauen auch auf den Grund, weil sie im Schlamm buddeln.

Fische können aus mehreren Gründen springen:

a) um Nahrung von der Oberfläche oder über der Oberfläche zu schnappen (Insekten);

b) weil sie gejagt werden und aus dem Gesichtskreis des Räubers flitzen möchten;

c) aus gar keinem Grund (Spieltrieb?);

d) um buchstäblich Luft zu schnappen (Fischbrut, aber auch Fische in zu sauerstoffarmem Wasser).

Unter den Fischen gibt es Einzelgänger und »gesellige«. Die geselligen bilden ein Rudel, gar einen Schwarm. Drum heißt es in manchen Büchern, nach dem Fang eines geselligen Fisches sollten Sie die Angel gleich neu auswerfen, weitere Beute winke Ihnen. Wenn aber ein noch so geselliger Fisch an Ihrer Schnur voltiert und platscht, kriegen es die übrigen »Gesellen« mit der Angst und beeilen sich, weiterzukommen. – Kommt also ein Rudel beutesuchender Barsche des Wassers, dann stimmt das Kalkül mit weiterer Beute meist nur, wenn zugleich drei Blinker ausgeworfen werden.

Zugegeben: Manchmal ist ein Schwarm so lang, daß die in der Mitte die Todesnot ihres Spitzenschwimmers nicht bemerken, es fährt nur etwas Unruhe durch die Prozession. So haben Sie Zeit, noch einen aus der Mitte des Rudels an den nächsten Blinker zu kriegen und vielleicht noch einen »Fußfaulen« am Ende des Schwarmes.

Bekanntlich sind Fische wechselwarm: Sie sind innen so warm oder so kalt wie das umgebende Wasser. Je kälter das Wasser, um so lethargischer wird der Fisch. In unseren Breiten verkriecht er sich zu Wintersanfang unter das Ufer oder unter einen Stein. Er frißt nicht mehr, vegetiert nur noch. Natürlich ist der Begriff warm oder kalt bei den Fischen unterschiedlich. Hecht und Huchen zum Beispiel beißen auch bei Schneetreiben und Frost. Aber plötzlicher Kälteeinbruch wird von allen Fischen als unangenehm registriert, auch plötzliches Schneewasser in voralpinen Flüssen. Schudernd

Den gehakten Fisch soll man erst ansehen, dann töten. Oder wieder abködern, zurücksetzen.

verziehen sich die Fische in den Untergrund. Auf Fliegen geht dann auch die dümmste Forelle nicht, auch den Blinker sieht sie nicht, und außerdem hat sie einfach keine Lust. Und ein Wurm müßte ihr geradezu ins Maul geschoben werden.

In Flachlandregionen, gar in Meeresnähe, gibt es kaum Schneewasser. Aber fauler sind die Fische da auch, wenn Kälte einbricht.

In Seen sollen sich die Fische bei Kälte ganz nach unten verziehen, sagen die »Fischologen«. Trotzdem können Sie durch ein Loch im Eis mit wenig Schnur einen Fisch fangen. Doch dazu gehört der gute Rat eines Kundigen, eines Menschen, der dieses Wasser von Kindesbeinen auf kennt, da schon gewildert hat.

Stehen die Fische lieber im Schatten oder in der Sonne? Es kommt darauf an, was der Fisch vorhat. Ist er zum Beispiel auf Nahrungssuche, dann steht er da, wo es für diesen Zweck am günstigsten ist. Fische, die auf herabpurzelnde Käferchen, kleine Raupen etc. aus sind, stehen natürlich dann am Ufer unter den Büschen. Nicht weil es

da dunkler ist, sondern weil Käfer nicht vom blanken Himmel fallen. Der Hecht steht nicht unter alten Holzplanken, weil er lichtscheu wäre, sondern weil seine Beute ihn dort nicht so leicht sichtet.

Und so macht der für den Fischfang so vielgepriesene Sonnenaufgang die Fische nicht deshalb beißhungrig, weil sie Sonnenanbeter wären, und der berühmte Abendsprung der Forellen ist kein Beweis dafür, daß die Fische sich auf die Finsternis freuen.

Dieselbe eben genannte Forelle steht aber genauso in der blanken Mittagssonne, wenn sie auf »Flugnahrung« lauert, Mücken, Libellen, sogar Schmetterlinge. Und derselbe Hecht steigt unter der blanken Mittagssonne bis dicht unter die Oberfläche, sobald er bemerkt, daß sich da kleine Fischlein tummeln.

Bis zu einem gewissen Grade (den man sogar in Celsius ausdrücken kann!) wird der Fisch mit zunehmender Wassertemperatur mobiler, somit auch freßlustiger. Und nach meiner Beobachtung scheinen Fische sich zuweilen sogar der Sonne zu erfreuen: Da stehen sie »ganz ohne Absichten«, das heißt ohne zu jagen, ohne zu wandern, scheinbar ganz grundlos unter Wasser im Sonnenschein, einzeln oder rudelweise.

Die »Fischologen« wissen immer noch erschreckend wenig über die Fi-

Innere Organe der Schleie (oben) und der Forelle (unten). Der Schleie fehlt der Magen, sie hat besondere Verdauungsorgane, 1. Schwimmblase, 2. Eier, 3. Milz, 4. Pylorusschläuche, 5. Magen, 6. Gedärme, 7. Leber, 8. Niere.

sche. – Wollen diese Fische vielleicht etwas Wärme auftanken, damit ihr innerer Organismus sich mobilisiert, ist es stoffwechselfördernd?

Nun ist Licht und Temperatur unter Wasser nicht immer dasselbe. Es mag da vorübergehend ganz hell sein, aber kalt bleiben. Und wenn es im Wasser wärmer wird, wird es sauerstoffärmer. Darum sind plus zwölf Grad Celsius einer Forelle schon unangenehm, während ein Karpfen sich bei plus 25 Grad noch pudelwohl fühlt.

Die einzelnen Organe im Fisch liegen anders als bei uns oder bei unserem Hund, zum Beispiel. Genaueres darüber lernen Sie im Fischereikursus. Wozu, weiß ich nicht. Die Kenntnis von der genauen Lage des Eileiters würde bestimmt keinen Einfluß auf mein Anglerglück ausüben. Und wenn ich einen Fisch auswaiden muß, waide ich alles aus und sehe nicht einzeln hin, was das alles für Organe sind. – Allerdings: Zur Bestimmung von gewissen Krankheiten könnte die anatomische Kenntnis nützlich sein. Doch der ganz normale Sportangler spielt nicht Arzt. Das ist mehr die Sache des Pächters bzw. Eigentümers des Wassers. Und der schickt verdächtige Fische an ein »fischologisches« Institut.

Ob der Fisch Farben unterscheidet, wurde jahrzehntelang in Fachkreisen diskutiert. Ich bin – ohne mitdiskutiert zu haben – der festen Überzeugung, daß der Fisch Farben differenziert. Ansonsten trüge er selber keine Farben!

Für arglose Menschen sei nachzutragen, daß sich die Fische – mit Ausnahme des Wals – nicht durch Geschlechtsverkehr vermehren, sondern durch Petting: Der Bräutigam streicht unter dem Bauch der Braut vorbei*, die Dame läßt die Eier ins Wasser, was den Bräutigam wiederum so beglückt, daß er den Samen ausläßt, der sich im Wasser mit den Eiern vermengt, eindringt. – Die Fischin kennt darum keine Schwangerschaftsbeschwerden.

Zum Schluß: In noch einem weiteren Punkt hat der Fisch etwas mit uns Menschen gemein: Er tötet seine eigenen Artgenossen. Allerdings – nicht so grundlos, sondern nur aus Freßlust. Aber sonst – auf Ehre! – ist der Fisch wirklich anders als wir: Er badet unentwegt.

---

* Beispiel: der Lachs

Kapitel XLII

Über
»Angelführer«
und
Reiseprospekte

Wenn Sie einen Angelurlaub planen und in Ihren Träumen schon an einem noch unbekannten Wasser schwelgen – sei's ein Bach, ein Fluß, ein See –, und wenn Sie dann nicht einen vielgereisten Angler kennen, der Ihnen ein paar Tips gibt (einschließlich Gasthaus oder Hotel), können Sie sich den Tip vielleicht im Angelsportgeschäft holen. Ist der Verkäufer selbst ein begeisterter Angler, dann sagt er Ihnen nie, wo er fischt. Er will da keine anderen Angler! – Und wenn der Verkäufer nichts vom Fischen versteht, kann er Ihnen einfach keinen Rat geben. Allenfalls ein Heftchen verkaufen über »Angelparadiese«. Meist in Kurzform steht da, welche Fische in welchem Wasser schwimmen, von wann bis wann man die angeln darf und wo Sie den Berechtigungsschein lösen können.

Das kann eine trübe Enttäuschung werden:

An Ort und Stelle gereist, finden Sie vielleicht einen Fluß in einer Industrielandschaft. Die Adresse für den Berechtigungsschein stimmt seit vier Jahren nicht mehr. Die Renken sind längst ausgestorben, weil die Ortschaften nun Kläranlagen gebaut haben, es den Renken im Wasser zu sauber geworden ist, und vielleicht wird Ihnen nach Lösen des Berechtigungsscheines schlicht eröffnet, daß Sie zwar angeln dürfen, aber nur an ungeraden Tagen und auch sonntags nicht oder daß Sie jeden gehakten Fisch – auch wenn er über Brittelmaß ist – ins Wasser zurücksetzen müssen. – Denn der »Angelführer in . . .« ist längst überholt.

Im geliebten Tessin warf ich frohgemut meinen Blinker aus; keine sieben Minuten später hielt neben mir ein

Auch für solche »Fischwasser« werden zuweilen teure Tageskarten ausgegeben. Erst ansehen, dann Karte lösen! (Schweiz: »Patent«).

Jeep mit drei recht ernsten Männern darin. Einer stieg ab und konfiszierte meinen zweistöckigen Angelkoffer und sämtliche Gerten. Es war ein arger Verlust, denn damals schleppte ich im Auto noch alles mit, was man *vielleicht* einmal brauchen könnte. Und das alles nur, weil im »Angelführer«

geschrieben stand: »Ab 1. März« statt »Ab ersten Sonntag nach dem 1. März«. Und es war erst Samstag. Nun, mein Gerät bekam ich wieder, mußte dennoch Buße zahlen und stand fortan im Sünderregister als »Schwarzfischer«.

Ich glaube auch keinem Kurprospekt mehr! – Steht da im Gemeindeprospekt: »Reiten, Tennis, Golf, Angelsport.« – Oh, Angelsport! – Und Sie buchen für vier Wochen und kaufen noch einige Würmer dazu oder

Blinker oder Fliegen, ölen Ihre Rollen, inspizieren die Gerten, die Schnüre.

Zum folgenden muß ich vor Ihnen meine Schwurhand heben, weil Sie sonst denken, ich sei ein Dichter. Ich gelobe also beim Leben meiner verstorbenen Schwiegermutter, daß ich es so erlebt habe in einer entzückenden Stadt südlich der Alpen:

Erster Tag: Ich suche verzweifelt nach dem Mann, der die Fischkarten ausgibt.

Zweiter Tag: Nach einigen Irrfahrten habe ich ihn gefunden. Aber er hat die Vordrucke noch nicht. Vielleicht morgen. Er will telefonieren.

Dritter Tag: Er hat die Vordrucke noch immer nicht, weil die Drucker streiken. Aber der liebenswürdige Herr stellt mir einen provisorischen Ausweis aus.

Vierter Tag: Ich finde das Fischwasser. Mal ist es braun, mal hellgelb, dann wieder violett. Einen Fisch gibt es da nicht.

Fünfter Tag: In einem 20 Kilometer abseits gelegenen Ort gibt es einen Fischermeister, der für zehn Kilometer Fluß Karten ausgibt. Wenn er

Würden Sie sich als Fisch dort aufhalten? Das Leben in den meisten Flüssen wird nicht durch zu viele Angler, sondern durch Industrieabwässer bedroht.

mag. – Ich bin sehr unterwürfig, und er mag. – Wieder etwa 20 DM, umgerechnet ins Deutsche.

Sechster Tag: Ich folge der hektografierten Landkarte, finde besagte Brücke, biege zweimal links ab und befinde

mich am Fischwasser. Nur stehe ich inmitten von leeren Plastikeimern, verrosteten Blechen, ausgedienten Kinderwagen und abgefahrenen Autoreifen. Etwas weiter schwelt die Müllverbrennung und sticht in die Nase.

Siebenter Tag: Ich betrete ein Sportgeschäft. Der junge Chef endlich weiß Hilfe, nämlich in den Bergen, etwa 50 Kilometer von hier. Aus Dankbarkeit kaufe ich bei ihm 20 Fliegen, jede zu 2,50 DM.

Achter Tag: Ich habe die 50 Kilometer geschafft, in einem Gasthof von der Bedienung den Angelschein bekommen. Der Bach aber läuft hundert Meter tief unter der Straße, in einer Schlucht. Ich habe kein Seil bei mir und keine Haken, keinen Pickel und keine Karabiner.

Neunter Tag: Ich habe es aufgegeben. Beim Kauf einer Zeitung komme ich mit einem Mönch ins Gespräch. Er lächelt weise und schreibt mir einen Fischermeister auf, gar nicht weit, und ich sage »Petri Dank«, weil er Deutsch kann. Und da hatte ich auch seinen Segen!

Zehnter Tag: Des Fischermeisters Weib roch tugendvoll, und ich grüßte sie vom Mönch, und sie kritzelte den Fischerschein, und ich gab ihr das Geld. Danach begehrte ich zu wissen, wo denn das Fischwasser sei. Mit zerfurchtem Madonnengesicht zeigt sie durchs Fenster auf die viereckigen Fischzuchtteiche, und ich dürfe aus jedem zwei Stück angeln. – Nun, Freund und Leser, möchten Sie aus einem Zuchtteich eines der hungrigen Exemplare ziehen, wo sich gleich hundert auf Ihren Köder stürzen und es unter den Fischen danach nur Unfrieden gibt, unter denen nämlich, die nicht angebissen haben?

Des Fischermeisters Weib wünschte ich die Pest an den Hals und telefonierte am selbigen Abend treudeutsch mit einem bayrischen Schloßverwalter, in dessen Prospekt neben Reiten und Golf auch das Fischen aufgeführt war, »gepflegtes Forellenwasser«.

Elfter Tag: Anreise zum deutschen Schloß mit Touristenzimmer.

Zwölfter Tag: Ein putziges Zimmermädchen zeigte mir den Pfad zum Forellenwasser. Das letzte Stück ging ich natürlich allein, nur mit meiner Gerte. Ich gelangte an ein verbuschtes Rinnsal von etwa 70 cm Breite. Einmal huschte dort ein etwa zwölf Zentimeter langes Forellenbaby bachabwärts. Ich wünschte ihm gute Fahrt.

172

Dreizehnter Tag: Heimfahrt. Beginne, dieses Kapitel zu schreiben.

Und aus all dem folgt: Erst das Wasser besichtigen, dann den Menschen ausfindig machen, der die Karten ausgibt. Erst zum Schluß im Hotel oder Gasthof buchen!

Und dann reisen Sie an. Und wo es im frühen Frühjahr noch etwas kalt war, aber einsam und lauschig, tummeln sich nun vielzählig Kinder im Gewässer, Mannsbilder gurgeln und schreien, Heranwachsende stemmen dicke Steine ins Wasser, weil das so schön platscht. Oder reihenweise drängen sich andere Angler an den begehrbaren Stellen des Ufers, und ihre Schnüre verwickeln sich gegenseitig. Jeder haßt – mit Recht! – den anderen. Und trotzdem erzählen sie lauthals beim abendlichen Wein, welch zahlreiche Beute sie gemacht hätten.

Oder auf dem zuvor menschenleeren See unter südlichem Himmel toben nun bundesdeutsche Außenbordmotoren, die fette Gattin im Bug als Galionsfigur, damit jeder Itaka sieht, daß wir bei uns zu Hause kräftig zu essen haben, am Steuerruder ein Halbreicher mit Kapitänsmütze, und für die ist es ein Mordsspaß, dicht am stillen Angler vorbeizupreschen, seine Schnur mit dem Propeller zu atomisieren. Eine Ersatzhandlung für Humor.

Es geht einfach nicht ohne Tip!

173

Kapitel XLIII

Über den Steckbrief

Bei aller Systematik – den Fischen scheint es sehr gleichgültig zu sein, wie man sie einteilt. Darüber, wie man es bisher gemacht hat, schrieb ich bereits. Und ich mache es ganz anders: nach Vorkommen, das heißt nach »Regionen«, weil das für Sie am praktischsten ist. Sie wollen wissen, welche Fische in welchem Gewässer ungeduldig auf Sie warten.

Und wenn dann ein Fisch angebissen hat, wollen Sie auch gleich wissen, welcher Typ das ist. Denn es beißt nicht immer derjenige, auf den Sie angelegt haben!

Vielleicht ist es ein Fisch, der noch oder wieder Schonzeit genießt, vielleicht ganz und gar verboten ist. Oder er ist – wenn auch schon ein Pfund schwer – noch zu klein. (»Brittelmaß« ist örtlich verschieden; im Steckbrief stehen nur ungefähre Angaben, auf die Sie sich nicht berufen können!)

Oder er schmeckt nicht. Mit solchen Fischen gehen manche Angler um wie die wildgewordenen Touristen, die jeden unschmackhaften Pilz im schönen Wald wütend zertrampeln. – Auch »unedle« Fische gehören ins Wasser, weil sich die »Edlen« von ihnen ernähren, ich meine hier die begehrten Raubfische.

Allein in der »Forellenregion« könnten Sie ohne Steckbrief auskommen, weil da ja doch nur Forellen schwimmen. Fehlgeraten, Sie müssen die Bachforelle von der Regenbogen schnell und sicher unterscheiden, denn sie haben unterschiedliche Schonzeiten. Und auch ein Bachsaibling könnte in die reine Forellenregion vorstoßen.

Zur Praxis des »Steckbriefs«: Schlagen Sie unter »Region« (A, B, C, D)

dieses Buch auf, ehe Sie ans Wasser gehen.

Die Besichtigung des Pflugscharbeins oder das Auszählen der Gräten gibt wissenschaftlichen Aufschluß, welch einen Fisch Sie am Haken haben. Aber diese Methode funktioniert nur auf dem Obduktionstisch! – Darum habe ich »zur Erkennung« das augenfälligste Merkmal an die Spitze gestellt.

Nicht immer hat ein Fisch etwas besonders Augenfälliges. Halten Sie ihn solange im Kescher unter Wasser, und betrachten Sie seine Flossen, seine Farben, die Körperform und den »Schnitt« des Mauls! Verfallen Sie nicht voreilig in den Fehler, sich für einen Dummkopf zu halten, wenn Sie dann immer noch rätseln, das gefangene Exemplar auch durch keine Abbildung identifizieren können. Es gibt Übergangsformen, Varianten in verschiedenen Gegenden, sogar Mischlinge. Reinrassige Fische sind selten. (Allerdings kenne ich keine Kreuzungen beim Aal, beim Hecht und beim Neunauge: Mit denen will kein anderer Fisch erotisch etwas zu tun haben!)

»Zur Kenntnis« gebracht sind Ihnen am Ende die mittlere Größe und der Köder. Die mittlere Größe ist von mir etwas willkürlich errechnet, sie liegt jedenfalls über dem amtlichen »Brittelmaß«. Und für mich *ist* sie mein privates Brittelmaß. (In meiner Rechnung sind die seltenen Supergrößen eines Fisches nicht berücksichtigt; dies für Statistiker.)

Die übrigen Angaben unter a) bis e) nur zu Ihrer Perfektionierung. Wenn Sie auch das wissen, wird Ihnen am Wasser manches klarer, und entsprechend können Sie Ihre Angelstrategie ändern.

Steckbrief-Systematik

Zum Finden
A Fische in der Forellenregion
B Fische in der Äschenregion
C Fische in der Barbenregion
D Fische in der Bleiregion

Zur Erkennung
1. Auffallendstes Merkmal
2. Besondere Flossen
3. Farbe
4. Körperform
5. Maul

Zur Kenntnis
a) Brittelmaß und »mittlere Größe«
b) Fang beziehungsweise Köder
c) Geselligkeit
d) Standorttreue
e) Vorwiegende Standorte

Im übrigen siehe Bilder!

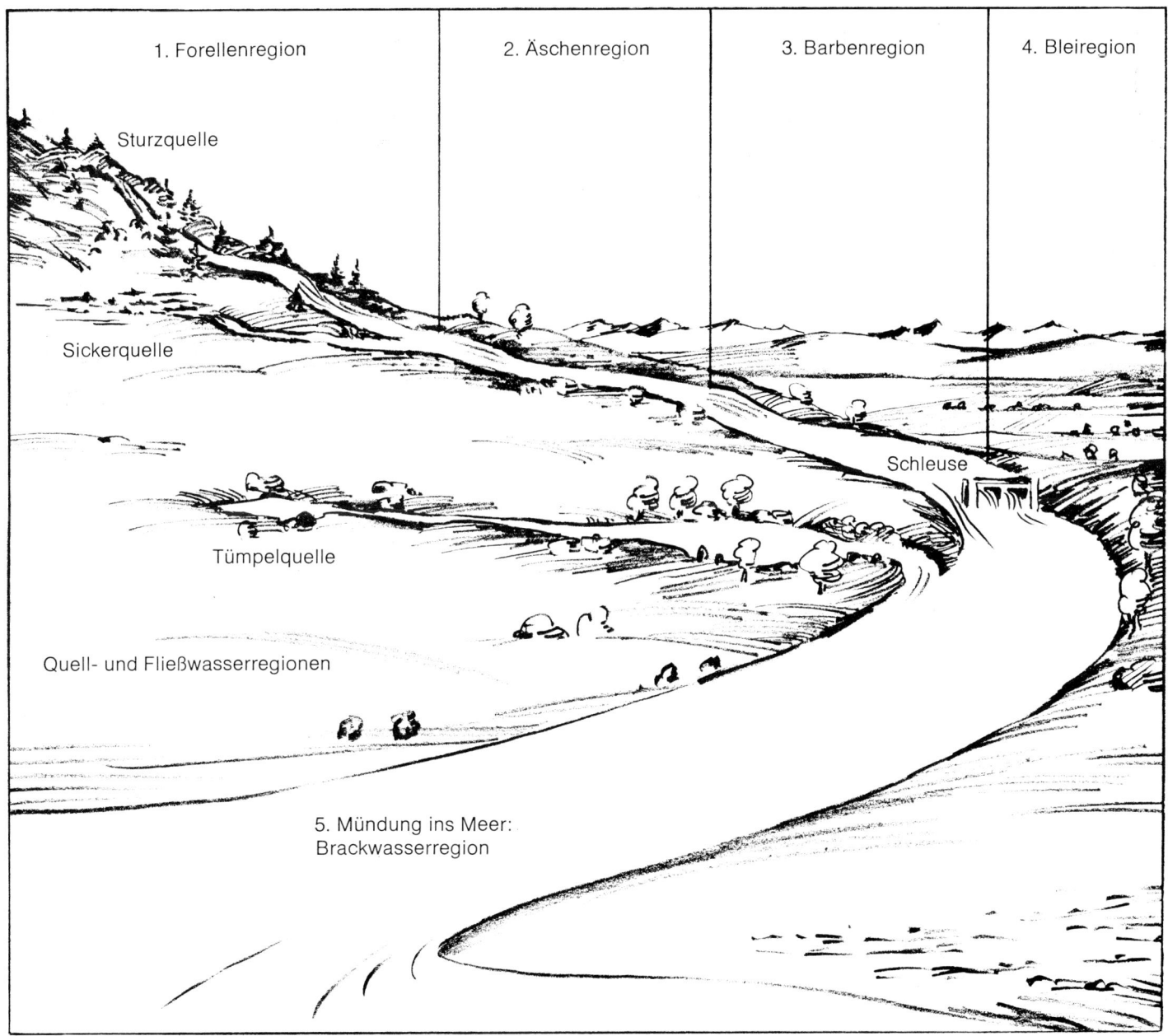

1. Forellenregion   2. Äschenregion   3. Barbenregion   4. Bleiregion

Sturzquelle

Sickerquelle

Tümpelquelle

Schleuse

Quell- und Fließwasserregionen

5. Mündung ins Meer:
Brackwasserregion

Die Forellenregion

Forellen mögen es kalt, zwischen vier und zwölf Grad Celsius etwa. Sie sind darin sehr empfindlich! Und was den Sauerstoffgehalt des Wässerchens angeht auch sehr anspruchsvoll.

Entsprechend ist ihre Region: kräftig strömende Bäche aus den Bergen, die möglichst um Felsen und Steine schäumen – sich dadurch mit Sauerstoff aufladen! –, noch keine Möglichkeit haben, sich im warmen Sommer allzusehr aufzuwärmen.

Solche kühlen Bäche gibt es auch im Flachland, nahe der Quelle; sie sollen nur einigermaßen munter dahinfließen. Ob auch höhergelegene oder schlechthin kalte Seen zur Forellenregion gehören, bleibt Ansichtssache; im Gegensatz zum Bach oder Flüßchen sind diese Seen – mit Ausnahme von ausgesprochenen, meist nur zu Fuß erreichbaren Hochgebirgsseen – schon zu sehr mit anderen Fischarten durchmischt.

Die Forellenregion ist die artenärmste: Außer Forellen gibt es da nichts, wenn man von gelegentlichen Elritzen absieht und Koppen, die zwischen den Kieseln herumkriechen.

Keine Region hat eine feste Grenze, sondern geht mählich in eine andere Region über. So gibt es Forellen natürlich auch unterhalb der Forellenregion (besonders in kalten Zeiten), und manche Äsche wandert zur Forellenregion hinauf. Regionen werden danach benannt, von welcher Fischart (»Leitfisch«) sie beherrscht werden, welcher Fisch dort typisch ist.

Bachforelle

1. An den Seiten rote Tupfer.
2. Kleine Fettflosse (eine Flosse ohne Strahlen) auf dem Stiel vor der Schwanzflosse (Salmonide).
3. Im übrigen silbern, hell bis dunkel. Rücken dunkel (oliv, bräunlich, gar fast schwarz). Bauch hell.
Bachforellen passen ihr Silber der Helligkeit der Umgebung an. Forellen, die fast nur im schattigen Gewässer leben, bekommen eine dunklere Hautfarbe. Desgleichen Exemplare, deren Augenlicht – durch Krankheit oder Alter – nachläßt, weil sie denken, es sei rundum alles dunkel.
4. Körper wie ein leicht zusammengedrücktes Torpedo.
5. Maul ist »endständig«.

a) Brittelmaß (Schonmaß) liegt zwischen 25 und 35 Zentimeter. Das »Mittel-Maß« sei 35 bis 40 Zentimeter. (Ausgenommen in sehr nahrungsarmen Hochgebirgsbächen, in denen auch die bejahrteste Forelle nicht über 25 Zentimeter hinauswächst.)

b) Am freudvollsten ist der Fang mit der künstlichen Fliege. Hakengröße von 12 bis 16. Forellen haben ihre Beißstunden: Sie verlassen ihre Unterschlüpfe und warten auf treibende oder dicht über dem Wasser schwirrende Insekten. Sie »steigen«. Wer nicht genau hinsieht, bemerkt es zumindest an den Wasserkringeln. Oder er hört es, weil die Forellen aus dem Wasser springen und wieder hineinplatschen.
Wenn keine Beißstunde kommen will, können Sie versuchen, eine zu zaubern: Sie werfen dennoch die Fliege, lassen sie vor dem nächsten Rückschwung der Gerte noch etwas über das Wasser hüpfen. Vielleicht wird eine unlustige Forelle davon munter. Und dann werden es einige andere auch und meinen, nun sei Beißstunde. Die »nasse«, unter Wasser treibende Fliege kann ebenso ermuntern, wenn sonst »nichts geht«. Oder wenn aus irgendwelchen Gründen die Forellen zwar offensichtlich jagen, aber nicht dicht unter der Wasseroberfläche, son-

dern am Grund. – Die extremste Naßfliege ist die fast unbehaarte Nymphe, besonders für mißtrauische Luder oder bei sehr schlechtem Wetter. Wenn die Forelle, besonders die Bachforelle, auch Hitze verabscheut – zu kalt darf es im Wasser auch nicht sein. Sie wird dann lethargisch, lebt zwar gesund weiter, will aber nicht anbeißen! Wenn im Frühjahr noch einmal Schneewasser kommt, ist mit den Forellen nichts anzufangen.
Vorfachspitze 12 bis 16/100. Manche fangen auch noch erfolgreich mit 20/100 und haben ihre Beute dann um so sicherer am Haken.
Bachforellen gehen auch auf Blinker und Wobbler. Vom Schwinglöffel (Meps) lassen sie sich reizen, wenn sie damit nicht schon zu viele schlechte Erfahrungen gemacht haben.
Hakengröße 2. Natürlich gehen Forellen leichter an einen kleineren Haken, aber damit verangeln Sie zu viele Jungforellen.
Als Wobbler möglichst kleine, helle

Exemplare, zweigliedrig. Zum Heben und Senken in tiefen Gumpen (Kolken) das Wunderfischli.

c) Forellen gehören nicht zu den »geselligen« Fischen. Es sieht manchmal nur so aus, weil mehrere im Umkreis stehen. Das rührt aber nur daher, daß dort etwas zu holen ist. Nach dem Jagen schwimmen sie wieder grußlos auseinander, jede ihres eigenen Weges.

d) Bachforellen sind ziemlich standorttreu. Alte Exemplare werden diesbezüglich besonders beharrlich. Manchmal dulden sie noch einen kleinen Hofstaat von zwei bis vier schwächeren Genossen um sich.

e) Für den Standort gibt es nur eine einzige Regel: eine Forelle – und dies gilt auch für andere Forellenarten – steht grundsätzlich da, wo sie Nahrung erwartet. Das kann unter überhängenden Büschen sein, von deren Blättern winzige Raupen ins Wasser fallen. Oder im ruhigen Teil eines Strudels, weil dort ertrunkene oder an der Wasseroberfläche festgeklebte Insekten hingespült werden. Oder unter einem Wasserfall.

Beobachten Sie Ihre geworfene Fliege, wohin sie in der Strömung treibt, wo sie plötzlich nicht weiterschwimmt, sondern im Kreise! Natürlichen Fliegen ergeht es nicht anders. Und wohin so etwas treibt, da lauern auch die Forellen.

Also stehen Forellen selten inmitten des schäumenden Wasserschwalls. Oder sie stehen dort tief unten. (Schwere nasse Fliege an schnell sinkender Schnur fördert da zuweilen einen Kapitalen zutage!)

Ansonsten:

Die Forelle ist im Anbeißen zwar ein schneller, beinahe voreiliger Fisch, aber auch ebenso nervös – blitzartig dreht sie vor dem Köder wieder ab, wenn sie daran einen Haken findet. Und von Jahr zu Jahr werden die Forellen scheuer und noch nervöser.

Am Haken gebärdet sie sich fast artistisch. Erst zieht sie nach unten. Dann schnellt sie aus dem Wasser. Danach versucht sie seitliche Fluchten, möchte in die Strömung oder schießt zwischen Kraut. (Jetzt nicht drillen, sondern geduldig warten, bis sie wieder herauskommt!) Oder – am allerschlimmsten – sie fährt zwischen Stempen der Bachverbauung, wickelt da das Vorfach um die Hölzer und reißt, weil die Schnur nun nicht mehr von der Gerte gefedert wird, das feine Vorfach durch!

Regenbogenforelle

(1882–1888 aus den USA nach Europa »eingewandert«.)

1. Bunt schillerndes Seitenband aus violetten, blauen, roten und grünlichen Pünktchen.
2. Wie Bachforelle (kleine Fettflosse, weil Salmonide).
3. Silbern. (Meist schimmernder als bei der Bachforelle.) Ändert sich nicht (oder kaum) nach Farbe der Umgebung.
4. Wie Bachforelle, oft nur etwas schlanker. Durch Vermischung verschiedener Regenbogenforellen bilden sich kaum noch besonders typische Körperformen.
5. Wie Bachforelle.

a) Brittelmaß bei 30 bis 35 Zentimeter.
Mittelmaß sollte bei 40 bis 45 Zentimetern liegen. – Die Regenbogenforelle ist schnellwüchsig, so kann man fast abwarten, bis sie größer geworden ist.

b) Wie Bachforelle. – Die Regenbogen ist aber nicht ganz so wählerisch. Geht auch an aufgespießte Würmer, an Fleischbröckchen. Fliegen dürfen etwas größer sein und müssen nicht ganz so artig auf dem Wasser hocken.
c) Auch sie ist nicht »gesellig«. Aber irgendwie scheinen Regenbogenforellen zusammenzuhalten: Wo Sie die erste Regenbogen erbeuten, werden auch die nächste und übernächste eine Regenbogen sein. Sie haben eine gewisse Strecke des Bachs für sich belegt.
d) Von Haus aus vagabundiert die Regenbogenforelle. Trotz all ihrer guten sportlichen Eigenschaften wird sie nicht so gern eingesetzt; Bachpächter Schmitz fürchtet, daß die Fische zum benachbarten Pächter Müller abwandern, und dann hat Schmitz nichts davon. Und Müller denkt genauso!
e) Sie steht da, wo Forellen im Bach schlechthin stehen. Aber sie ist kräftiger als die Bachforelle und steht – wenn sie sich dort etwas erwartet – auch in schärferer Strömung.

Ansonsten:
Am Haken zieht die Regenbogen stärker als die Bachforelle. Sie schnellt seltener in die Luft, sondern zieht lieber tief auf den Grund. Hat eine ziemliche Ausdauer. Nicht gewaltsam drillen, sondern das Tauziehen zwischen ihr und Ihnen gelassen durchstehen. Sobald sie ins seichte Wasser geführt ist, hören ihre Kunststücke auf.

Marmorierte Forelle

1. Seiten wie unregelmäßig verstrichener Mörtel, »marmoriert«, grau in grau, aber auch mit Gelbtönen.
2. Fettflosse vor dem Schwanz (Salmonide).
3. Im Grundton grau, mattsilbern.
4. Wie Forelle schlechthin.
5. Wie Forelle schlechthin.

a) Brittelmaß: 22 bis 25 Zentimeter. Mittelmaß sollte nicht unter 25 Zentimetern liegen. Größere Exemplare selten.
b) Wie Bachforelle.
c) Einzelgänger.
d) Darüber wird gestritten.
e) Wie alle Forellen. – Am häufigsten anzutreffen auf der Alpensüdseite, höhere Lagen.

Lachsforelle

Alle Forellen – alle Salmoniden – sind mit dem Lachs verwandt. Aber eine Lachsforelle gibt es nach Ansicht eines Lehrbuches für die Fischerprüfung nicht. Darum scheint es ganz aussichtslos, nach ihr zu angeln.

Mit »Lachsforelle« meint der Volksmund jegliche Forelle, deren Fleisch rosig ist. Dies soll aber nicht am Typ liegen, sondern an der Nahrung: Solche Exemplare haben vorwiegend winzige Krebschen verspeist.

Forellen – gleich welchen Typs – mit rosigem Fleisch schmecken mir besser als die ganz weißen!

Seeforelle

Vorweg:
Für mich ein etwas komplizierter Fisch, denn auch in den Bächen der Forellenregion ist er anzutreffen, sonst in Hochgebirgsseen, aber auch in Seen des alpinen Vorlandes, hier zusammen mit vielen anderen Fischen.

1. Rundum silbern, an der Seite ganz kleine schwarze Punkte oder Sternchen, wie gesprenkelt.
2. Wie Forelle (Fettflosse, weil Salmonide).
3. Uni-silbern.
4. Wie Forelle, im Durchschnitt – das heißt, wenn es nicht ein Baby ist – wesentlich größer.
5. Maul »endständig«, griesgrämiger als sonst Forellenmäuler, das heißt mit fallenden Mundwinkeln.

a) Brittelmaß: 40 bis 50 Zentimeter. Mittelmaß sollte um 60 Zentimeter sein! (Prachtexemplare werden einen Meter lang.)
b) Größere Fliegen (Hakengröße 5 bis 9), möglichst aufreizend, glitzernd. Vorfachspitze 20 bis 22/100. – Kleine Löffel, in der Dämmerung schlanke Perlmuttlöffel. – Gute Er-

fahrungen machte ich mit dem schweren Devon-Spinner! Alles an leichter Hechtgerte, Schnur 25 bis 30/100.
Schleppangeln nur im Sommer, wenn die Seeforellen in der Kühle des Seegrundes stehen, aber es bleibt dann doch eine ziemliche Glückssache. (Spinner ganz tief laufen lassen!)
Im Mündungsgebiet eines Baches beißt sie auf Streamer mit Lamettasträhnen, manchmal auch auf größere Naßfliegen, ruckweise gezogen.
c) Die Seeforelle ist Einzelgänger, trotzdem kann sich zuweilen eine Anzahl Seeforellen versammeln.
d) Durchwandert den See. Im Herbst steigt sie den Bach hinauf, um zu heiraten. Dann hat sie nichts anderes mehr im Kopf, ist kaum noch zu kriegen. Unbezwingbare Wasserfälle geht sie bis zur Selbstzerstörung an. Sie will hinauf!
e) Als echte Forelle will sie kühles, sauerstoffreiches Wasser. Solange der See noch kalt ist, steht sie ziemlich hoch. Mit der sommerlichen Erwärmung des Wassers zieht sie sich in die kühlen Tiefen zurück. Wird es dort aber sauerstoffarm, schwimmt sie zur Einmündung des Baches; dort ist es

noch ausreichend kühl und sauerstoffreich zugleich.
Gelegentlich macht sie auch vor der Laichzeit Abstecher in den Bach hinein. – Wenn Sie an dem betreffenden See noch keine lange Erfahrung haben, beschaffen Sie sich einen »ortskundigen Führer«. Bezahlen Sie ihn nicht nach Stunden, sondern nach Gewicht der Beute!

Ansonsten:
Eine kleinere Sorte ist die Schwebforelle. Sie soll unfruchtbar sein. Wie man eine junge, also noch kleine Seeforelle von einer älteren Schwebforelle unterscheidet, vermochte mir noch keiner zu verraten. Allenfalls könnte man vor der Laichzeit ein gefangenes Weibchen aufschlitzen und nachsehen, ob es schwanger ist. Wenn nein, kommt wieder die Ungewißheit: Vielleicht ist es doch eine echte Seeforelle, aber noch vor der Pubertät.
Seeforellen kreuzen sich mit Bachforellen. Dann kratzt sich der erfolgreiche Angler am Kopf, es hilft ihm kein »Steckbrief«, keine Bildtafel.

Bachsaibling

(Aus den USA und Kanada nach Europa »eingewandert« um 1882.)

1. Rote Bauchflossen mit schwarzgesäumter, weißer Vorderkante.
2. Kleine Fettflosse über dem Schwanzstiel (Salmonide).
3. Rücken braun-oliv, zuweilen etwas marmoriert, Seiten zum Bauch hin aufhellend. Bauch gelb bis orange (zur Laichzeit rot!).
4. Wie Forelle (gedrücktes Torpedo).
5. Maul »endständig« wie Forelle.

a) Brittelmaß 22 bis 25 Zentimeter. Mittelmaß sollte bei 25 Zentimetern liegen.
b) Wie Forelle: Fliegen und Spinner an feinem Zeug.
c) Gesellig. Bildet im Bach aber selten ausgesprochene Schwärme.
d) Grundsätzlich standorttreu, wechselt nur selten.
e) Wie Forelle. Aber auch in verbauten Wassern ohne Überhang vom Ufer aus. Der Bachsaibling ist diesbezüglich etwas unvorsichtig! – Steigt auch in ganz schmale, kalte Nebenbäche, in die sich Forellen kaum mehr trauen.

Ansonsten:
Nicht so nervös wie die Forelle, eher etwas naiv. Stößt auch nicht so jäh auf den Köder. Am Haken etwas ratlos, macht zwar Fluchten nach Salmonidenart, aber nicht so einfallsreich wie die Forelle.

Seesaibling

1. Rötlicher Bauch. Vordere Ränder der Bauchflossen zeigen weiße Säume *ohne* schwarze Grenze.
2. Fettflosse über dem Schwanzstiel (Salmonide).
3. Rücken bräunlich bis olivfarben, Seiten heller werdend, Bauch gelb bis rot.
4. Wie Forelle (gedrücktes Torpedo), oft hochrückiger.
5. Wie Forelle und Bachsaibling: endständig, aber etwas verdrießlicher.

a) Brittelmaß: 20 bis 25 Zentimeter, Mittelmaß sollte sein: 25 bis 30 Zentimeter.
b) Wie Seeforelle, darf aber feiner, schwächer sein.

c) Bedingt gesellig. Keine erkennbaren Schwärme!
d) Zieht herum.
e) Wie Seeforelle. Aber auch an gut einsichtigen Stellen. Will noch kühleres Wasser als die Seeforelle, steigt aber aus den kühlen Tiefen wieder empor, wenn die Grundregion verschmutzt, beziehungsweise zu sauerstoffarm ist. – Geht an Einmündungen von kühlen Bächen, steigt aber nicht in die Mündung hinauf!

Ansonsten:
Wird mehr aus Zufall geangelt als darauf angelegt. – Wie beim Anlegen auf die Seeforelle muß man auch hier einen »ortskundigen Führer« nehmen beziehungsweise sich einweisen lassen. – Steigt auch im Sommer an die Oberfläche, wenn Sturm das Wasser bewegt, umwälzt!

In der Schweiz vereinzelt der »Kanadische Saibling« genannt, auch »Seeforelle«.

183

Elritze

Vorweg:
Sie ist keineswegs typisch für die Forellenregion, aber sie steigt bis in diese Wasser hinauf, wenn es Wiesenbäche im Flachland sind. Dort rauft sie sich mit Jungforellen um Würmchen, Larven, Nymphen und sogenannte Anflugnahrung. Zur Strafe wird sie von erwachsenen Forellen gefressen. Und von den miesen Anglern als Köderfisch auf Forellen verwandt. – Dem Menschen schmeckt sie bitter (»Bitterfisch«). In manchen Gegenden heißt sie »Pfrille«.

1. Kurze, hohe Rückenflosse, Körper grünlich.
2. Zwei Kiemenflossen, zwei Bauchflossen, eine große Afterflosse, eine hohe Rückenflosse.
3. Grün-metallic, manchmal wolkig. Sichtbare Seitenlinie!
4. Torpedoförmig. Schwanzstiel ziemlich rund.
5. Maul mittelständig mit resignierenden Mundwinkeln am Ende.

a) Brittelmaß: keines.
Mittelmaß: um 12 Zentimeter.
b) Zarte Würmer, auch Fliegen. Selbst Teigkügelchen. Einfachster Fang in Reusen.
c) Gesellig, bildet Schwärme.
d) Wechselt Standort nur innerhalb gewisser Strecken.
e) Alle klaren Gewässer – auch anderer Regionen! – und sonst wahlloser im Wasser. Schwimmt unerwartet immer irgendwo herum.

Ansonsten:
Dient nur als Köderfisch.

Die Äschenregion

Im weiteren Verlauf wird das Wasser mehr und mehr zur Äschenregion. Die Äsche verträgt wärmeres Wasser, stellt aber – als Salmonide, also Verwandte der Forelle – auch ihre besonderen Ansprüche und hat dieselbe Speisekarte.

Robuste Forellen lassen sich bis hinunter in die Äschenregion treiben. Also finden Sie da auch noch Forellen! Und bis in die Äschenregion hinauf steigen Fische aus der Barbenregion (C). Und weil es in der Äschenregion demnach vielerlei zu beißen gibt, taucht hier auch schon der Hecht auf!

Glauben Sie aber nicht, daß in jeder Äschenregion auch wirklich Äschen seien! Meist sind sie es, aber nicht immer. Manchmal sind sie dort ausgestorben, oder irgend etwas hat ihnen da nicht gefallen. Die Äsche ist – für Angelbücher – der »Leitfisch« für diese Wasserstrecke.

Äsche

Vorweg:

Sie gilt als einer der edelsten Fische. Dies rührt daher, daß sie schwer zu fangen ist. Einen anderen Grund weiß ich nicht. Sie schmeckt auch nicht »edel«, sondern eher etwas nichtssagend.

1. Sofort erkennbar an der irisierenden, fahnenartigen Rückenflosse (beim Weibchen etwas gestutzter).
2. Kleine Fettflosse (weil Salmonide).
3. Silbern, zuweilen mit einem Grünstich.
4. Tropfenform, kleines, spitzes Mäulchen!
5. Endständig, spitz, klein.

a) Brittelmaß: 35 bis 40 Zentimeter. Mittelmaß: 45 bis 50 Zentimeter.
b) Kleinste Fliegen und winzige Spinner an sehr feinem Zeug, strapazierfähige Gerte mit *parabolic action*.
c) Gesellig.
d) Standorttreu über längere Zeiten. Kann aber zuweilen abwandern.
e) Ähnlich Forelle, aber in schärferer Strömung, denn sie ist stärker. Steht oft an der Grenze zwischen schnell- und langsamströmendem Wasser. Besonders gern neben einer überfluteten Kiesbank mitten im Bach. Und oft unter einem Strömungsschwall, tief am Grund.

Ansonsten:

Die Äsche ist sehr vorsichtig. Die Fliege läßt sie erst an sich vorbeitreiben (Achtung: Fliege ruhig treiben lassen!), schielt quasi nach hinten, dreht sich und steigt nach der schon vorbeigeschwommenen Fliege in Rückenlage. Fliegen der Hakengröße 16 bis 18. Aber manchmal steigt eine Äsche auch auf eine grobe Forellenfliege der Hakengröße 14.

Äsche kämpft durch starkes Tauchen, hat dabei Ausdauer! Die kleinen Äschenfliegen haken dabei leicht aus oder schlitzen der Äsche das weiche Maul auf. Und weg und ab ist die Äsche. Darum weich im Drill bleiben, und wenn sie noch so zieht! Gerade nur so hart, daß die Äsche sich nicht wegdrehen kann, denn dann hakt sie sich aus. – Doppelhaken (an manchen Gewässern übrigens verboten!) sind keine Hilfe.

Eine untermaßige Äsche (unter Brittelmaß) soll ganz vorsichtig unter Wasser abgeködert werden, denn bei aller Stärke ist die Äsche ein sehr empfindliches Tier, verträgt es nicht, fest in die Hand genommen zu werden. Die Mehrzahl der etwas zu grob abgeköderten Äschen schwimmt zwar noch davon, stirbt aber hinterher. Darum habe ich mich schon oft gefragt, ob man untermaßige Äschen überhaupt abködern und nicht doch – gegen die Bestimmungen – »herausnehmen« soll?

Wenn ich an einer Stelle immer wieder eine Jungäsche an der Fliege habe, weiß ich, daß ich an einen Kindergarten für Äschen geraten bin, und wechsle meinen Standort.

Wenn es ein Wasser mit überwiegend Äschen ist, wäre der Jamison-Haken angebracht, aber ich weiß kein Geschäft, das Fliegen mit dem schonenden Jamison-Haken feilbietet. Also drücke ich den Widerhaken an der Fliege zu. Nun läßt sich leicht abködern! Aber mit »kastriertem« Haken ködern sich die Äschen beim Drill auch selbst wieder leichter ab. Nun,

ein ausgehakter Fisch bleibt ein lebender Fisch, vielleicht etwas mißtrauischer in Zukunft, aber es wird kein lädierter Fisch; Sie sollten sich mit ihm freuen!

Manche Fischwasserbesitzer beziehungsweise Anglervereine möchten die Äschenbestände dadurch schonen, daß sie zwar das Angeln erlauben, aber zugleich gebieten, jede Äsche (oder jedes Äschenweibchen) wieder abzuködern, ins »Wasser zurückzusetzen«. Unwaidmännischer geht es nicht! Eine Kreatur ist zu schade dafür, daß man sie fängt, dabei doch immer mehr oder weniger quält, nur um sich »sportlich betätigen« oder mit der Anzahl der Fänge pro Tag brüsten zu können. Zur ehrlichen »Waid« gehört auch der ehrliche, urtümliche Jagdtrieb! Und dazu gehört die Möglichkeit, Beute zu machen und die Beute zu fressen. Wer das nicht empfindet, soll zum Beispiel beim Golf bleiben. Einem Golfloch tut nichts weh!

Bei Fischen läßt sich männlich und weiblich viel schwerer unterscheiden

als zum Beispiel bei Hunden. Manche muß man erst obduzieren, um es herauszubekommen. Aber bei der Äsche ist es einfacher: Die »Fahne« (die Rückenflosse) der männlichen Äsche ist höher als bei der weiblichen. Sie sieht beinahe eitel aus, irisiert mehr in den vorderen Spitzen.

Warum sollen Sie wissen, ob die gefangene Äsche männlich oder weiblich ist? Weil – wie vorher schon geschrieben – an manchen Fischwassern die Äschen-Damen zurückgesetzt werden müssen, man nur die Herren herausnehmen und heimbringen darf.

Huchen

Vorweg:
Wahrscheinlich bekommen Sie niemals einen Huchen an die Angel. Er lebt noch vereinzelt in der Donau und in benachbarten Flüssen, aber der Fang ist fast überall verboten. Er ist eine riesige Flußforelle, bis zu 1,50 Meter lang und bis zu 50 Kilo schwer. Nun fängt aber auch der größte Fisch einmal klein an. So befinden sich in der Äschenregion manchmal naseweise Huchenbabys, die vom Angler für etwas dunkle Forellen (über Brittelmaß) gehalten, herausgenommen, getötet und aufgegessen werden. So fehlt es dem Huchen an Nachwuchs. Und nur darum beschreibe ich ihn: Damit Sie ihn nicht mit einer Forelle verwechseln, sondern verschonen.

1. Im ganzen dunkler, sonst fast so wie die Forelle. Große Fettflosse!
2. Wie Forelle.
3. Rücken grau-grün-braun, manchmal dunkelgrau, an den Seiten nur langsam heller werdend. Bauch silbern oder gar weiß.
4. Torpedoform, aber rundlicher als die Forelle!
5. Wie Forelle, aber Unterkiefer (besonders beim Männchen) etwas hakenartig nach oben gebogen (»Lachshaken«).

a) Brittelmaß: 70 bis 80 Zentimeter (wenn Fang überhaupt erlaubt), Mittelmaß sollte bei 80 Zentimetern liegen.
b) Kräftige Blinker, nur mit Schwanzdrilling (also keine Hechtblinker!). – Starke Hechtgerte (Huchengerte) und kräftige Stationärrolle. Schnur 50/100, Vorfach 40 bis 45/100. (Kein Stahlvorfach!)
c) Einzelgänger.
d) Standorttreu, wenn nicht vergrämt.
e) Wie Forelle: neben oder unter der Strömung (und der Huchen hält auch eine massive Strömung aus!), hinter großen Steinen, Felsbrocken im Wasser, neben und hinter breiten Brückenpfeilern.

Ansonsten:
Der Huchen geht nur an lebende Köder oder an solche, die wie lebendig aussehen und auch so geführt werden. Er geht aber nicht an Würmer, und ob er sich gelegentlich durch eine Fliege verlocken läßt, bezweifle ich. Doch bei den Fischen ist nichts unmöglich. Es ist nur sehr aussichtslos, dem meist tiefer stehenden Huchen mit einer Lachsfliege nachzustellen.

Döbel (Aitel)

Vorweg:

Der Döbel gehört eigentlich in die Barbenregion (C), treibt sich aber gern in der Äschenregion herum, stößt bisweilen sogar bis an die Forellenregion vor. Er schwimmt in hochgelegenen und tiefgelegenen Seen gleicherweise gern. Er ist überall und frißt auch alles, was ihm vor die Nase kommt. Er gerät dann an die Angel – gleich, womit beködert –, wenn man ihn gar nicht haben will. Trotzdem muß zuweilen auf ihn gefischt werden, denn er kann lästig werden.

1. Dicker Kopf, grobe Schuppen, silbrig mit dunklen Säumen.
2. Ohne Besonderheit. – Siehe Bild (Cyprinide).
3. Junge Döbel silbrig, ältere mit schmutzig-grünem Rücken.
4. Runder Körper.
5. Endständig, stumpf. Ausdruckslos.

a) Brittelmaß: nur selten vorgeschrieben.
Mittelmaß: 20 bis 30 Zentimeter (letzteres in Seen).
b) Geht an alle Köder: Blinker, Wobbler, nasse und trockene Fliegen, Maikäfer, Brot, Kirschen u. a. m. – Leichte bis mittlere Spinnangel beziehungsweise Fliegengerte mit gutem Rückgrat.
c) Lebt zwar gesellig, taucht aber unvermutet einzeln auf. Weiteres Fischen auf ihn nach dem ersten Fang nicht sinnvoll, denn seine Genossen – scheu und mißtrauisch – sind schnell davon.
d) Lungert herum, bevorzugt aber immer gewisse Standorte, zu denen er zurückkehrt.
e) Im Bach an überströmten Untiefen, unter überhängendem Buschwerk des Ufers, unter Wehren. – Im See in Schilfnähe, unter oder neben Bootshütten, an Scharen.

Ansonsten:

In der Forellenregion oder in einem reinen Äschenwasser soll man jedes Exemplar herausnehmen. Äschen frißt er besonders gern, und in dieser Region hat er – außer dem Menschen – sonst keinen Feind! Darum wird zu Recht schon in alten Angelbüchern versnobten Fliegenfischern geraten, zumindest einmal in der Woche auf den Döbel anzulegen. Wenn Sie das mit einem Blinker versuchen, geht aber bestimmt eine Forelle daran. Am döbelhaftesten sind große Fliegen (Hakengröße 10 oder 12), weil eine rechtschaffene Forelle (außer im Mai und Juni) große Fliegen verabscheut. Oder Posenfischen mit Kirschen, Teig, Käse. Schwimmen im Gebiet zugleich aber Hechte, dann sollten Sie den ziemlich ungenießbaren Döbel zurücksetzen; er ist Futter für die Hechte, wodurch manche Forelle oder Äsche vom Hecht verschont wird.
Einen »herausgenommenen« Döbel verspeist man nicht, sondern schenkt ihn einem unsympathischen Freund.

Hecht

Vorweg:

Er ist in allen Regionen zu Hause, seltener nur in der Bleiregion (D). Ebenso in allen Seen. In der Forellenregion (A) allerdings wird es ihm zu kalt, zu ungemütlich, aber Äschenregionen macht er durchaus unsicher! Äschenfischer sollten dort dem Hecht mit der Spinnangel zu Leibe gehen. – Der Schaden, den der Hecht unter den Edelfischen anrichtet, wird oft übertrieben. Aber warum nicht auch einmal ein paar Hechte?

1. Schnabelartiges Maul, Rückenflosse weit hinten, nahe dem Schwanz.
2. Siehe Abbildung; außer Kiemenflossen alles sehr weit hinten.
3. Rücken dunkel, von grau bis grün. Seiten blasser mit Querstreifen-Schillern. Bauch schmuddelig-weiß.
4. Zylindrisch mit plötzlich abgesetztem Schwanzstiel.
5. Maul schnabelartig flach, vorstehender Unterkiefer. Gesicht unfreundlich.

a) Brittelmaß: 35 bis 45 Zentimeter. Mittelmaß: 45 bis 55 Zentimeter.
b) Blinker oder Wobbler mit Schwanz- und Brustdrilling. Haken gut geschärft! Hakengröße von 02 aufwärts. – Schnurstärke 35 bis 45/100, Vorfach wenig schwächer. Am Ende noch Stahlvorfach (steifer Stahldraht oder flexible Stahlseide). Kräftige Gerte (Hechtgerte). – Auch echter oder künstlicher Frosch in Altwasser oder an Seerosenbetten, künstliche Maus in Mühlwassern. – Hecht schnappt manchmal auch nach Lachsfliegen, die unruhig über das Wasser geführt oder getippt werden müssen. – Notfalls: lebendige Fischlein, noch besser tote, gesponnene Fische mit Hakensystem.

Auch Plastikfischchen mit Haken. In Abendstunden schwimmendes Balsaholzfischchen, ruckweise gezogen, also kurz tauchend!
c) Einzelgänger, was nicht heißt, daß in seiner Nähe nicht noch einige andere Exemplare lauern.
d) Standorttreu, wenn nicht vergrämt.
e) Außerhalb der Strömung. (Der Hecht ist faul.) In Buchten, Altwassern. – Im See: an Scharen, vor Schilfrändern, unter Bootshütten, zwischen abgestorbenem Gehölz. Kurzum immer da, wo er gemächlich dösend auf Beute lauern kann.

Ansonsten:
Der Hecht stößt auf seine Beute aus dem Hinterhalt zu. Oft verfehlt er sie und kehrt knurrig an seinen Platz zurück. Er verfolgt seine Beute nicht, wenn sie schnell ist. Am bequemsten sind ihm verletzte oder kranke Fische. Insofern sorgt er unter Wasser für Sauberkeit, *Law and Order*. – Wie oft ein bestimmter, von Ihnen vielleicht gar nicht gesichteter Hecht schon auf Ihren Blinker zugestoßen ist, wissen Sie gar nicht. Darum versuchen Sie es an derselben Stelle mehrfach hintereinander. (Aber nicht aus Ner-

vosität Blinker ins Wasser platschen!) – Weit werfen müssen Sie nicht, der Hecht steht, wenn er beißen will, im flachen Wasser. Langsam spinnen! Löffel taumeln lassen, als wäre er ein kranker Fisch! Oder Spinner ruckweise kurbeln, so daß er sich wie ein angeknocktes Fischchen bewegt.

Kleine Hechte gehen gern auf große Blinker (beziehungsweise Wobbler). Und kapitale Hechte sind so mißtrauisch geworden, daß sie wiederum nur an kleine Blinker beißen. Also kleine Blinker? Doch deren Haken fahren dem kapitalen Hecht nicht tief genug durch die Zähne, verhaken sich nur etwas im Gebiß. Dann legt sich der Kerl auf den Grund. Sie ziehen und zerren. Der Kerl klappt einfach das Maul auf, und Ihr kleiner Blinker ist wieder frei. Der Kerl auch! – Darum beim Anbiß sofort kräftig »anhauen«. Ich drille grundsätzlich ruckweise, damit der Drilling durch die Zähne ins Fleisch fährt. Überdies macht dieser »pumpende« Drill den Hecht meistens nervös.

Der Hecht zieht erst kräftig, aber nicht mit viel Phantasie. Wenn er erschöpft ist, läßt er sich über das Wasser ziehen. Doch zum Schluß, wenn er Sie

erblickt, kehrt noch einmal die ganze Kraft in ihn zurück: Er schüttelt den Blinker über Wasser, taucht erneut, kommt oft los. – Beim Schleppangeln müssen Sie alles dransetzen, daß der Hecht nicht unter Ihr Boot wegtaucht, denn so auf »Gegenkurs« zieht er sich den Blinker aus dem Maul.

Für einen kapitalen Hecht sind fast alle Kescher zu klein, große Kescher sind zu unhandlich. Das Gaff ist sehr brutal und verlangt eisige Entschlossenheit: seinen Fleischerhaken nach oben, damit dem Hecht von unten in den Unterkiefer! Aber wer übt das denn, wer kann das schon?

Nicht herausnehmen durch Griff in die Kiemen, dort geraten Sie mit den Fingern in die Kiemenzähne. Darin stecken halbverweste Reste seiner letzten Mahlzeit. Die Verletzungen an Ihren Fingern verheilen nur langsam, über Wochen. – Ich greife trotzdem in die Kiemen, aber mit Lederhandschuh! Es ist das sicherste! – Im Paddelboot beziehungsweise im Kanu ist kein Platz für einen wirklich kapitalen Hecht, der noch um sich schnappt. Zum Ufer paddeln, aussteigen, vom Ufer aus drillen! Untermaßige Hechte abködern ist eine Kunst. Eigentlich nur zu machen mit

Kiefersperre (Angelgeschäft) oder mit Lederhandschuhen.

Der Hecht gilt nicht als Edelfisch, schmeckt aber bis zu zwei Kilo sehr fein. Seine winzigen, scheinbar wahllos im Fleisch sitzenden kleinen Y-Gräten bringen manchen Genießer zum Schweigen. Darum ist der Hecht auf dem Tisch etwas unbeliebt. Aber – richtig und behutsam zerlegt – ziehen sich die mistigen Y-Gräten von selbst aus dem Fleisch. – *Hecht nie in die Pfanne!*

Rutte*

Vorweg:
Sie ist keineswegs typisch für die Äschenregion, aber bis in diese Höhen eines Gewässers dringt das Biest vor. Dort wirkt eine Rutte vernichtender als eine ganze Kompanie Hechte! Sie verschlingt Laich und alle kleinen Fische, und sie legt eine Million Eier ab. Zu sehen ist sie selten; man weiß erst von ihr, wenn es kaum noch Fische im Wasser gibt. Man kann sie nur erraten! (Oder durch elektrisches Abfischen zutage fördern.)

1. Die von Mitte bis Schwanz durchlaufenden Flossen auf Rücken und Bauch.
2. Wie 1.
3. Schmutzig-grün, manchmal bräunlich. Farben wolkig. Bauch schmuddelig weiß.
4. Konisch, nach hinten zulaufend.
5. Unterständig, abgerundet, eine Bartel am Kinn.

a) Brittelmaß: meist keines.
Mittelmaß: keines.
b) Geht nicht (oder nur ausnahmsweise) an die Handangel. Zu fangen praktisch nur mit Legeschnüren. Köder: winzige Fischchen, Wurm, Hühnerdarm. – Wer es dennoch mit der Handangel versuchen will: mittelschwere Universalgerte, Grundblei, Schnurstärke 22 bis 26/100, Hakengröße 2 bis 6, abends oder bei sehr bedecktem Himmel. Im Winter.
c) Einzelgänger.
d) Unbekannt.
e) Lebt scheu am Grund des Wassers, zwischen Wurzelwerk, engstehenden Steinen, unter dem überwachsenen Ufer.

Ansonsten:
Rutten verdienen keine Gnade. Außerdem sind sie eßbar! (Sind mit dem Schellfisch verwandt.)

---

* Die Rutte hört auch auf »Trüsche« und »Quappe«. (Kommt leider auch ungerufen.)

Renke

(Felchen, Rheinanke*,
edlere Art der *Coregonen*)

Vorweg:
Gibt es in tausend Arten, die sich wieder vermischt haben (allg. *Coregonen*) und deren einzelne Beschreibung hier zu weit führen würde. Die Renken (Felchen) allerdings haben eine gewisse Berühmtheit und sind auch identifizierbar. Geräuchert sind sie an alpinen und voralpinen Seen eine Delikatesse. Sie leben am liebsten in Wassern mit einer guten Portion von Exkrementen. Kläranlagen stehen sie feindselig gegenüber! Sie rächen sich dann durch Rückgang des Bestandes.

1. Spitzmäulig, eine hohe Rückenflosse, Fettflosse vor dem Schwanzstiel (Salmonide).
2. Weit hinten stehende Bauchflossen. Siehe 1. Siehe Bild.
3. Rücken dunkelgrün, im übrigen silbern.
4. Abgeflachtes Torpedo.
5. Unterständig, sehr spitz.

a) Brittelmaß: 30 bis 40 Zentimeter (große Renke, Blaufelchen, kleine Bodenrenke 30 bis 35 Zentimeter). Mittelmaß bei großer Renke sollte sein: 40 bis 45 Zentimeter (bei kleiner Bodenrenke: 35 bis 40 Zentimeter).
b) Würmer, auch Nymphen, an Paternosterangel. Gelegentlich: ganz kleine Schwinglöffel, schwarz-silbern gestreift. Zuweilen auch Trockenfliege (Mündungsgebiete).
c) Gesellig, aber keine großen Schwärme.
d) Wechselt Standorte, hat naturgemäß aber Lieblingsgebiete.
e) An tief abfallenden Scharen, tief schneidenden Mündungen.

Ansonsten:
Dieser Fisch kann sehr fett werden. Dies für kalorienbedachte Touristen und für Gallenkranke! Abarten sind: die große Maräne mit kurzem Schwanzstiel und größerem Maul, der Schnäpel mit stark unterständigem Maul (steigt von der See in die Flußmündungen), der Kilch aus den Tiefen der nordalpinen Hochseen, dem der Bauch anschwillt, wenn man ihn erwischt und an die Oberfläche drillt.

---

* Mit »Rheinanke« ist gebietsweise auch die Seeforelle gemeint!

Die Barbenregion

Das Wasser fließt nurmehr gemächlich. Die Temperaturen erreichen 20 Grad Celsius. Auch ohne Industrie und Kloaken ist das Wasser etwas angetrübt durch organische Schwebstoffe. Am Grund tummeln sich noch mehr Krebschen, Larven, Würmchen, Muscheln. Aber dort unten ist es schon sehr sauerstoffarm. Hierhin würde sich also nie eine Forelle, ein Huchen oder eine Äsche verirren. Und kaum Barsche oder Döbel (wohl aber Hechte!). Neben der Barbe tummeln sich hier alle Sorten von sogenannten »Weißfischen«, die man nur mit der Posenangel erwischt. Es ist das Gebiet der (grundlos) belächelten »Sitzangler«, dieser besonders friedlichen Fischer mit oft etwas ausgeprägterem Sitzfleisch, mit Geduld und viel Schläue ausgestattet.

Die Fische sind hochrückiger, weil sie nicht gegen scharfe Strömung anschwimmen müssen. Mitunter aber auch etwas gewitzter als zum Beispiel die temperamentvollen Salmoniden in den oberen Regionen des Wasserlaufs. Nach wie vor halte ich die Barbenregion für das Gebiet der Grundangelei, mit oder ohne Pose. (Nur Hecht und Barsch geht man hier noch mit der Spinnangel an.) Die aufgespießten Köder (Larve, Schnecke, Wurm) müssen sich allerdings verführerisch von dem übrigen Nahrungsangebot am Grund abheben. Sonst beißen die Fische nur die natürliche Beute, und die sitzt nicht an Ihrem Haken.
Es gibt Ausnahmen: Der Barsch geht zum Beispiel auch an den Spinnköder und beißt in »schwebende« Würmer. Sie wissen aber nie, ob im Laufe des

Tages einmal ein Rudel Barsche vorbeischwimmt.
Wo Ihnen zugleich zwei Handangeln erlaubt sind: eine Angel mit Grundköder auswerfen und Glöckchen daran, das den Anbiß akustisch meldet; und 30 Meter weiter geruhsam den Spinnköder auswerfen, mit langen Pausen dazwischen! Wenn die Strömung noch ein wenig Mumm hat: Spinnköder auswerfen von einem Vorsprung aus, zum Beispiel einer Buhne (Kribbe), Gerte zwischen die Steine stecken, Spinner im Wasser rotieren lassen. Dazu ein bißchen dösen oder einen meiner Romane lesen, aber nicht gleich pennen!

Barsch

Vorweg:
Er ist einer der häufigsten Fische. In Flüssen der Barbenregion und in allen Seen. Eigentlich kommt er aus der Bleiregion (D), findet inzwischen die Barbenregion aber besser, da sie noch nicht ganz so verschmutzt ist und oft auch sauerstoffreicher. Weil er leicht an die Angel geht, gilt er als »dankbar«. Komisch sind die Menschen!

1. Vordere Rückenflosse stachelig. Auch Kiemen enden als Stacheln!
2. Siehe 1. – Zwei Rückenflossen dicht hintereinander. Übriges siehe Bild!
3. Rücken tiefgrün, Seiten dunkelgrün, manchmal messingfarben. Mehrere dunkle Querstreifen (die nach seinem Tod verblassen).
4. Körper gedrückt, hochrückig! (In Seen und ganz langsamen Gewässern noch hochrückiger.)
5. Maul endständig, minimal oberständig. Etwas grimmig.

a) Brittelmaß: 15 Zentimeter.
Mittelmaß: 20 Zentimeter in Flüssen, 25 Zentimeter in Seen.
b) Rohes Fleisch, Würmer, große Maden an Haken 6 bis 8, an Pose über dem Grund schwebend. Ergiebiger: kleine Schwinglöffel (rot gestreift, vielleicht sogar mit rotem Schwänzchen) an der leichteren Spinnangel, Schnur 20/100. – In Seen Schleppangeln mit hintereinandergeschalteten Löffel-

chen (System »Futterneid«). – Im Herbst: Heben und Senken mit Wunderfischli vom sacht treibenden Kahn aus.
c) Gesellig. – Wo ein Barsch anbeißt, beißen auch noch weitere an, da die noch Ungehakten nicht scheu davonstieben.
d) Die Rudel vagabundieren, kommen aber zu ihren Lieblingsplätzen immer wieder zurück.
e) In Flüssen: strömungsarme Areale, Altwässer, Schleusen, hinter Steinhaufen. – In Seen: an Scharen, über und neben verkrauteten Buckeln des Grundes.

Ansonsten:
Der Barsch ist neugierig. Ins Wasser geworfene Kieselchen locken ihn an. (Aber ein geplatschter Blinker wiederum vertreibt das ganze Rudel!) – Zärtlich drillen, denn er hat ein weiches Maul, schlitzt sich den Haken leicht aus!

Forellenbarsch
(Schwarzbarsch)

Vorweg:
Ein »Sportfisch« aus Amerika. Er hat hier unter der Rubrik »Barbenregion« überhaupt nichts zu suchen, denn ich kenne ihn nur in höher gelegenen Seen – der südlichen Schweiz und des oberen Italien. Aber er ist deutlich eine Seitenlinie des Barschs. Und wo sonst sollte ich ihn hinsetzen? Vorher war ja gerade der Barsch dran!

1. Stachelflosse auf dem Rücken, aber kümmerlicher! Der ganze Kerl meist größer, gröbere Schuppen.
2. Wie beim Barsch.
3. Grünlich-silbern. Manchmal dunkle Wolken an der Seitenlinie.
4. Wie Barsch, aber größer, mehr Bauch.
5. Etwas oberständig, bis hinter das Auge reichend. (Großmaulbarsch. – Es gibt auch einen kleinmäuligen, selten!)

a) Brittelmaß: 20 bis 25 Zentimeter. Mittelmaß sollte sein (in Seen): 30 bis 35 Zentimeter.
b) Rotgestreifte Schwinglöffel mit Hakengröße 2 bis 4, Schnur 20/100, Vorfach 18/100, mittelstarke Spinngerte. – Geht auch an Perlmuttlöffel, wenn schnell gekurbelt. Geht nie an Blinker oder Wobbler mit Kopfdrilling (wie für Hechte benutzt). Aber was heißt schon »nie«?
c) Gesellig wie alle Barsche.
d) Bleibt seinem Revier treu, strolcht nur wenig herum.
e) Vor dem Schilf, an Scharen, im flachen Wasser über Krautgrund.

Ansonsten:
Läßt sich, wie der normale Barsch, durch ins Wasser geworfenen Kies neugierig machen. Ist nicht scheu! Eher doof. Kräftig bei Fluchten, aber nicht ausdauernd. – Muß zum Essen filetiert werden, braucht dazu rasierscharfes Messer. Schmeckt fast so gut wie der normale Barsch. – In Frankreich häufiger, dort angeblich auch in Flüssen. Gelegentlich sogar in der Donau.

Zander

(Hechtbarsch, Schill)

Vorweg:
Der Zander ist ein naher Verwandter des Barschs (Stachelflosser), wächst aber schneller. Darum wird er so gern eingesetzt. Also auch wieder ein »dankbarer« Fisch!

1. Stachelflosse vorn auf dem Rücken. Ganzer Fisch aber viel schlanker als der Barsch, Kopf auch spitzer.
2. Wie Barsch. – Siehe Bild!
3. Silbern mit wolkigen Querstreifen, nicht so scharf umrissen wie beim Barsch.
4. Spindelförmiger Körper.
5. Maul endständig, geschlitzt bis hinter das Auge.

a) Brittelmaß: 30 bis 35 Zentimeter. Mittelmaß sollte sein: 40 Zentimeter.
b) Kleinere Schwinglöffel, tief geführt an Spinngerte. Schnur 25/100, Vorfach 20/100. Auch lanzettartige Löffel (Messing) tief über den Grund, ruckartig gezogen. – Tote Fischchen (mit Bleikopf) über den Grund geruckt. (Haken im Kopf!)
c) Gesellig, aber nur kleinere Rudel.
d) Strolcht herum.
e) Wie Barsche, aber vorwiegend tiefer, am Grund. – Liebt etwas angetrübte Gewässer, wenn die Schwebstoffe echt organisch sind, nicht aus einer Fabrik.

Ansonsten:
Geht zuweilen auch auf nasse Fliege und den Streamer mit einem vorgeschalteten Bleischrot, durchs Wasser geschnuckt. – Bei Spinner und Streamer sofort anhauen. Bei totem Fischchen beziehungsweise »Fetzen« (Fischchen mit abgehacktem Kopf) mit dem Anhauen warten, bis auch der Haken im Maul des Zanders ist! Beißt gemächlich, verlangt also viel Gefühl und Beherrschung vom Angler. Fängt sich gar nicht so leicht, wie es sich liest.

Barbe

Vorweg:

In den Barbenregionen wird sie immer seltener, weil besonders diese Regionen von uns Menschen verbaut, kanalisiert werden. Dort wird sie nun in Zuchtteichen zum Verzehr gehalten, weil sie den Leuten gut schmeckt – trotz der vielen Gräten. Die Barbe ist keineswegs »edel«, gehört aber zu den »angesehenen« Fischen im Flachland.

1. Eine einzige, kaskadenartige Rükkenflosse und je zwei Barteln an der Oberlippe und am Kinn.
2. Siehe oben. Siehe Bild. Sonst nichts Besonderes.
3. Grau-grün, grau-gelb, zuweilen messingfarben.
4. Plattgedrückte Tropfenform.
5. Maul unterständig.

a) Brittelmaß: 25 bis 30 Zentimeter. Mittelmaß sollte sein: 30 bis 35 Zentimeter, zumal die Art inzwischen durch Flußregulierungen bedroht ist.
b) Grundangel an mittelstarker Gerte mit harter Spitze. (Hier genügt Tonkingrohr-Gerte, Vollglasrute 2,20 Meter.) Schnur 25/100, Vorfach 22/100. Haken 3 bis 5. – Durchlochtes Bodenblei, so daß Schnur sich leicht vom Fisch abziehen läßt. Trotzdem schnelles Anhauen! Signalglöckchen genügt nicht; Schnur oberhalb der Rolle zwischen Daumen und Zeigefinger halten, fühlen. – In ganz langsam strömendem Wasser kann auch mit der Pose gefischt werden, aber der Köder muß am Grund liegen! – Würmer! Spätsommer, Herbst: Käse (vorher 24 Stunden in Milch gelegt, damit er seine Bröckeligkeit verliert). Zwei bis drei Tage vorher anfüttern zum Anfreunden.
c) Gesellig. Durchstreift die Flüsse in Schwärmen, unten, tief in der Strömung. Plaziert sich an tiefen Einmündungen und in Kolken mit kiesigem Grund.
d) Nur vorübergehend standorttreu. Sucht sich immer wieder neue Standorte. Wo Sie einen Monat lang erfolgreich Barben hakten, kann es urplötzlich »aus« sein.

Ansonsten:

Die Barbe ist sehr empfindsam gegenüber Erschütterungen. Am Ufer nicht trampeln! Im Kahn nicht poltern! – Die etwas stärkere Schnur empfehle ich, weil die gehakte Barbe sehr wütend wird, und das sogar ausdauernd. Manche Exemplare suchen Zuflucht im weichen Grund, wollen sich da wohl hineinbohren, und dadurch zieht sich der Haken nach hinten aus dem Maul. Lassen Sie die gehakte Barbe gar nicht erst zum »Bohren« kommen, sondern heben Sie sie – auch bei kritisch gebogener Gertenspitze – vom Grund weg.

Plötze
(Rotauge)

Vorweg:

Ein durchaus »unedler« Fisch. Trotzdem wurde er früher und auch in späteren Notzeiten auf dem Fischmarkt feilgeboten. Er ist also durchaus genießbar! – Während man sonst die kleinen Fische schont und nur die Kapitalen fängt, sollte man es bei der Plötze umgekehrt halten. Sonst wird ein Wasser zu plötzenreich! – Heute meist nur Köderfisch.

1. Roter Rand um das Auge, gelbrot bis tiefrot. Sonst siehe Bild!
2. Siehe Bild.
3. Bräunlich, sonst ins Grün gehend.
4. Übliche Tropfenform, aber mehr oder weniger hochrückig (unterschiedlich in verschiedenen Gewässern).
5. Leicht unterständig. Ausdruckslos.

a) Brittelmaß: 12 bis 18 Zentimeter. Mittelmaß sollte sein: ab 12 Zentimeter (siehe »Vorweg«!).
b) Posenangel, Schnur 18/100, Vorfach 16/100, besonders dünne Haken der Größe 3 bis 6. Köder: kleine Würmchen, Teigkügelchen, halbgare Kartoffelbröckchen, Maden, Maiskörner, Krebschen im Wasser schwebend. – Geht auch an die Fliege. – Leichte Vollglasrute.
c) Findet sich zuweilen zu Rudeln zusammen, aber doch nicht als »gesellig« zu klassifizieren.
d) Schwimmt wahllos herum.
e) Überall, wo es nicht »zieht«, keine oder kaum eine Strömung herrscht. Also in Seen, Altwässern, sogar im Brackwasser (Region D).

Ansonsten:

In plötzenübervölkerten Gewässern alle Plötzen umbringen. Angeblich sind sie besonders oft Krankheitsverbreiter, insbesondere für Karpfen.

Karpfen

Vorweg:

Zum Fang eines Karpfens (Vater der Cypriniden) braucht man vier Tage. Zwei Tage zum Anfüttern, einen Tag, an dem man trotzdem keinen fängt, und einen Tag, an dem man vielleicht einen fängt. Der Karpfen ist auch gar nicht zum Angeln da, sondern zum Mästen; er futtert auch Küchenabfälle und gilt als Wasserhausschwein. Gefangen wird er durch Ablassen der Teiche oder mit großen Netzen.

Es gibt ihn als Karpfen schlechthin fast ohne Schuppen, als Schuppenkarpfen, Zeilkarpfen, Nacktkarpfen. In der Angelmethodik sind sie alle gleich. Er paart sich versehentlich mit der Karausche; die Kinder sind unfruchtbar. Man züchtet ihn – im Gegensatz zum Schwein – auf weniger »Koteletts«, das heißt Zwischenmuskelgräten, damit er sich bequemer verspeisen läßt. Am Ende gibt es noch den Karpfen in Bier. Für meinen Geschmack eine scheußliche Sache!

1. Hoher Buckel, oftmals viel Bauch, platt. Rückenflosse durchgehend von Buckel bis fast Schwanzstiel.
2. Siehe 1. – Siehe Bild!
3. Manche grünlich, manche blaßgold.
4. Länglicher Pfannkuchen.
5. Kurzes Maul, vorwiegend oberständig, bißchen naiv.

a) Brittelmaß: 30 bis 40 Zentimeter. Mittelmaß sollte sein: 40 bis 45 Zentimeter (er kann 1,50 Meter lang und 30 Kilo schwer werden!).
b) Grundangel mit Würmern, Käse, Teig, Kartoffeln, Polenta (aber auch Maiskügelchen als Perlenschnur auf den Haken gespießt), süßem Obst. Schnurstärke 35/100, Stahlvorfach, Vierkanthaken 02 bis 3, vorwiegend ohne Pose, mit durchlochtem Bodenblei und aufgeklapptem Bügel der Stationärrolle, schwerer Spinngerte mit *parabolic action.* – Geht – wenn er hoch steht – manchmal auch an Fliegengerte (keine kostbare nehmen!) mit Heuschrecke oder künstlichem Käfer. Vorfach ebenfalls 35/100. Hakengröße von Heuschrecke oder Kunstkäfer 10 bis 12.
c) Steht in Rudeln.
d) Die Rudel machen sich oft auf Freßwanderung in seichter Strömung des Flusses oder an den Seeufern entlang. Wenn sie in einem Tümpel nur im Kreise rudern, ist es ein Zeichen dafür, daß sie Appetit verspüren.
e) In ruhigen Gefilden des Flusses, in schmuddeligen Teichen, herrschaftlichen Schloßgewässern, aber auch in hochgelegenen Seen mit geschützten Plätzen. Gern neben Seerosenfeldern, die von ihm beknabbert werden. Sucht warmes Wasser, stammt nämlich aus Indonesien.

Ansonsten:

Beim Anfüttern so große Brocken nehmen, wie sie später in den Drillingshaken kommen. (Manche Angler bevorzugen Einfachhaken!) Der Drilling muß (samt Vorfach beziehungsweise Stahlseide) mit Hilfe der Ködernadel (oder größter Stopfnadel!) völlig in den Köder hineingezogen werden. Auch die Schenkel des Hakens dürfen nicht aus dem Köderstückchen herausstehen. Dies gilt ebenso für Würmer! Anfüttern nur da, wo Karpfen mit Vorliebe stehen. Entweder sich durch einen ehrlichen Kundigen am Wasser »einweisen«, sonst in einem Kahn treiben lassen und mit Polaroidbrille bis hinunter auf den Grund spähen. Immer wieder wird empfohlen, Ausschau zu halten, wo Karpfen springen. Dazu müßten Sie am Ufer eine Blockhütte beziehen und dort nichts anderes tun, als eben Ausschau zu halten. Fischen kann man nach Karpfen mit und ohne Pose. Mit Pose: eine dünne Sturmpose beziehungsweise Federkiel, die sich fast ohne Widerstand durchs Wasser ziehen läßt. Sobald ein Karpfen Widerstand spürt, spuckt er aus!

Pose erst wackeln, dann davonziehen und tauchen lassen. Nun erst anhauen! – Ohne Pose: abwarten, bis Karpfen von der stehenden Rolle Schnur um Schnur abzieht, dann erst Kurbelschlag – Bügel klappt um – anhauen mit der Gerte.
Der Drill ist der aufregendste. Der sonst so dösige Karpfen bekommt am Haken ungeahntes Temperament! Springt in die Luft, taucht, wälzt sich auf dem Wasser, dreht sich. Flüchtet ins Kraut. Wegen letzterem: das Vorfach aus Stahlseide; es schneidet die Stengel durch. Hat sich der Kerl aber unanziehbar tief ins Kraut gearbeitet, nicht weiter drillen. Beim bisherigen Drill sollte ihm der Haken tief genug ins Maul eingedrungen sein. Warten, und sei's eine Stunde lang, bis sich der Fisch wieder aus dem Kraut herausarbeitet; er spürt dabei zwar wieder den Haken, wird wütig, schnallt. Sobald er wieder im freien Wasser ist, erneut und energischer drillen!

Das Landen geht bei ganz großen Exemplaren nur mit dem Gaff. Beim Schuppenkarpfen muß die Spitze fein zugeschliffen sein, denn wenn ein Karpfen schon Schuppen hat, dann sind die nicht von Pappe!
Der Karpfen gehört eigentlich in die Bleiregion (D), kommt aber (wegen der zunehmenden Verschmutzung der unteren Flußläufe) heute mehr in der Barbenregion (C) vor; darum hat er seinen Platz hier im Buch gefunden.

Die Bleiregion

Heute gibt es sie nur noch fast am Ende großer Flüsse, oberhalb der »Brackwasserregion«. Da tummelt sich jeder, dem es im Brackwasser zu schmutzig ist und wem es in der »Barbenregion« zu eng wird. Da schwimmt noch ein Hecht herum, dahinunter lassen sich zuweilen auch Barben abdrängen und die vielen anderen Weißfische. Im allgemeinen aber neigen die Fische der unteren Regionen heute mehr dazu, obere Regionen aufzusuchen. Selbst der auf Warmwasser erpichte Karpfen schwimmt hinauf in die Barbenregion, sofern es ihm dort nicht zu kühl wird. Nun, das hängt nicht von der Region allein, sondern auch vom Wasser ab. Langsame Strömung läßt das Wasser im Sonnenschein schneller Wärme aufnehmen, verliert damit aber auch an Sauerstoff, weil es weniger »dicht« ist.

Natürlich schlängelt sich auch der Aal durch die Bleiregion. Wohin schlängelt der sich nicht? Wenn er hier unter D vorkommt, dann weil er vom Meer die Wasserläufe hinaufsteigt und es selbst ihm in der Brackwasserregion zu unappetitlich wird.

Die Bleiregion ist für die besonders gemütlichen Angler gedacht. Dort habe ich nie nach einem besonderen Typ gefischt, sondern die Grundangel oder die Posenangel mit im Wasser schwebendem Köder ausgeworfen, irgend etwas gerade Greifbares an den Haken geködert und mich dann überraschen lassen. Was dann dran war, hat mir irgendeine freundliche Wirtin in die Pfanne gehauen. In der Mehrzahl war es jedenfalls ein Fisch. (Schuhe, abgeworfene Büstenhalter, Fahrradreifen beißen nicht in einen stillgehaltenen Köder; so etwas bekommt man nur an die Spinnangel!)

Mit Ausnahme des »Leitfisches« Blei (Brachse) werde ich also keinen der vielen sonst da vorkommenden Fische beschreiben. Lassen Sie die Fische auf sich zukommen, wie es denen oder Petrus gefällt.

Blei
(Brasse, Brachse)

Vorweg:
Daß es kein Karpfen ist, spüren Sie gleich: Der Bursche kämpft nicht. – Wenn Sie ihn aus dem Wasser heben (landen), ist er so hochbuckelig wie der Karpfen, auch so plattgedrückt, sonst aber anders. – Früher wurde er auf dem Markt angeboten. Heute arbeiten die Berufsfischer aber als Zweitwagenhändler oder Elektronikmonteure. – Der Konkurrent des Bleis ist der Karpfen, woraus ich schließe, daß der Karpfen sich bis hinunter in die Bleiregion verirrt.

1. Buckel weit vorn! Plattgedrückter Körper.
2. Bauchflosse durchgehend vom Bauch bis zum Schwanz.
3. Dunkelgrau.
4. Pfannkuchen; Einkehlung zwischen Kopf und vorn liegendem Buckel.
5. Etwas unterständiges Maul, abfallend, sentimental.

a) Brittelmaß: 25 bis 40 Zentimeter. Mittelmaß sollte sein: 40 bis 45 Zentimeter.
b) Kleine Würmer, Brotteig ungezukkert, Kartoffeln, Bohnen und Erbsen auf dem Grund an dünner Pose. Schnur 20/100, Vorfach 18/100, Rundstahlhaken 4 bis 7, beliebige Gerte.
c) Junge Bleie schwimmen in Schwärmen. Ältere Exemplare werden Einzelgänger.
d) Vagabundieren.
e) Auch in Seen des Tieflandes. Allgemein: nicht an künstlichen, verbauten Ufern. Umrundet aber Buhnen und Halbinseln.

Ansonsten:
Degeneration – wie beim Barsch – durch Krankheiten und durch zu starken Besatz mit zuwenig Feinden. Dann werden diese Fische noch platter (Messerrücken) und wiegen kaum mehr als die Hälfte.

Sucht sein Futter im mulchigen Grund und bohrt Löcher. (Darum die Grundangelei!) – Unruhiges, von unten aufgewühltes Wasser zeigt, daß sich die Männchen um die laichenden Weibchen raufen. Wo dies stattfindet, haben die Bleie aber anderes im Sinn, als an Ihre Angel zu beißen.

Wissenschaftliche Literatur über die Fischerei empfiehlt, vor dem Angeln am Grund des Wassers festzustellen, wieviel Zuckmückenlarven vorhanden sind. Nun, man kann – wenn ich den Lehrbüchern für die Anglerprüfung Glauben schenke – auch vor jeglichem Angeln den pH-Wert des Wassers, den Sauerstoffgehalt, die Krebschen und Zuckmücken messen. Dann weiß man Bescheid. Wir wollen aber kein Labor an das Wasser bringen, auch nicht so genau Bescheid wissen, sondern angeln.

Alles Übrige ist unter dem Titel »Bleiregion« schon geschrieben. – Ganz herrlich, denn jetzt bleibt uns nur noch der Aal.

Aal

Vorweg:
Der rätselhafteste, am meisten von Sagen umwobene Fisch. Für die Meerjungfrauen ist er das, was die Schlange für Eva war. Darum heißen diese Jungfrauen jetzt Nixen. Über keinen anderen Fisch wurde soviel Unsinn verbreitet wie über den Aal, weil man nie wußte, woher er kommt und wie er dahin kommt, wo man ihn findet.
– Also: Er hochzeitet in der Sargassosee, einem Tiefmeer zwischen den Bermudas und den Westindischen Inseln.
Nach der Liebe sterben die Eltern, denn auf der Anreise sind ihre Verdauungsorgane verkümmert. Statt dessen haben die Aale Geschlechtsinnereien entfaltet. Aus den Eiern schlüpfen schmale, blattartige »Larven«, die vom Golfstrom bis zu uns hergetrieben werden. An unseren Küsten werden daraus plexiglasartige Würmchen (»Glasaale«). In Frankreich fängt man Aale schon in diesem Stadium und backt daraus Kuchen. Die übrigen ziehen massenweise unsere Gewässer hinauf, werden dabei zu dunklen Aalen. Nur die späteren Männchen bleiben an der Küste oder im Brackwasser zurück, ernähren sich kärglich, werden auch Aale, aber bringen es nur

auf maximal 50 Zentimeter. – So finden Sie in unseren Flüssen und Seen nur zukünftige Weibchen, die äußerst freßlustig sind und bis zu 1,50 Meter Länge gedeihen. Die breitköpfigen sind besonders gierig! (Man unterscheidet »Spitzkopf-« und »Breitkopfaale«.) – Sie überklettern Wehre, die sonst von keinem Fisch genommen werden, weil sie sich irgendwie hochturnen, sogar an schrundigen Brettern aufwärts. Ein Aal lebt und wandert auch noch da, wo kein Wasser mehr ist, sondern nur noch ein bißchen Feuchtigkeit; also schlängelt er sich auch durch Wiesen; nur in die Forellenregion (A) wandert er nicht, dort wird es ihm zu kalt!
Sind die zukünftigen Aaldamen etwa sieben bis acht Jahre alt und schon etwas zickig, machen sie sich alle – wie auf einen Glockenschlag (Kälteeinbruch?) – auf die Rückwanderung. Dann sind sie auch mit der raffiniertesten Angel oder Reuse oder Legschnur nicht mehr zu halten; sie haben nur noch Sex im Kopf. Im Meer streben sie der Sargassosee zu. Siehe oben!
Aale haben keine Gräten! Das haben sie den meisten anderen Fischen voraus – aus unserer Sicht.

1. Unverkennbar: Schlangenform.
2. Auf Rücken und Bauch etwa ab Mitte durchgehende Flossen bis zum Schwanz.
3. Rücken dunkel (oliv, blauschwarz). Seiten heller werdend, grünlich oder grau-schimmernd.
4. Schlangenartig.
5. Endständiges Maul bis unters Auge.

a) Brittelmaß: in Deutschland keines. Mittelmaß sollte sein: 40 Zentimeter.
b) Großer Wurm, Gedärmstücke vom Geflügel, kleine Frösche (tot oder lebendig), Fleischstückchen, möglichst blutig, tote Fische oder Fischstücke.
Grundangel ohne Pose, Bodenblei. Vorfach mit Wirbel (denn der gehakte Aal rotiert!). Kräftige Gerte mit nicht zu flexibler Spitze. Manche empfehlen Multiplikatorrolle; Stationärrolle geht aber auch. Aber: geflochtene Nylonschnur, die nicht federt, besonders reißfest ist. Notfalls monofile Perlonschnur 60/100. Der Aal beißt nie bei kaltem Wasser. – Für Leute, die Aalreusen und Legschnüre über Nacht ins Wasser setzen, ist dieses Buch nicht geschrieben. So etwas gehört eher in die Berufsfischerei.
c) Beim Aufsteigen in den Gewässern

riesige Schwärme. Auch auf der Hochzeitsreise flußabwärts. Sonst aber Einzelgänger!

d) Ungewiß.

e) In Löchern des Flusses oder Sees, unter Wasserwurzeln. Generell: in dunklen Verstecken.

Ansonsten:

Der Aal ist lichtscheu. Er beißt erst in der Dämmerung, noch lieber in der Nacht. Wo Nachtfischerei verboten ist, brauchen Sie eine Sondererlaubnis. (Aber nicht bei Legschnüren.) Am Tage nur zu haken, wenn es duster bleibt.

Die Gerte kann auf eine Gabel (oder einen Rutenhalter) gelegt werden, doch eine Hand sollte immer die Gerte tasten, denn manche Aale beißen sehr vorsichtig. In der Nacht Meldeglöckchen an die Rute klemmen. Wenn es bimmelt, aufwachen, sofort energisch drillen. Aber der gehakte Aal windet sich um Unterwasserwurzeln, Stempen, Steine. Darum die starke Schnur mit Wirbel! Zupfen, ärgern! Bei gestraffter Schnur wird auch geraten, auf die Gerte zu klopfen; dies soll den Aal nervös machen, auf daß er sich loswinde, um andere Zuflucht zu suchen. Sobald Bewegung in der Schnur ist, Gerte kräftig anheben, kurbeln! Den gelandeten Aal – ohne abzuködern! – mit Wucht auf den Boden knallen, damit er narkotisiert wird. Dann ihm mit dem spitzen Angelmesser einen Stich ins Genick versetzen. An die Giftigkeit des Fischbluts, insbesondere des Aals, erinnere ich. Es ist dem Schlangengift ähnlich! (Beim Räuchern oder Kochen wird es ungiftig.)

Aale sind unglaublich zählebig. Lebendigen Aal entweder mit Tuch mit beiden Händen packen oder mit den von mir schon früher gepriesenen benoppten Gummihandschuhen. – Das Töten eines Aals verlangt von Ihnen Brutalität; dazu muß man sich flugs einreden, daß man ihn haßt. Also – ich habe eine elementare Feindseligkeit gegenüber jedem Fisch, der versucht, mir wieder aus den Händen zu flutschen. Diese Mordlust muß sein!

Menschen sind nämlich gar nicht so »menschlich«, sonst wären sie keine Menschen. Sie sind so schlecht gegenüber der anderen Kreatur, daß sie sich das »Menschlichsein« einreden mußten.

Da wir aber fischen, Sie und ich, einem Urtrieb frönen, wollen wir nie philosophieren, sondern fangen und dabei das uns vom Schöpfer einverleibte Lustgefühl empfinden. Ansonsten wären wir nicht einmal mehr Menschen! Petri Heil? Im See Genezareth gab es keine Aale.

Lustbetontes Angeln mit sauberem Gewissen wünscht Ihnen

Ihr

Alexander Spoerl

Register

Bildnachweis:

Heinz Blaschke, Fulda
Gudrun Bublitz, Stuttgart
Fratelli Fabbri Editori, Mailand
Wilhelm Maier, Höchst
(Österreich)
Alexander Spoerl, Rottach-Egern

Lefty Kreh

Fliegenwerfen mit Erfolg

Meisterkurs in 159 Wurfphasen-Fotos.

Vorwort von
Prof. Dr. H. Aldinger.
128 Seiten. — Gebunden,
mit Schutzumschlag,

Voraussetzung erfolgreichen Fliegenfischens ist das gekonnte Fliegen-
werfen.
Der 6fache Weltmeister Lefty Kreh
zeigt hier jede Phase jeder Wurfart in
haarscharfen Fotos perfekter Würfe:
von der Schnuraufnahme bis zum
Niedergehen der Fliege im Ziel. Der
Begleittext weist auf die Einzelheiten
hin, auf die es in jedem Foto speziell
ankommt. Nicht nur mit Worten beschrieben, sondern praktisch gezeigt:
der unfehlbare Wurf in jeder Situation
— der Wunsch des Fliegenfischers.
Das Buch füllt eine Marktlücke.
Zu Krehs Buch schrieb
Prof. Aldinger dem Verlag:
*„Ich betrachte es als Auszeichnung,
ein so gutes Buch einleiten zu dürfen."*
Ein kompetenteres und schöneres
Urteil läßt sich nicht denken!

Trevor Housby

Sportliches Fischen auf Kapitale

in Süß- und Salzwasser

174 Seiten mit 8 Zeichnungen im Text
und 16 Fotos auf Kunstdrucktafeln.
Gebunden, mit Schutzumschlag.

»Jedermann, der schon einmal mit Rute
und Angel auf den Anbiß eines Fisches
gewartet hat, wird von den fesselnden
Erzählungen Trevor Housbys un-
weigerlich in den Bann gezogen. Das
Buch, zu einem angemessenen Preis, ist
spannende Unterhaltungslektüre für
Sportfischer und solche, die es werden
wollen.«
*Schweizerische Zeitschrift für Forst-
wesen,* Zürich

Fred J. Taylor

Angeln mit Pfiff

Erfolgsrezepte eines Meisters

3. Auflage. 214 Seiten.
18 Zeichnungen, 13 Fotos.
Leinen gebunden, mit Schutzumschlag.

»Zusammen mit den erstklassigen
Bildtafeln und vielen anschaulichen
Textzeichnungen stellt sich hier ein
Buch vor, das sich unter die Spitzen-
werke der Angelliteratur einreihen
läßt.«
Fisch und Fang, Hamburg

**Bitte fordern Sie unser Verlags-
programm an:
Albert Müller Verlag, Bahnhofstr. 69,
CH-8803 Rüschlikon**